JN039672

ショアジギングをすぐに始めよう！

ショアジギングのフィールド

さあ、メタルジグを使ってショアジギングを始めよう……といっても何を揃えればよいのか、どこで釣りをすればよいのか分からない。これから読み進めればそんな不安は解消し、すぐにでも初心者を脱却できるはずだ。

ショアジギングで用いるタックルはロッド、リール、PEライン、リーダー、メタルジグとシンプル。

釣り方を学ぶ前に、まずはどんな場所で釣りをするのかを知っておいてほしい。

メタルジグで狙える魚は多い。小魚などを捕食しているフィッシュイーターと呼ばれる魚は、全てショアジギングのターゲットとなるのだ。そのため、多彩なフィールドでゲームを展開することができるが、メインとなるのは外洋に面した場所となる。

ポイントを探す場合、釣り場の水深や魚の行動パターン、ベイト（魚が食べるエサ）の種類などが手掛かりとなるから、釣り方だけではなく、魚の生態も知っておこう。釣り場の地形や季節ごとに釣魚が変わるので、釣り場をいくつも知っておくことも大切だ。どんな場所で釣りをするのかを知り、想像しながら釣り方を覚えよう。

堤防

堤防は比較的フラットな場所が多く足場も良い、最もポピュラーな釣り場だ。

堤防があることによってその周辺の潮の流れに変化が生じるため、魚のエサとなるプランクトンや植物などが育ちやすく、多くの魚が集まってくる。だから魚影の濃いエリアになり釣りやすい環境が整っている。

ここで注意してほしいのは、多くの堤防は漁港を守るためにあるという点だ。だから、漁港では漁業関係の船が出入りする。釣り人は船の邪魔にならないように配慮することが必要だ。もちろん、釣り専用の堤防（釣り公園など）もあるが、堤防では航行する船やボートが目の前を通過することも念頭に置いておきたい。多くの人が利用することを忘れないようにしよう。

ショアジギングの定番ポイント。いろいろな魚が釣れるポピュラーな釣り場。

港湾

港湾とは工場や商業、漁業施設などが海沿いに立ち並び、荷物を運ぶタンカーや漁船、フェリーなどが出入りする場所。一般的に船の停泊する港や湾のことを指す。

港湾の規模は大小さまざま。人工的に造られたものがほとんどで、堤防と同じく潮の変化が起きやすいことと、逆に潮の穏やかな海域ができやすいため、さまざまな生物が集まってくる。

また大型船が停泊するような場所では水深が深くなっている。そのような場所では、水温が安定する場所が多く、魚が越冬する場所として使われることもある。

そんな懐の深いフィールドなので、多くの生物が産卵場所としても利用しており、いろんな釣り方で魚を狙うことができるエリアだ。

港湾は船の停泊する港。ベイトが入ってきやすいため、フィッシュイーターも入ってくる。

河口

河口は淡水と海水が混じり合う汽水域が広がるエリア。潮の満ち引きとは関係なく、河川から一定量の水が常時海に流れ込む場所で、ミネラルが多く含まれるところだ。だから多様の生物が生息し、それをエサにする海水魚も多く集まってくるポイント。

他のフィールドとの違いは、河口は常に潮が動いているが一定方向ではなく、コロコロ変化して複雑な動きをする点だ。また大雨の後の河川の水の大量の流れ込み、あるいは干満の差が大きな日もある。河口でのショアジギングは、魚種が限定されやすいため、さまざまな要素が重なるタイミングを見計らうことが重要となる。

特に海からそう離れていない場所に堰がある場合は、ベイトが溜まるため、好ポイントになりやすい。

河口は複雑な潮の流れが特徴的。淡水と海水が混ざり合う汽水域にもベイトフィッシュは多い。

磯

磯には渡船でしか渡れない独立した岩礁の磯と、地続きとなっていて歩いて行ける磯があるが、船釣り以外の「地に足を着けて狙う」場合はショアジギング（船釣りはオフショアジギング）と呼ぶ。

地続きの磯も沖の独立した磯も、足場も見た目も同じ磯であるが、沖にある磯ほど潮の流れをダイレクトに受けやすい、野趣溢れるフィールドである。

岩で形成された磯は、フラットな堤防と違い海底の変化に富んでいる。このため、複雑な潮の流れになることで多くの酸素を生み出し、多くの生物を育てる環境が整っている。

雰囲気もそうだが、魚影や魚種が堤防とは違い豊富で、より大型が狙えるチャンスが広がるのが磯だ。安全装備を万全にして挑もう。

陸続きの磯場には多くのベイトが居着いている。
沖の青物だけでなく足元にも魚が潜んでいる。

サーフ

サーフとは、砂浜・砂利浜・ゴロタ浜など全ての浜のことを指す。

比較的水深の浅い釣り場が多いため、どこの浜でも釣果が見込めるわけではないが、魚が着きやすいのは海底に変化があるところだ。

変化に乏しいサーフでは、特にブレイク（海底にある坂）が重要なポイントになる。海水浴などでは、危険だとされる離岸流もショアジギングではポイントになる。もちろん釣りをする場合も危険なエリアであるから、離岸流の仕組みを理解して正しく狙う必要がある。

ベイトとなる小魚は夜に浅場へ移動して危険を避け、夜明けとともに沖へ出る魚種も多い。

つまりベイトを追ってやってくるフィッシュイーターは、朝夕のまづめ時に活発になる。

砂地の海岸線ではフラットフィッシュがよく釣れる。ベイトが入ってくれば青物も狙える。

CONTENTS

超やさしいルアーフィッシング 一番釣れるショアジギング

オールカラー図解

103 対象魚を知ろう〈実釣編〉

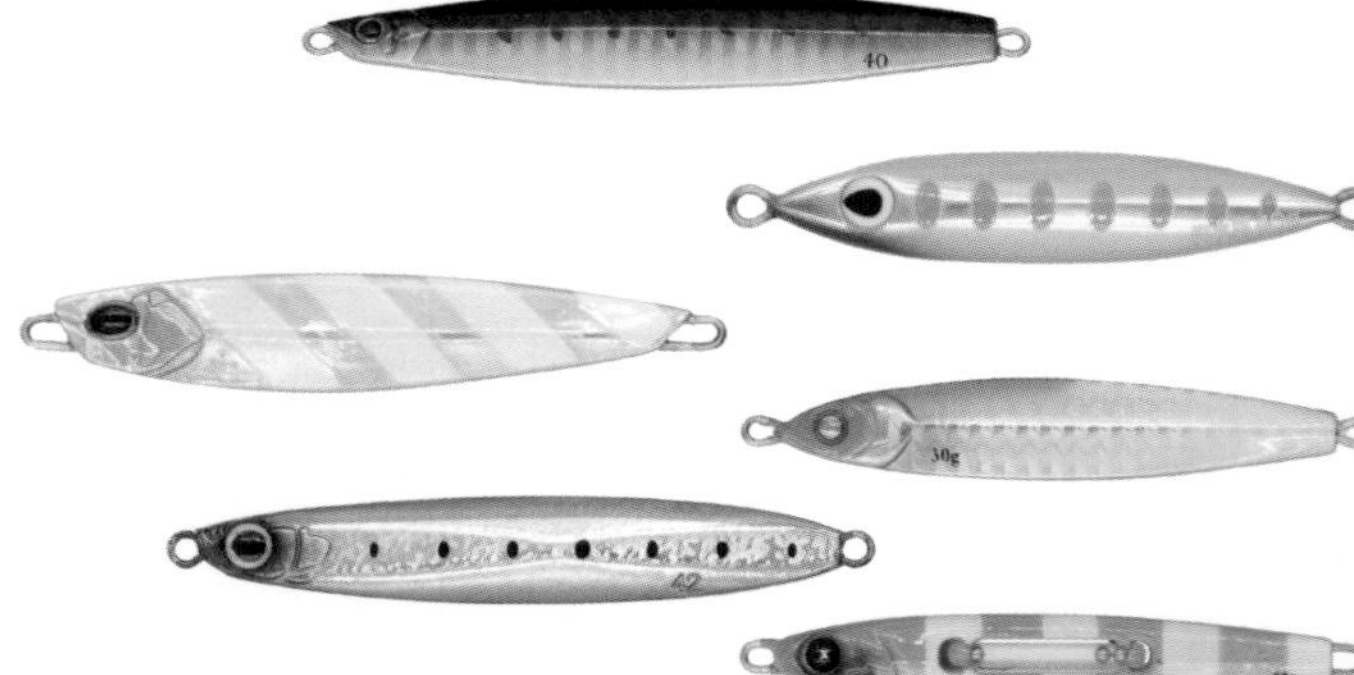

149 知ることで釣果も上向く〈応用編〉

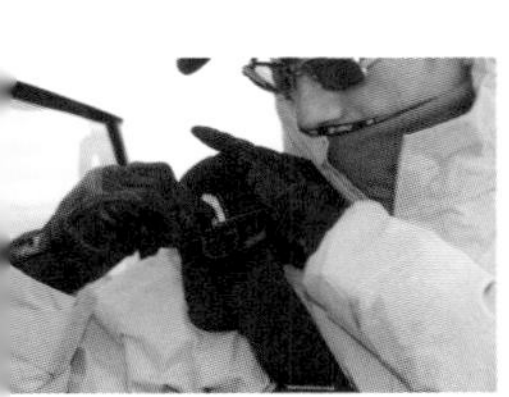
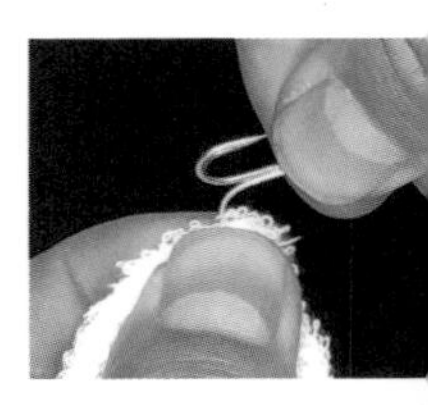

COLUMN 釣りのルールとマナー

釣りを気持ち良く楽しむためにも最低限のルールとマナーは知っておこう。近年、放置ゴミや漁具への被害から、漁港での釣りが禁止になるケースが増えている。「自分はやっていないから関係ない」では済まされない。釣り場がなくなって困るのは釣り人たちだけではなく海を愛する人たち全てなのだ。

漁業者の邪魔をしない

釣り場は釣り人だけのものではない。そこで仕事をしている漁師にとっては生活がかかった大切な場所である。迷惑や邪魔にならないよう釣りをしよう。

ゴミを持ち帰る

釣り場を汚すと、環境汚染はもちろん、釣りができなくなることにも繋がる。ゴミは必ず持ち帰ろう。切れたラインの放置やタバコのポイ捨ても厳禁だ。

天気予報をチェック

釣りに行く前は、事故に遭わないためにも、まずは天気予報を確認しよう。山や海は天気が変わりやすい。雨だけではなく、風や雷にも注意する必要がある。

安全な服装で出掛ける

釣行時は動きやすい服を着て、帽子を被り、滑りにくい靴を履いて行く。フローティングベストも必要だ。釣りが上手な人ほど安全面にはとても気を付けている。

割り込みをしない

自分が釣りたい場所でも、先に釣っている人がいればそこに割り込んではいけない。荷物を広範囲に置いて場所を一人占めするのも、釣り人としてルール違反だ。

禁止場所に入らない

立入禁止の場所や、金網・柵がある場所に入って釣りをしてはいけない。とても危険で、多くの人に迷惑がかかる。また私有地へ勝手に入るのは不法行為だ。

周りに注意する

ルアーのフックは先が尖っていて危険であることを忘れないように。自分がキャストするとき、またキャストしている人の近くを通るときは十分に注意する。

協力し合う

釣り人同士、知らない人とも仲良く協力して思いやり楽しく釣りができるようにしよう。自分だけが楽しければよいというのは人として恥ずかしい考え方だ。

1人で釣りに行かない

安全確保のため、釣りにはできるだけ1人で行かないようにする。子供は大人と一緒か、友達を誘おう。もしものとき安心で、1人よりもずっと楽しい。

挨拶をする

釣り場に着いたら、先に釣りをしている人に「こんにちは」と気持ち良く挨拶しよう。仲良くなると、釣り方のコツや状況などを教えてもらえることもある。

ショアジギングを始める前に＜準備編＞

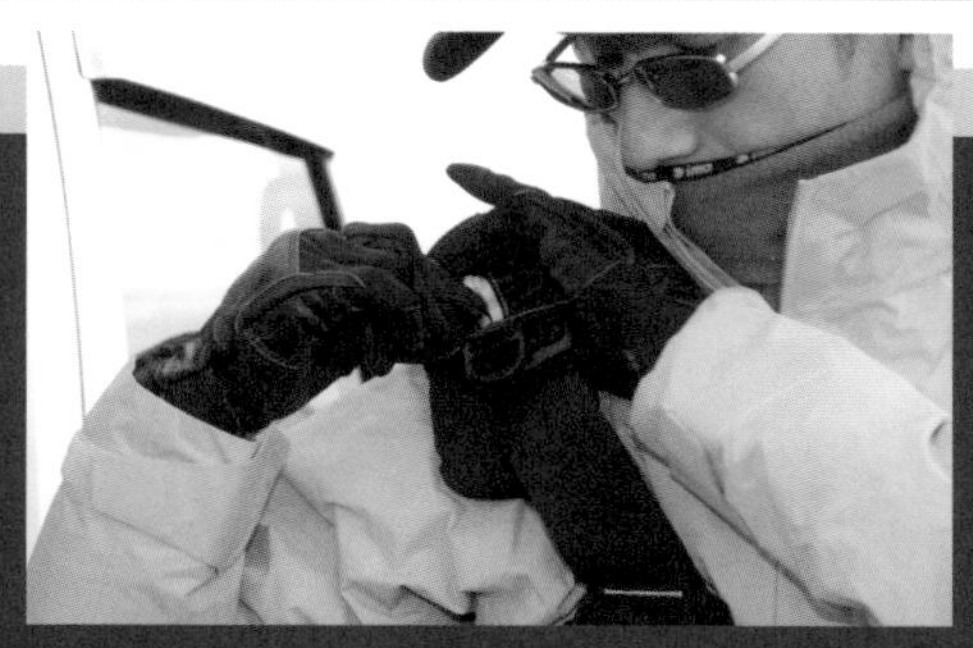

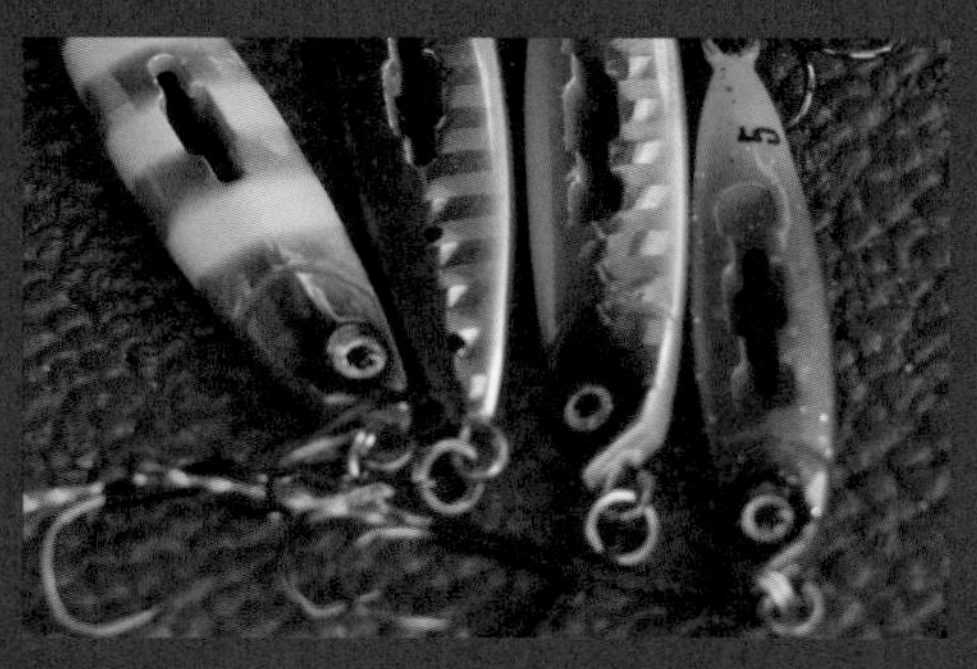

ショアジギングの服装「堤防」

ロッドやリールは手に持ち、使うルアーはケースに収納したものをバッグに入れて移動することが多いので、服装は動きやすいものがよい。季節に合わせて春夏は風通しの良いもの、秋冬は防寒タイプのものを着るようにしよう。

堤防は比較的足場の良いところが多いものの、テトラの上に乗る場合は滑り止めの付いたシューズが安心だ。ショアジギングをする時間帯は基本的にデイゲームだが、夜明けや日暮れなど暗い時間帯と重なることもある。そのため、コンパクトなライトをバッグの中に忍ばせておくと心強い。

またスマホや時計は必須アイテム。潮の動きや天気の移り変わりなどをリアルタイムで確認して安全に釣果を上げよう。

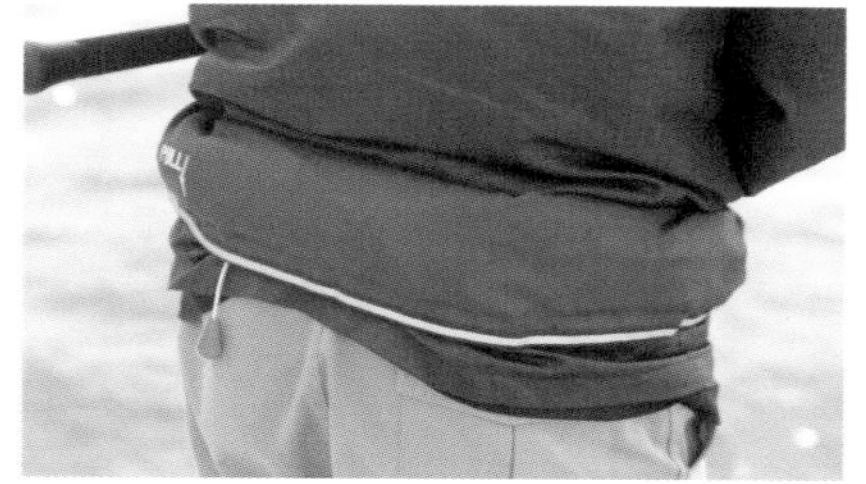

ライフジャケット

すぐにアクセスできる堤防であってもライフジャケットは必ず着用すること。動きを妨げないものが使いやすい。

シューズ

しっかりとフィットして脱げにくいものを着用する。できれば、釣り専用で滑り止め効果が高いものを選ぼう。

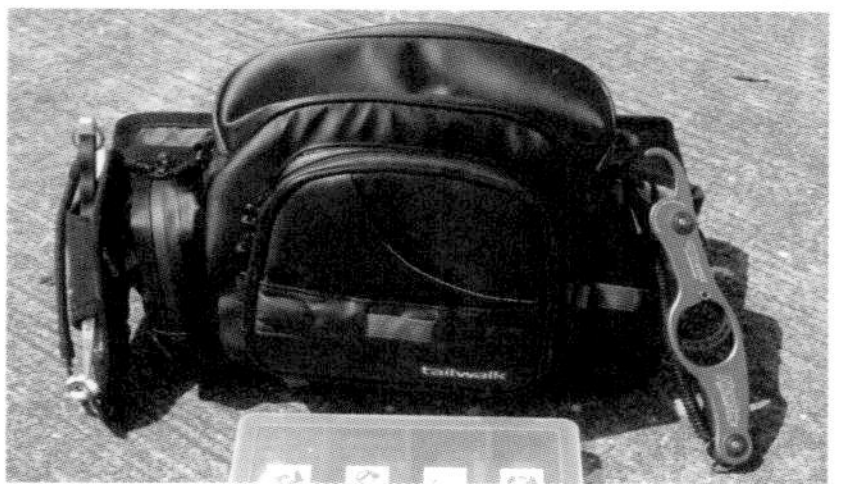

バッグ

ルアーケースや小物類などショアジギングに必要なものを手に持つことなくコンパクトにまとめておくバッグ。ポケットが多いと重宝する。

偏光グラス

直射日光や海面に光が当たった照り返しから目を守り視界をクリアにするアイテム。突然のルアーなどの飛来からも守ってくれる。UVカット仕様がおすすめ。

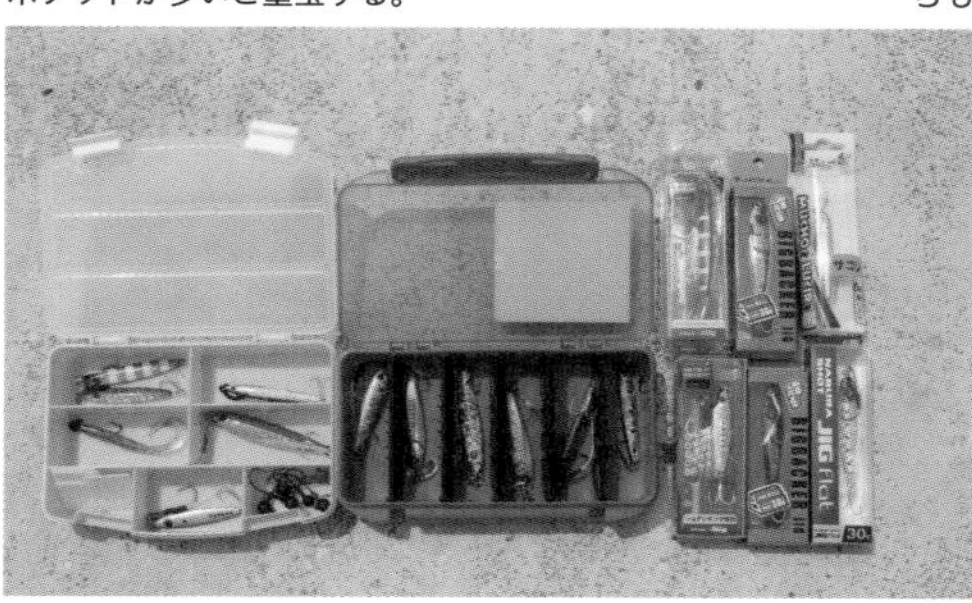

ルアーケース

ルアーはタイプやカラー別に整理しておく。ケースはロックができるもの。フックカバーを付けておくとルアー同士が絡みにくく手に刺さらないから安全に取り出せる。

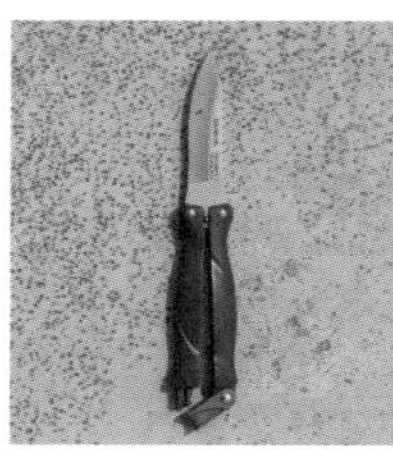

ナイフ

釣れた魚を持ち帰る場合、魚を絞めたり内臓を除去したりする。また神経絞めをするとより状態の良い魚を持って帰れる。

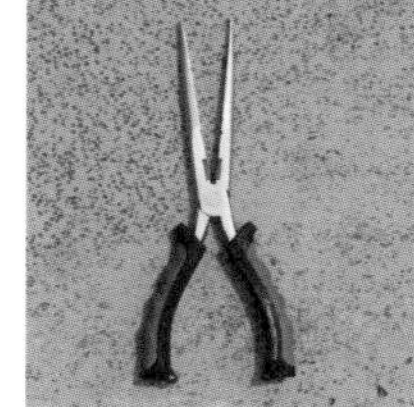

プライヤー

ルアーの交換やスプリットリングオープナー、ハリ外しやPEラインのカットなど用途は多い。サビに強い材質のものが長持ちする。

ドリンク

水分補給は忘れずに。特に夏場はカリウムやミネラル、クエン酸が摂取できる梅干しや熱中症対策用のアメもあると安心だ。

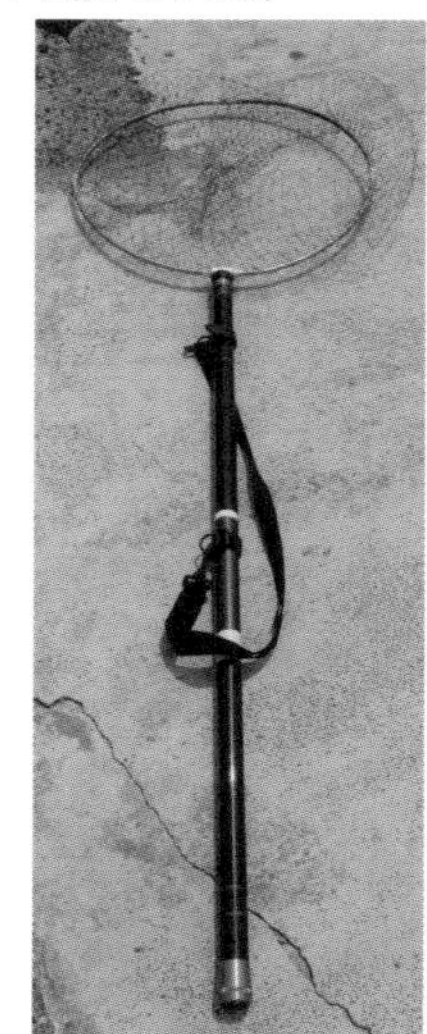

ランディングネット

タモの柄は堤防から海面までの高さに合わせた長さが必要となり、ターゲットより大きめのネットを選ぶと対応できる。コンパクトタイプがおすすめ。

ショアジギングの服装「磯」

磯でのショアジギングは堤防とは違い、足元は不安定で滑りやすい場所もあるのでタックルなどの荷物は最小限にしておくこと。

身軽に動けるウエアを着用し、すぐに使うタックルなどはライフジャケットに入れる。

堤防よりも大型のターゲットが狙える。それだけアングラー自身の体力も必要になる。磯の上を移動するから、足元を固める磯靴は必須アイテムとなる。波を被ることもあるから、レインウエアや長靴タイプの磯靴が必要なフィールドもある。

磯でのショアジギングは予期せぬ大物との遭遇もあり得るが、ケガをしてもすぐに帰ることができない場合も多い。機能性と安全性を兼ね備えた服装を着用し、安全には万全を期したい。

ライフジャケット（前面）
ポケットにはルアーなどアイテムを整理して入れる。もし転倒してもライフジャケットがクッションになり大ケガを防止してくれる。

ライフジャケット（背面）
ライフジャケットに付いているループを活用してフィッシュグリップなどを掛けておくと、かさばらず必要なときにすぐ使える。

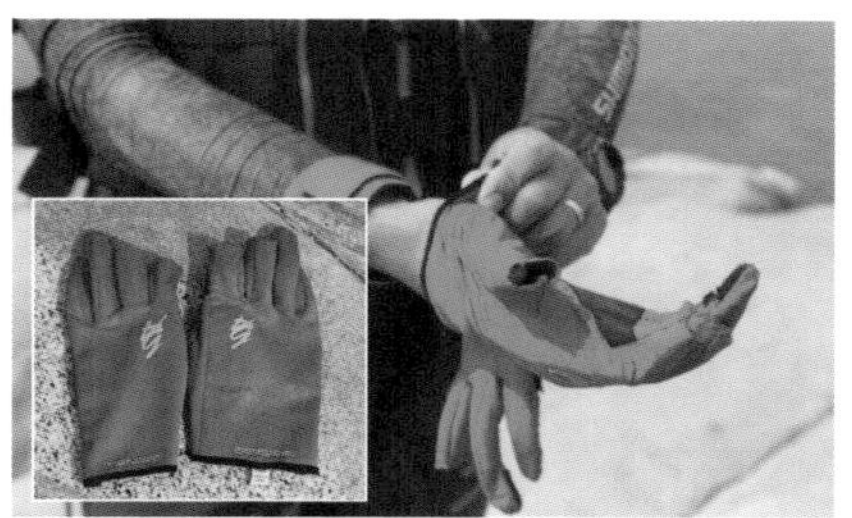

フィッシンググローブ
ロッドをしっかりと握れるアイテム。防寒や日焼け止め、虫刺され、フックが手に刺さることも防止できる。

磯靴
安全のため必ず磯靴を履く。海面まで近い磯では水抜き穴の付いたロックスパイクシューズや長靴タイプの磯ブーツがおすすめ。

ルアーケース
ライフジャケットのポケットから取り出しやすい大きさのルアーケースを選ぼう。ルアーはタイプ別に収納すると取り出しやすい。

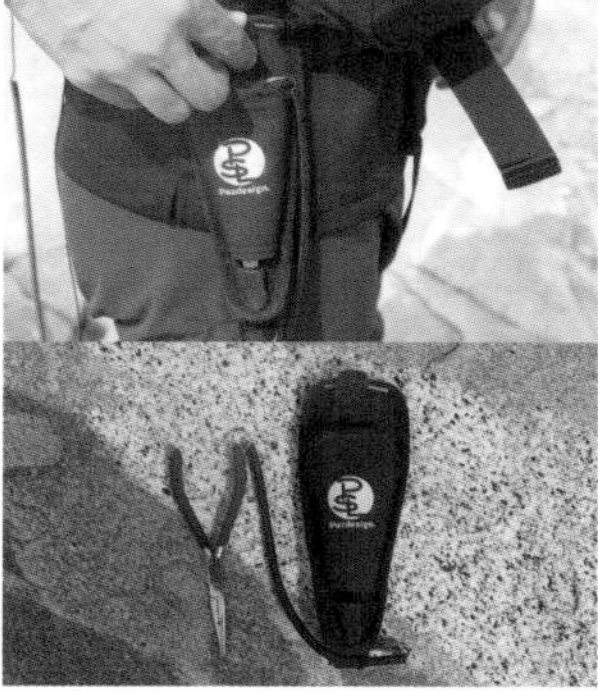

プライヤー
ルアーの交換などに必要なプライヤーはライフジャケットに装着。ノーズが長いものはハリを飲まれたときでも外しやすい。

予備のライン
ストラクチャーのある磯場ではラインブレイクに備えてショックリーダーやPEラインの予備もポケットに入れておく。

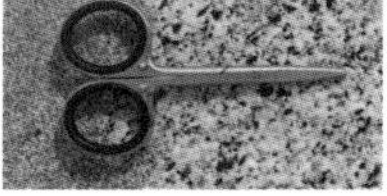

ラインカッター
ナイロン、フロロ、PEなど使うラインに合ったラインカッターを準備。ピンオンリール付きのものは使い勝手が良い。

道具・便利グッズ

ショアジギングはロッド、リール、ライン、メタルジグがあれば簡単に誰でも始められる。だが、最低限の道具だけでは安全快適な釣りができず、最悪の場合はトラブルになることもある。

ここで紹介するのは、さまざまなシチュエーションで役に立つグッズやショアジギングを楽しむためのアイテム。狙うターゲットによっては必需品といえるものがある。

これらはショアジギングを始める前に揃えておきたいものや、ある程度マスターしてから必要になるものが列挙されている。

もし、この中で気になるものがあれば、釣具店で手に取って実物を確認しておこう。いろいろな便利グッズをあらかじめ知っておくことは上達の近道になる。

PEラインチェンジャー
ラインを交換するときにリールに巻かれた使用済みのPEラインを自動で巻き取る装置。

ピンオンリール
ピンオンリールはライフジャケットに装着できるので使いやすく、装着したカッターを紛失する可能性も低くなる。

PEライン用ハサミ
刃のギザギザが滑りやすいPEラインを逃さずカットができる。切れ味が長持ちする超高硬度ステンレス鋼製のハサミが使いやすい。

ギャフ
魚の口に引っ掛けて運んだり、ハリを外したりと、さまざまな用途に利用できる。サビに強いステンレス鋼がおすすめ。

スケール
釣った魚の長さを計測する。折りたたみ式は収納時にかさばらない。目盛りが大きく見やすいものは写真撮影にも最適。

デジタルスケール
釣った魚の重量を計測する。計測器のフックに魚を吊るせばその場で重さが分かる。ただし自己記録用なので証明には使えない。

プライヤー
おすすめはスプリットリングオープナー、ラインカッターの他、オモリを潰す、ハリを外すなどさまざまな用途に使える釣り専用タイプ。

フィッシュグリップ
魚の口を挟んで暴れさせないようにすることで、魚の歯やヒレ、ルアーのフックから身を守る。

フックカバー

トレブルフックのカバーがあればルアーケースへの収納も楽にでき、手にフックが刺さらず安全に扱える。

水温計

水温を測れば魚の活性の高さはある程度分かる。前日との比較や一日の温度の推移をチェックするとポイント選びの参考になる。

ライト

ショアジギングのほとんどはデイゲームだが、夜明け前、日没後には手元が暗くなる。コンパクトライトがあると携帯に便利。

タックルボックス

サーフだと砂が付き、磯だと波を被ってしまうおそれがある道具はタックルボックスにまとめて持ち運ぶとよい。

ロッドケース

2ピースまたは3ピースのロッドを収納して持ち運ぶケース。ロッドの破損防止とコンパクトな収納ができる。

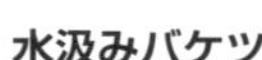

ウエーダー

ウエーダーとブーツを着用することで水の中に下半身まで浸かっても濡れずにルアーをキャストすることができる。

バッグ

ランガンを基本とするショアジギングではルアーや小物類は一つにまとめておくことで動きやすくなる。

水汲みバケツ

魚を絞めるときや手を洗う、釣り場を清潔にするときに使う。折りたたみ式の水汲みバケツなら持ち運びにかさばらない。

ノッター

メインラインとショックリーダーを結束するためのサポートアイテム。誰でも簡単に安定した強度でFGノットやPRノットなどが結べる。

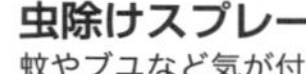

虫除けスプレー

蚊やブユなど気が付かないうちに近寄ってくることもあるので、あらかじめウエアに虫除けスプレーを吹きかけておくとよい。

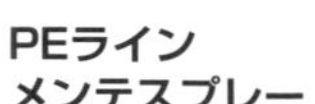

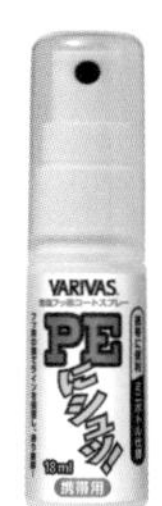

日焼け止め

紫外線から肌を守る日焼け止めは夏場だけでなく年中必要。シミを作らないよう日頃からセルフケアを心掛けよう。

PEライン メンテスプレー

メンテナンスをすることでガイドとの摩擦が減り飛距離が伸びる。またラインの保護にもなりアフターケアの必須アイテム。

メタルジグの種類

マッチ・ザ・ベイト

ショアジギングで使うのはメタルジグと呼ばれる金属製のルアーだ。サイズの割に重量があるため、海中でのフォール（沈んでいく）スピードが速く、ボトム（海底）を探るのに適したルアーとなっている。しかし探れるのはボトムだけではない。使い方によってボトム〜ミドルレンジ、そして表層と全てのレンジを探れる万能ルアーだ。またキャストでの飛距離が数あるルアーの中でもトップクラスとなっている。

メタルジグではさまざまな魚を狙うことができる。フィッシュイーターと呼ばれる小魚を捕食している魚は全てターゲットとなるのだ。

ショアジギングでは手元にあるメタルジグを使って「何か釣れないか

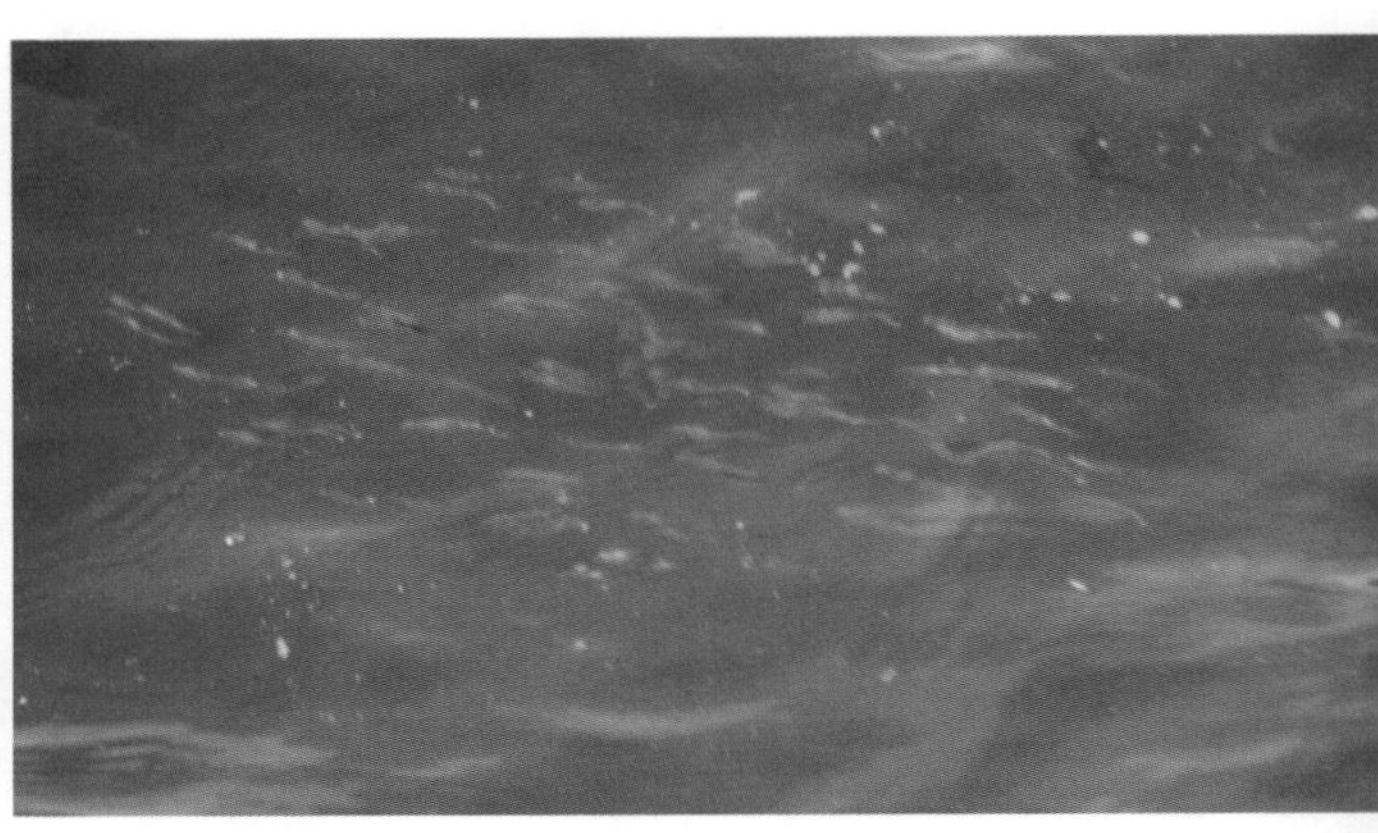

足元にベイトフィッシュの姿を確認できたら期待大だ。ベイトが何か？　どれくらいの大きさなのかを考えることが釣果へ結び付く。

ベイトとなっていたカタクチイワシ。ルアーをベイトのサイズやカラーに合わせることをマッチ・ザ・ベイトという。

な？」と楽しむことも可能だ。しかし、より良い釣果を望むなら、ターゲットをしっかりと定め、その魚に合った誘い方、そしてターゲットが今何を捕食しているかを考えてベイト（ターゲットが捕食しているもの）のサイズに合ったメタルジグをチョイスすることが重要だ。ベイトにルアーを合わせることをマッチ・ザ・ベイトと呼ぶ。

メタルジグのサイズ

　ショアジギングでのターゲットは実に多彩だ。10㎝程度のアジから1mを超える青物やシイラといった大型魚まで狙うことができる。極々小さな小魚やプランクトンなどを捕食しているアジとそれらの魚を襲ってくる青物などでは、当然捕食しているベイトのサイズは異なる。ショアジギングで使用するメタルジグもそのようなターゲットに合わせて1㎝程度から20㎝を超えるものまでさまざまなサイズを選ぶことができる。また大型の青物でも時期によって10㎝程度のイワシなどの小魚を捕食しているときと30㎝クラスのサンマなどを食べているときがある。それゆえマッチ・ザ・ベイトが重要になってくるのだ。

　経験を重ねていけば、「今の時期は何がベイトになっているか」とある程度判断がつけられるようになってくるが、はじめの内はそんなことは分からない。そこで最初に大きめのメタルジグから使うことをおすすめする。大きいメタルジグ＝海中で目立ちやすく、ターゲットに対してアピール力が高いのだ。遠くからも「あそこに何かいる」と認識させることが可能になるので広範囲にアピールすることができる。またターゲットの活性が高い場合は我先にとエサを奪い合っている状態だ。そのようなときはより目立つメタルジグのほうが有利になってくるのだ。

　大きめのメタルジグを使っていて全く反応がないときや、たまにアタリがあるのだけれどヒットに至らない、というときはサイズを小さくしていく。ベイトが小魚である可能性もあるし、ターゲットの活性が低い場合はなるべく小さく、弱く、捕食しやすいものを狙っている。そのようなときに小さめのメタルジグを投入すれば食ってくる可能性が高くなるのだ。

ターゲットの活性が高いときは大きなメタルジグの方が目立つので有利だ。

メタルジグの重量

ショアジギングで使用するメタルジグには3g程度から150gを超えるものまである。もちろんサイズによって重量は変わってくるが、同じ長さのメタルジグでも形状によっても重さは変わってくる。どれくらいの重さのメタルジグを使うかはボトムタッチ（海底に着底すること）が分かるかどうかが、判断基準となる。水深が深い場所や流れの速い状況ではボトムタッチが分かりづらくなってくるので重めのものを使用する。逆に浅い場所や流れのない状況ではボトムタッチは分かりやすい。そういったところでは軽めのものが使用できる。ボトムタッチが分かる範囲でなるべく軽めのものを使うというのがセオリーだ。

また3gのメタルジグを使うものと150gを使うものではタックルは同じではない。ロッドの強さやラインの太さは大きく異なってくる。自分が持っているタックルの負荷限度内の重量のメタルジグを使うことは重要だ。それより極端に軽いメタルジグはうまくキャストできないし、重いものを使用すればロッドの破損の原因となってしまう。一般的に堤防からのショアジギングでは30～50g程度のメタルジグがスタンダードとなっている。

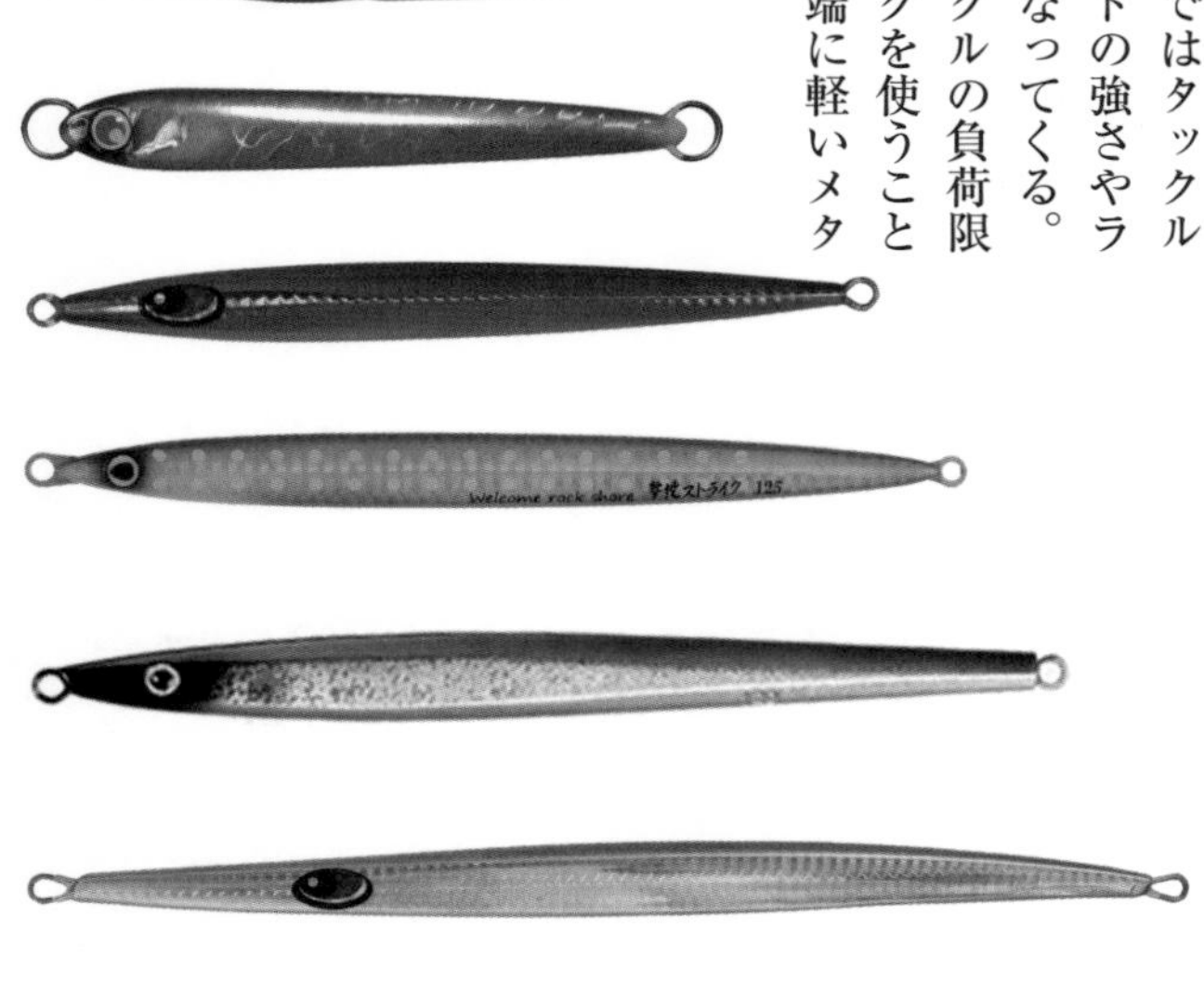

アジなどの小型魚用からヒラマサなどの大型魚用までさまざまなサイズのメタルジグがラインアップされている。

水深が深かったり、流れが速かったりすると、メタルジグの着底が分かりづらくなる。しっかりとボトムタッチできる重量をチョイスしよう。

メタルジグの形状

メタルジグにはさまざまな形状のものがある。これはどのようなアクションでターゲットを誘うかによって、使うメタルジグの形状が変わってくるからだ。同じターゲットであっても、そのときそのときで反応が良いアクションは異なってくることが多い。状況に合ったアクションで、ターゲットにアプローチできるようにメタルジグの形状による誘い方の違いを理解しておくことが重要だ。またメタルジグに合ったアクションを演出できるように、テクニックの引き出しを増やしておくことも求められる。メタルジグの形状の違いによる特徴を次ページから解説していきたい。

メタルジグにはさまざまな形状のものがあり、それぞれアクションや使い方が違ってくる。それぞれの特徴をよく理解することが重要だ。

◎スタンダードタイプ

ショアジギング用のメタルジグとして多くのメーカーがラインアップしているタイプだ。さまざまなアクションに対応しているので、どのようなシチュエーションでも使いやすいメタルジグに仕上がっている。速いジャークやゆっくりとしたジャーク（P95参照）、小刻みなものから大きなフォール、さらにタダ引き（P88参照）まで、どのように使っても使いやすくしっかりとターゲットにアピールしてくれる。

ややフラットなボディはいくつかの面で構成されており、この面が水流を受けることにより複雑なフォールを演出するようになっている。最大の特徴はメタルジグの重量バランスを中心付近にしたセンターバランスを採用していることだろう。バランスがセンターにくることによって、前後のどちらかに偏ることなく、ヒラヒラとしたアピール力の高いフォールを実現している。

またほとんどのものはフロントにシングルのアシストフック、リアにトレブルを装着している。頻繁にボトムタッチを繰り返して、多彩なアクションで誘いを入れるベテランアングラーにはライン絡みや根掛かりの原因となるリアのトレブルフックは、敬遠される傾向にあるが、初心者にはタダ引きでもフッキングに持ち込みやすいトレブルフックはありがたい存在となる。

◎ロングタイプ

幅が比較的狭く細長い形状のメタルジグで、その長さの違いによってロングタイプやセミロングタイプな

スタンダードタイプ

どと呼ばれる。水切りが良いため引き抵抗が少なく、ハイピッチのジャークで誘うのに適している。軽い力でジャークが軽快に行え、連続した速いジャークを無理なくこなすことができる。速い動きに反応しやすい青物を狙うのに特に適しているメタルジグだといえる。またシルエットが大きく見えるのでベイトフィッシュが大きめのときにも有効で小型のものよりはアピール力も高くなる。

このタイプのメタルジグはあまり大きなフォールを入れずにリズムカルに動かしていき、ボトムからミドルレンジまでシャクり上げていくような使い方がやりやすい。広いレンジをテンポ良く探れ、広範囲にアピールしやすいタイプだといえる。

ロングタイプ

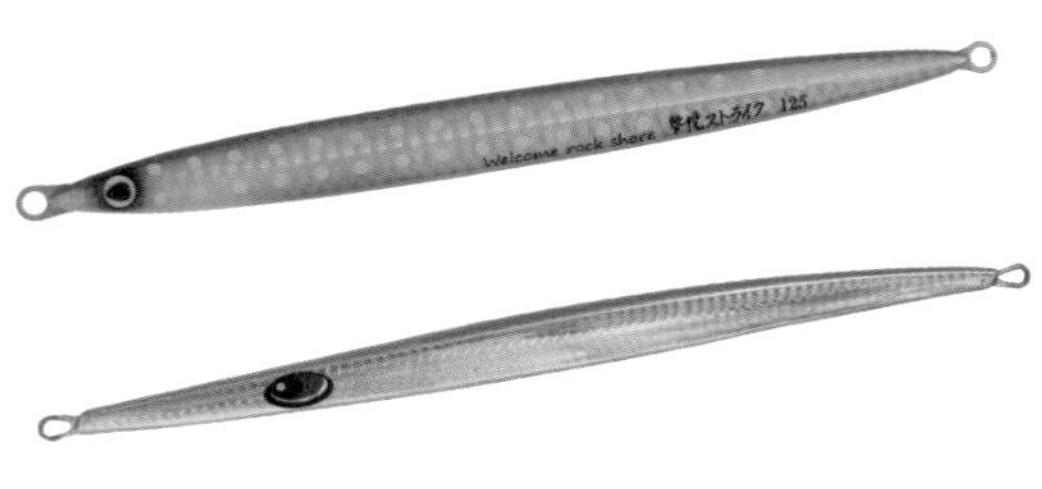

セミロングタイプ

ジグの形状選択は、釣り場や状況に合わせて選ぶことが大切。同様にフックシステムも狙う魚に合わせて変更する。

リーフタイプ

◎リーフタイプ

幅が広く木の葉のような形状をしたタイプで特にフォールを重視したメタルジグだ。幅広のボディがジャークの際に水の抵抗を受けて引き重りするためハイピッチジャーク（P98参照）にはあまり向いていない。大きなジャークでフォールの間をしっかりと作って、ゆっくりとアピールするような誘い方をするのが正しい使い方だ。そのため、海中であまり上の方までシャクっていかずにボトム中心で探るような使い方をする。スロージギングやスローピッチジャーク（P98参照）などと呼ばれ、従来のハイピッチジャークと比

べゆっくりと誘うこのジギングスタイルは体力的負担が小さく、また多彩な魚種がターゲットとなることから近年人気が上昇している。

リーフタイプのメタルジグは、この幅広のボディでしっかりと水を受けてフォールでヒラヒラと木の葉のように舞い落ちていく。多くの魚は上から落ちてくるものに反応しやすい。落ちてくるエサを常に意識しているのだ。このような魚の性質を利用してヒットに持ち込むために考えられた形状のメタルジグだといえる。

◎ファットタイプ

リーフタイプと同様にフォール重視のスローなジャークで誘うためのメタルジグ。やや幅広めな形状ではあるが、ボディの肉厚にボリュームがあるのが特徴だ。スタンダードタイプやリーフタイプと異なり、ヒラヒラとした動きはしない。どちらかというと動きを抑えたアクションで、ラインにテンションを掛けると左右にユラユラと揺れながらゆっくりとフォールしていく。これは弱って力尽きてゆっくりと沈んでいく小魚をイミテートしており、このような小魚は最も捕食しやすい格好のエサの一つであるといえる。ターゲットがあまり活発にベイトフィッシュを追い回していないような状況や、活性が低いときにはこういった動きを抑えたメタルジグに口を使うことも多い。

ファットタイプ

◎スイムタイプ

他のメタルジグでも、タダ引きするだけでアクションしてターゲットを誘うことができるが、よりタダ引きに特化したメタルジグがこのタイプだ。テールを振りながら泳ぐ小魚さながらのリアルなスイムアクションを備えている。見た目の特徴としては、ラインを接続するアイが中心よりズラして設置されており、スイム中にどちらが背になりどちらが腹になるかがはっきりと決まっている。また前後にトレブルフックを装着して、フロントフックは腹の辺りにセットされているものが多い。

メタルジグの飛距離でミノーのようなアクションをするルアーとして考えられたもので、キャストでの飛距離が釣果を左右するサーフでのフラットフィッシュ狙いなどでよく使われる。ジギングに必要なアクションを身に付けていないアングラーでも簡単に使えるため、初心者が最も使いやすいメタルジグだといえるが、上級者でも好んで使っているアングラーもいる。

スイムタイプ

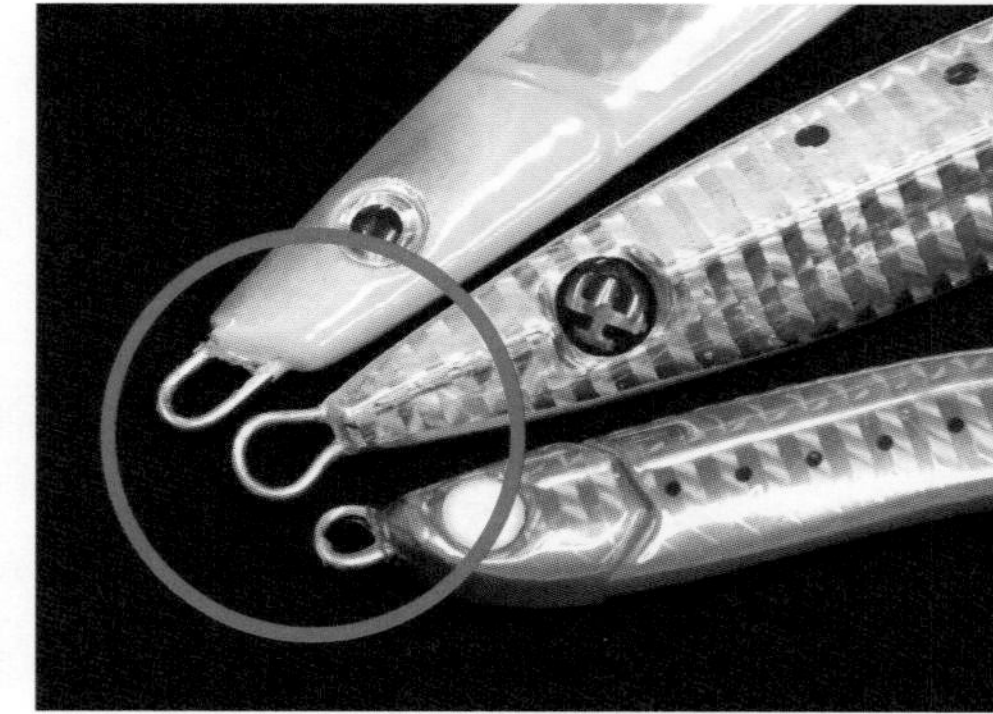

ラインやフックを取り付けるアイの形状や位置はメタルジグの性質によって変わってくる。

バランスについて

メタルジグのバランスというのは、どこに重心が設けられているのかということを指しており、これによってメタルジグの特性が変わってくる。このバランスは大きく分けて3つのタイプに分けられる。

ショアジギングでは主流のセンターバランスのメタルジグは万能で扱いやすい。

◎センターバランス

前のスタンダードタイプの項で解説したように中心付近に重心が設けられており、ショアジギング用にラインアップされているメタルジグの多くはセンターバランスが採用されている。センターバランスのモデルは海中でフォールする際に一定方向を向きにくく、上下が入れ替わりながらヒラヒラと舞うようなアピール力の高いフォールが得られるのが特徴だ。またタダ引きの際にも適度にテールを振るようなスイムアクションが得られる。万能に使いやすい、まさにバランスの取れたメタルジグだといえる。

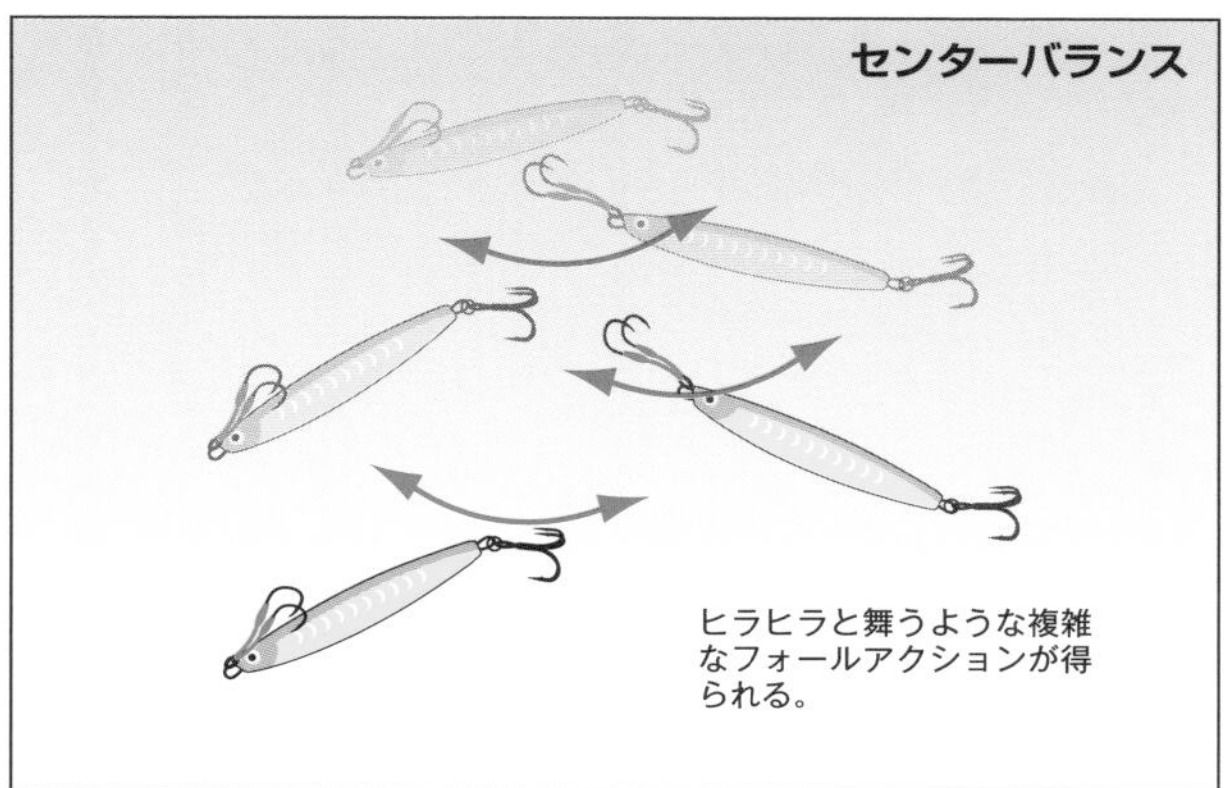

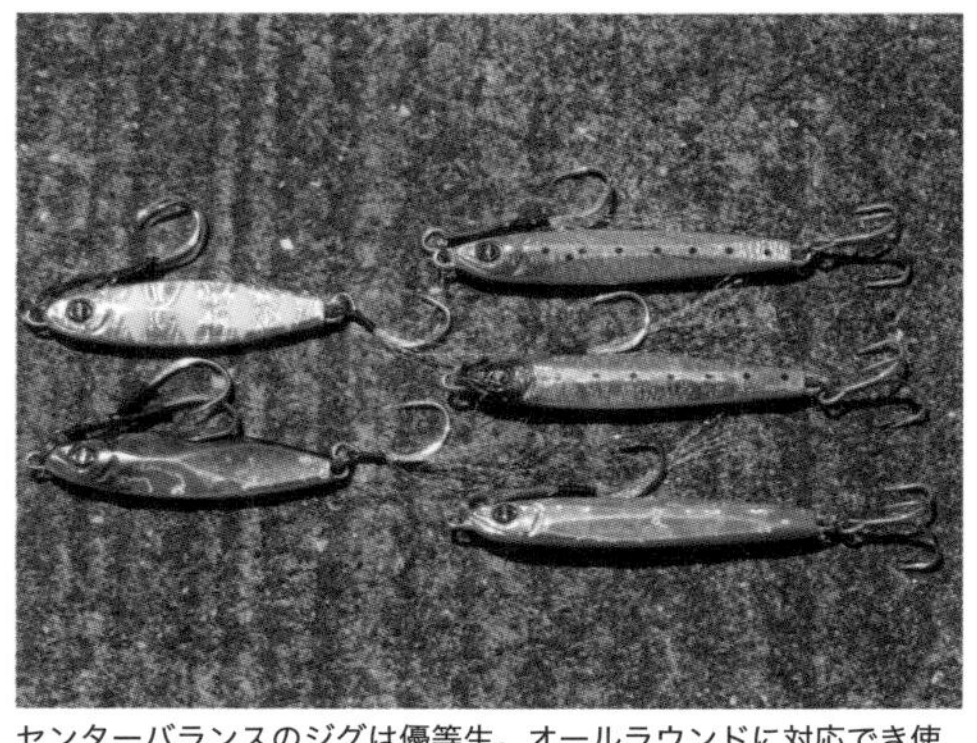
センターバランスのジグは優等生。オールラウンドに対応でき使いやすい。

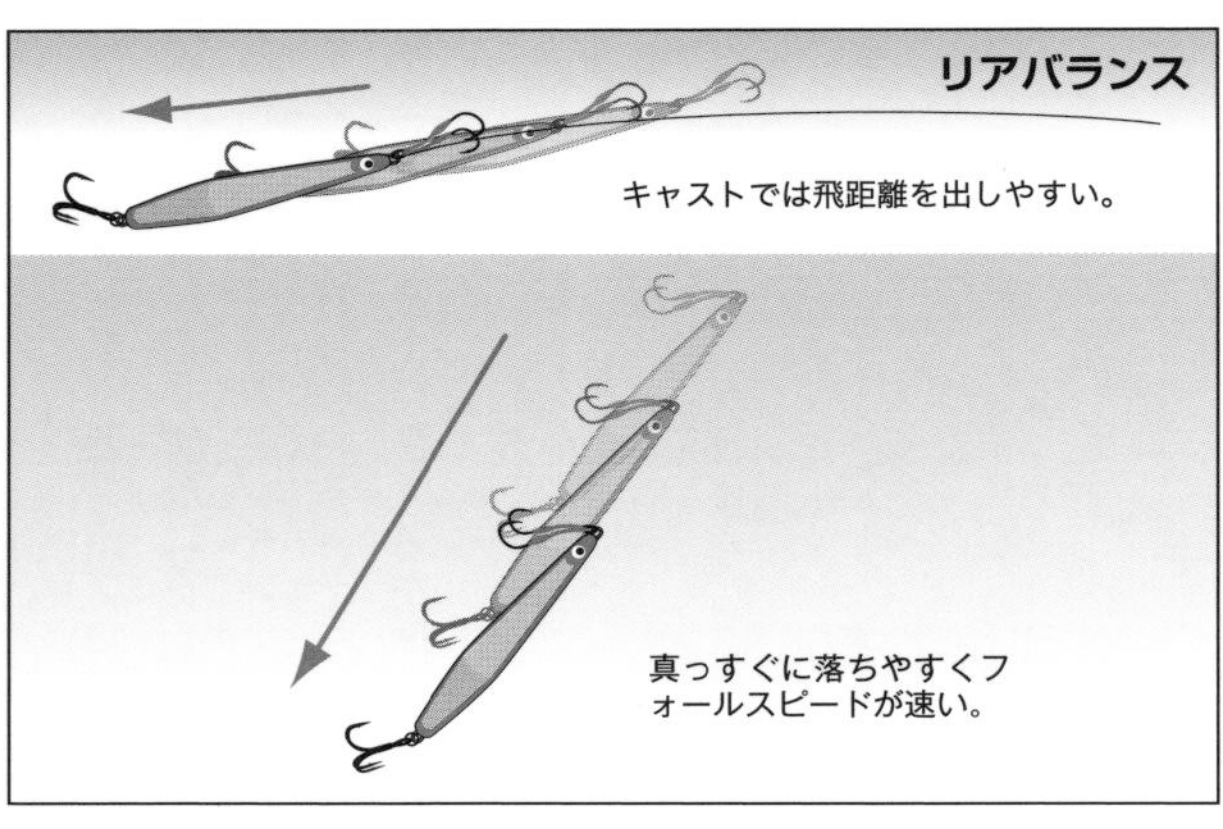

◎フロントバランス

フロントに重心が設けられ、テールが軽くなっているメタルジグはタダ引きでスイムさせたときに細かくテールを振るようなアクションが得られる。そのため、スイムタイプはフロントバランスとなっているものが多い。またフォールの際にはフロントが重いためラインを接続しているフロント側から落ちていこうとするが、ラインが抵抗となり真っすぐには落ちていきにくい。ボディが水平に近い状態を保ったまま落ちていく「水平フォール」となりやすく、これはまさに弱った小魚が沈んでいく姿さながらとなる。この水平フォールを謳っているメタルジグはフロントバランスになっている。

◎リアバランス

リアにバランスがあるメタルジグは、海中に入れたときにリアが下を向いたままフォールしていく。そのためフォールスピードが速いのが特徴だ。ショアジギングでは、そんなに深い場所を探ることはほとんどないのでフォールスピードを求められることは少ない。キャストの際には飛行姿勢を保ちやすいため飛距離を出しやすいということがショアジギングでのメリットとなる。タダ引きした場合は、大きくゆっくりとS字を描くようなスイムアクションとなる。

状況に合わせて選べるようにメタルジグには多彩なカラーがラインアップされている。

カラー選びの基本

店頭にはカラフルなメタルジグが数多く並んでいるが、どのカラーを選んでよいのか悩むところだ。もちろん、どのカラーでも魚は釣れるが、状況に合わせてカラーチョイスをすれば、より高い釣果が望めるようになる。そのためにはそれぞれのカラーの特性を理解しておくことが重要となる。ここではカラーの選び方の基本をマスターしてもらいたい。

ナチュラル系とアピール系

カラーを選ぶ上でまず考えなければならない項目がある。それが、ナチュラル系カラーとアピール系カラーだ。

◎ナチュラル系カラー

自然界にある色に近いカラーで具体的にはブルーやブラウン、オリーブなどが挙げられる。海中にあっても違和感のないカラーとなっており、ターゲットに対して自然のものだと思わせて口を使わせる役割を果たす。ナチュラルカラーが有効なのは、以下のような状況だ。

・光量が十分にあるとき
・海水が澄んでいるとき
・ターゲットの活性が低いとき

太陽の光が十分にある晴れた日中や、海水が澄んでいるような状況では海中の視界も良好だ。このようなときは必要以上に目立たせる必要はない。またターゲットの活性が低いときはあまり積極的にエサを捕食しようとはしていない。そのようなときに自然界に存在しないようなカラーの何かが近づいてくると魚は警戒してしまう。

こういった状況下ではターゲットに違和感を抱かせないように自然界にあるものに近いナチュラル系のカラーが有効となってくる。

◎アピール系カラー

視認性の高いカラーでピンクやオレンジ、蛍光カラーなどがこれにあたる。ターゲットからもアングラーからも目立ちやすく、遠くからでもそこに何かあるということをアピールしやすい。アピール系のカラーをチョイスするのはナチュラル系と反対の状況で、以下のようになる。

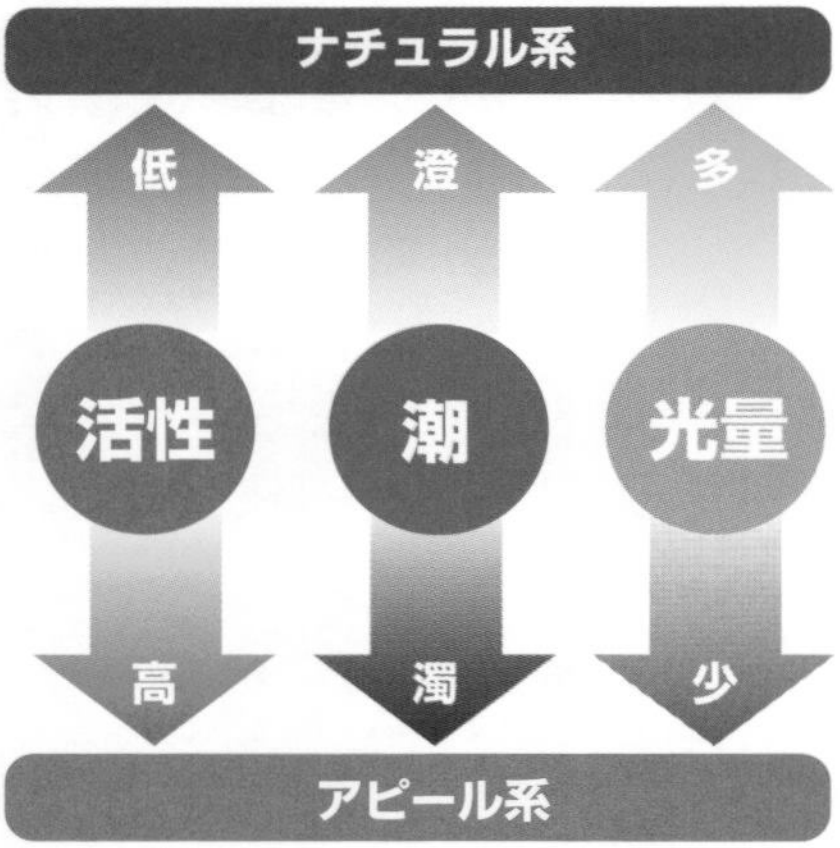

・光量が少ないとき

・海水が濁っているとき

・ターゲットの活性が高いとき

太陽の光が少ない曇った日中や朝夕のまづめ時などは視界が悪くなってしまう。また大雨が降った後などで海水が濁っているときには海の中は極端に見通しが悪くなってしまう。さらに、ターゲットの活性が高い状況下では魚たちは我先にとエサを奪い合っているような状態で、目に付くものにアタックしてくる。このようなときは目立つカラーの方が有利になってくるのだ。

その上、アピール系カラーはアングラーからルアーがどの位置にあるか認識しやすいというメリットもある。

ナチュラル系カラーとアピール系カラーのどちらを使ったらよいのか分からない場合は、まずはアピール系カラーから使ってみることがセオリーとなる。アピール系で様子を見て反応が得られないようであればナチュラル系カラーを試してみるとよい。

ナチュラル系カラー

ナチュラル系

低 活性 高

澄 潮 濁

多 光量 少

アピール系

アピール系カラー

ベースカラー

ほとんどのメタルジグは、ベースとなるカラーの上にさまざまな色を着色してカラーリングしている。

ベースとなるカラーは大きく分けて3種類あり、それはシルバー、ゴールド、ホワイト（グロー）となっている。それぞれのベースカラーのメリットと、それをベースとしたさまざまなカラーの特徴を解説するのでカラーチョイスの参考にしてもらいたい。

シルバーベース

メタルジグで最も多いベースカラーで、魚のウロコに見えるものやマーブルなどのさまざまな模様のホログラムシートが貼られている。このシルバーは太陽の光を反射する波長が長く、フラッシング効果が高いため遠くからでも目立ちやすくアピール力が高い。

またもともと多くの魚もシルバーの魚体をしているのでターゲットにベイトフィッシュだと思わせやすいというメリットも備えている。シルバーベースの代表的カラーは次の通りだ。

シルバー×ブルー

シルバー×ピンク

シルバー×ブルー×ピンク

◎シルバー×ブルー

メタルジグの代表的カラーでシルバーベースにナチュラル系のブルーが組み合わされている。見た目も魚に近く、晴天時によく使われる。太陽が出ている日中に出番が多くなるカラーだ。

◎シルバー×ピンク

アピール系のピンクがあしらわれたカラーで光量の少ない曇っているときや、ターゲットの活性が高いときに使用される。魚の活性を伺う一投目に使われることも多い。

◎シルバー×ブルー×ピンク

通称「ブルピン」と呼ばれるカラーでナチュラル系のブルーとアピール系のピンクの両方が使われている。多くのルアーに採用される人気の高いカラー。何を使おうか迷ったときは取りあえずこれを選ぶとよい、という定番カラーだ。

ゴールド×レッド

ゴールドベース

シルバーには若干劣るが、こちらもフラッシング効果が高いベースカラー。光を反射する波長がシルバーと異なり、朝・夕まづめ時の黄色い太陽を効率的に反射する。また濁った海の中ではシルバーよりも遠くまで反射光を届けることができる。つまり、まづめ時や海が濁っているときはシルバー系よりもゴールド系の方が目立ちやすいということだ。

ゴールド×グリーン

◎ゴールド×レッド

通称「アカキン」と呼ばれ、これも定番カラーだ。レッドはシルエットをはっきりさせるといわれており、朝・夕まづめ時はこれらをチョイスしたい。青物やヒラメ狙いでの定番カラーでもある。

◎ゴールド×グリーン

グリーンゴールドと呼ばれ、近年人気が高い。マダイやシーバス狙いの定番カラーになっている。

グロー(ホワイト)ベース

光量の少ないときに視認性が高いベースカラーでホワイトにはグロー(夜光)が採用されているものがほとんどだ。これといった定番カラーはないが、アピール系のカラーやチャート(蛍光)カラーが組み合わされることが多く、各メーカーがラインアップの中に一つは加えている。タチウオなどナイトゲームで狙うターゲットの場合に使われる。

その他のカラー

◎ストライプ

近年人気上昇中のカラー。グローホワイトでストライプが入れられている。これは、ボディ全体よりも分断されたストライプが目立つことによってシルエットを小さく見せる効果があるといわれている。また光量が少ないときにも目立ちやすいというメリットがある。同じ目的で丸い模様が複数入れられたドットカラーもある。

グロー

ストライプ

カラーローテーション

1日の中でも太陽の光の量というのは大きく変化するし、海の状況というのは一定ではない。また魚がどのような色に反応しやすいかはそのときどきによって違ってくる。同じカラーをずっと使い続けているとターゲットに見切られてしまう可能性もある。そこで必要になってくるのはカラーローテションだ。やみくもにやっても効果が得られることもあるが、それぞれのカラーの特徴を理解していれば適正な組み立てというのが見えてくる。一例を紹介しよう。

朝、日が昇り始めると同時に釣りを開始する。まだ、太陽がほとんど昇っておらず薄暗い状況であればグロー系から使い始める。陽光が射してくるとアカキンに変更。完全に日が昇って海水は澄んでいるのでとりあえずブルピンに変更してしばらく様子を見る。青空が広がる天候となり、まだターゲットからの反応は得られない。ターゲットの活性が低いと考えナチュラル系のシルバー×ブルーに変更する。といった具合だが、これはほんの一例に過ぎない。そのときの状況を考えて効率的にローテーションしていこう。

カラーローテーション例

まだ光量が少なく、暗いうちはグロー系で探ってみる。

太陽の日が射してきた朝まづめはゴールド系にチェンジ。

日は上ったが、魚の活性が分からないので取りあえずブルピン。

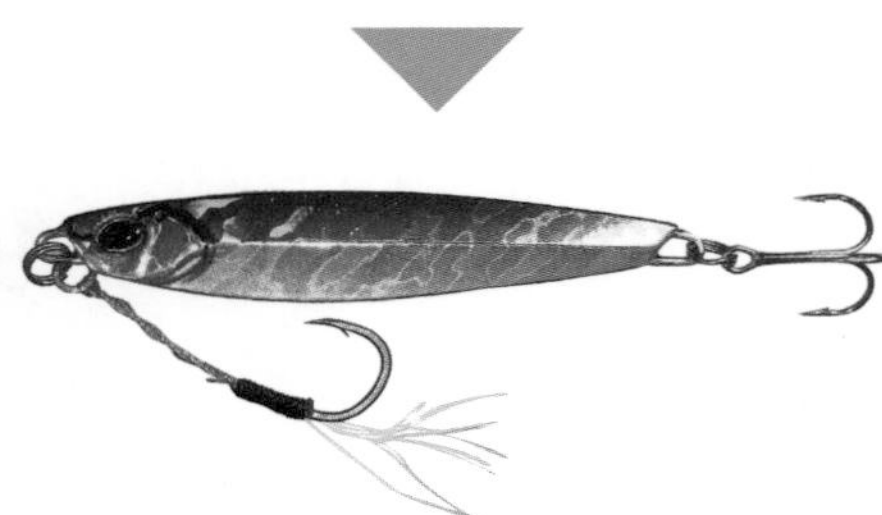

晴天で海水も澄んでいる。魚の活性が低いと考えてナチュラル系にチェンジ。

水中で見えるカラー

光には、紫外線、赤外線、可視光線があり、人間には可視光線しか見ることができないが、魚には可視光線はもちろん紫外線まで見える種類が多い。

光の波長の長さは、赤外線＞赤紫＞赤＞橙＞黄＞緑＞青＞青紫＞紫外線の順になっており、この波長が長いほど水中で吸収されやすく、短いほど吸収されずに色が残る。

水深200mほどの深さになると、海の中は青一色の世界となる。赤色は全く反射しないので、赤い身体をしていると周囲から見えにくく、敵に襲われにくくなる。

例えば、同じ魚種でもカサゴなどはすむ水深によって個体の色が違い、より深いところにすむ個体ほど赤みを帯びている。魚はすむ（回遊する）水深にマッチした身体の色をしていることが多いのはそのためだ。

比較的浅い場所を回遊する青物の色を思い浮かべてみると身体の上半分が青で、下半分が銀色だ。これは、水面上から見ると海の色、つまりブルーに見えて鳥などから狙われにくく、魚の下側（深いところ）から見ると水面が銀色に光って同化して見える。

ルアー釣りでは天候や海の色を基準に、ルアーカラーの使い分けを定義している。海が濁ったときなどはチャートやパールホワイトのような膨張色や、少しの光にも反射するシルバーやホログラムといった光ものカラー。天候が良く海も澄んでいる状況では半透明などのクリア系。深い水深を狙うときには赤金や黒金に反応が良く、水深が深いところでアピール力を狙うなら水色系。ケイムラやグローといった発光するルアーも朝まづめ、夕まづめにはとても効果的。あくまでも目安であるが、迷ったときの参考にするとよい。

水中での色の見え方

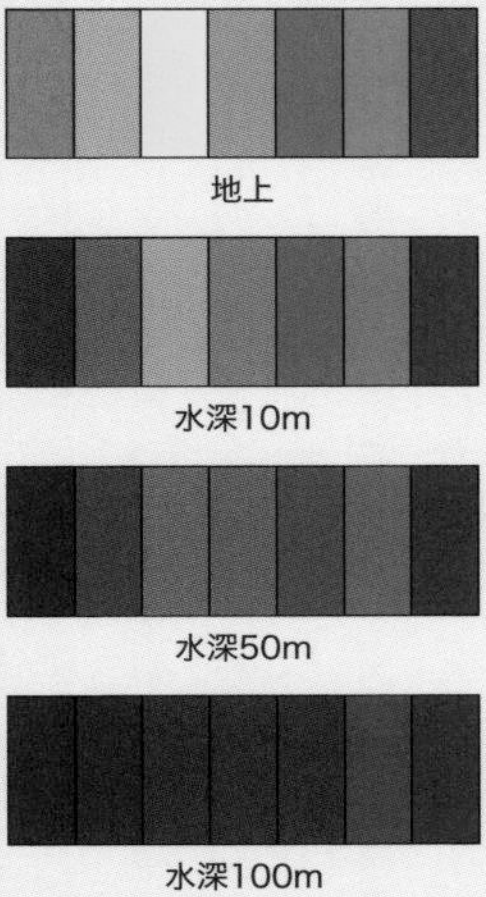

地上

水深10m

水深50m

水深100m

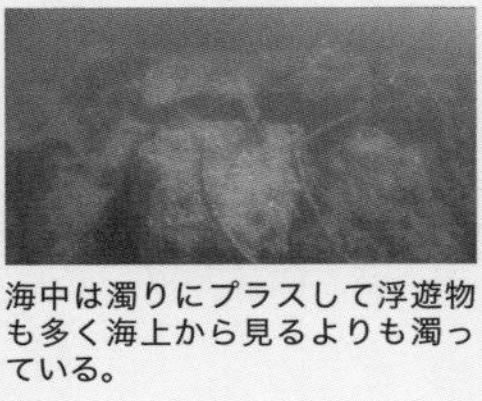

海中は濁りにプラスして浮遊物も多く海上から見るよりも濁っている。

必要なタックル

ロッドの選び方

ショアジギングを楽しむためには必要な道具を揃えなければならない。釣り道具のことをタックルと呼び、ショアジギングを始めるにあたって、最低限必要なタックルはロッド、リール、ライン、そしてメタルジグ、フックといったものだ。

ルアーフィッシングにはさまざまなカテゴリーが存在しており、それぞれ必要となるタックルは異なってくる。特にロッドはカテゴリー毎に専用品が数多くラインアップされているアイテムだ。専用品でなくても代用できる場合も多いが、やはり専用のものはそれぞれの釣りのスタイルを研究して開発されているので使いやすく仕上がっている。またエサ釣り用のロッドとルアー用ロッドでは求められる性能がかなり異なってくるので、まったく別物と言っても過言ではない。ルアー用のロッドにはジョイントがなく1本で整形されたワンピースロッドや3～4本を繋ぐパックロッドなどあるが、ショアジギング用モデルでは2本を繋ぐ2ピースロッドとなっているものがほとんどになる。これからショアジギングを始める人で、もし今何もタックルを持っていないのであれば、ショアジギング専用ロッドを購入することをおすすめする。

専用ロッドを使用することで、釣りやすくなりトラブルの軽減にも繋がる。

ロッド各部の名称と表記

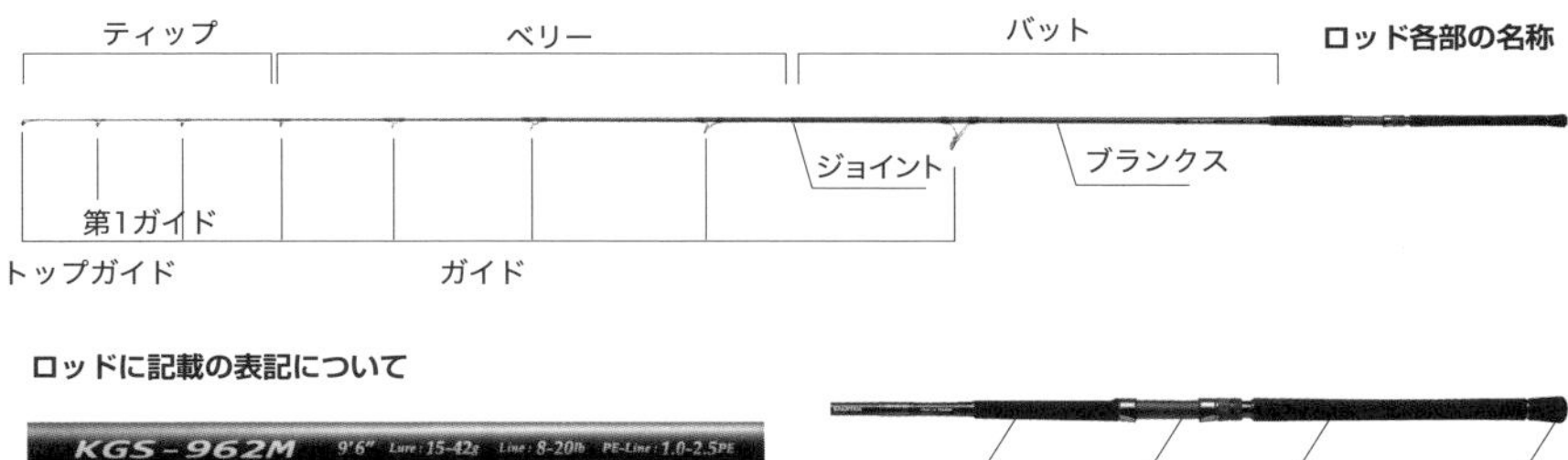

ロッドに記載の表記について

KGS-962M 9'6" Lure:15-42g Line:8-20lb PE-Line:1.0-2.5PE

商品名　強さ　長さ　ルアー重量　使用できるライン

グリップ　リールシート　グリップ　グリップエンド

硬さ（強さ）の違い

ロッドを選ぶ際に重要なことは、どのようなターゲットをどのような場所で狙うか、ということだ。ターゲットや場所によってロッドに求められる強さや長さが異なってくる。

ショアジギング用のロッドは9～11ftくらいのものがほとんどで、多くのメーカーは20～100g程度のメタルジグをカバーできるようにラインアップしている。対応しているメタルジグの重さに応じてL、ML、M、MH、H、XHなどと表記されており、Lはライト、Mはミディアム、Hはヘビーを表している。

「100gのメタルジグが使えるなら20gでも使えるのでは？」と思うかもしれないが、それは正しくない。100gのメタルジグが使えるロッドではそれに対応できるラインも太いものになってくる。強いロッドに細いラインを組み合わせると魚が掛かったときに力を吸収しきれず簡単にラインブレイクしてしまうのだ。そして強いロッドと太いラインの組み合わせでは軽いメタルジグをうまくキャストできない。「大は小を兼ねる」というのはタックルでは成立しづらくタックルバランスというのが重要になってくる。

ロッドは硬いほどパワーがあって大物と対峙しやすいが、それだけラインやフックに力が掛かるため、ロッドに見合ったラインなどのバランスが重要となる。

テーパーとは?

ロッドの特性を表すものにテーパー（アクション）というのがある。これはロッドがどの辺りから曲がりやすくなっているのか、を示すものでカタログなどを見るとＦ、ＦＲ、Ｒ、Ｓなど表記されている場合があり、Ｆはファスト、Ｒはレギュラー、Ｓはスローの略語。釣りのカテゴリーによってそれぞれ適したテーパーというのがあるが、ショアジギングの場合はＲやＦＲが多い。またテーパーに関しては記載していないメーカーもある。

ロッドのテーパーの違い

※曲がり方はイメージです。

ガイドについて

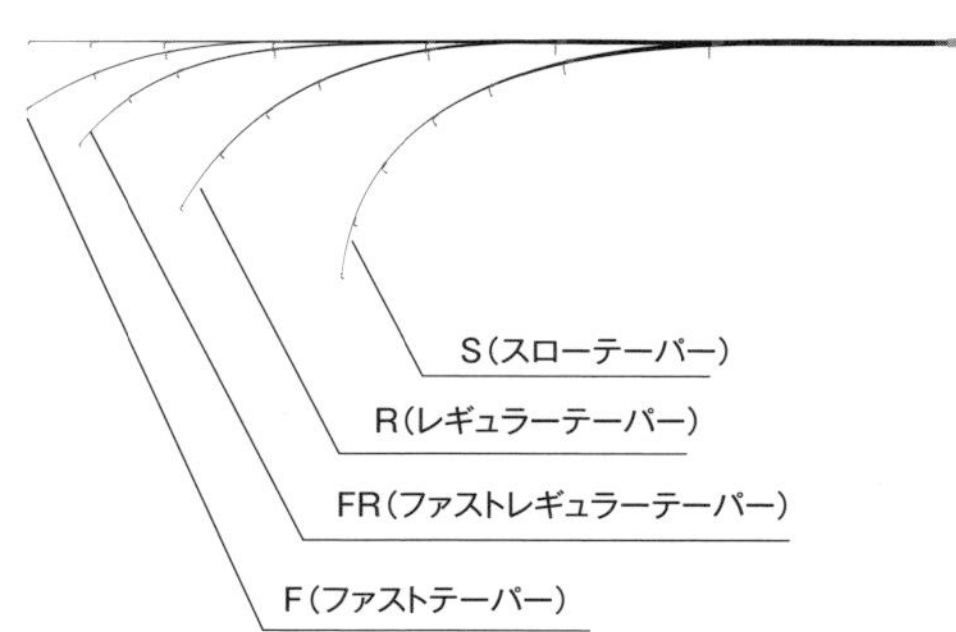

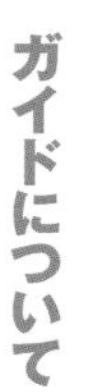

ロッドの性能を左右する重要なパーツの一つにガイドがある。

ガイドはラインを保持するためのパーツだが、これによってキャスト

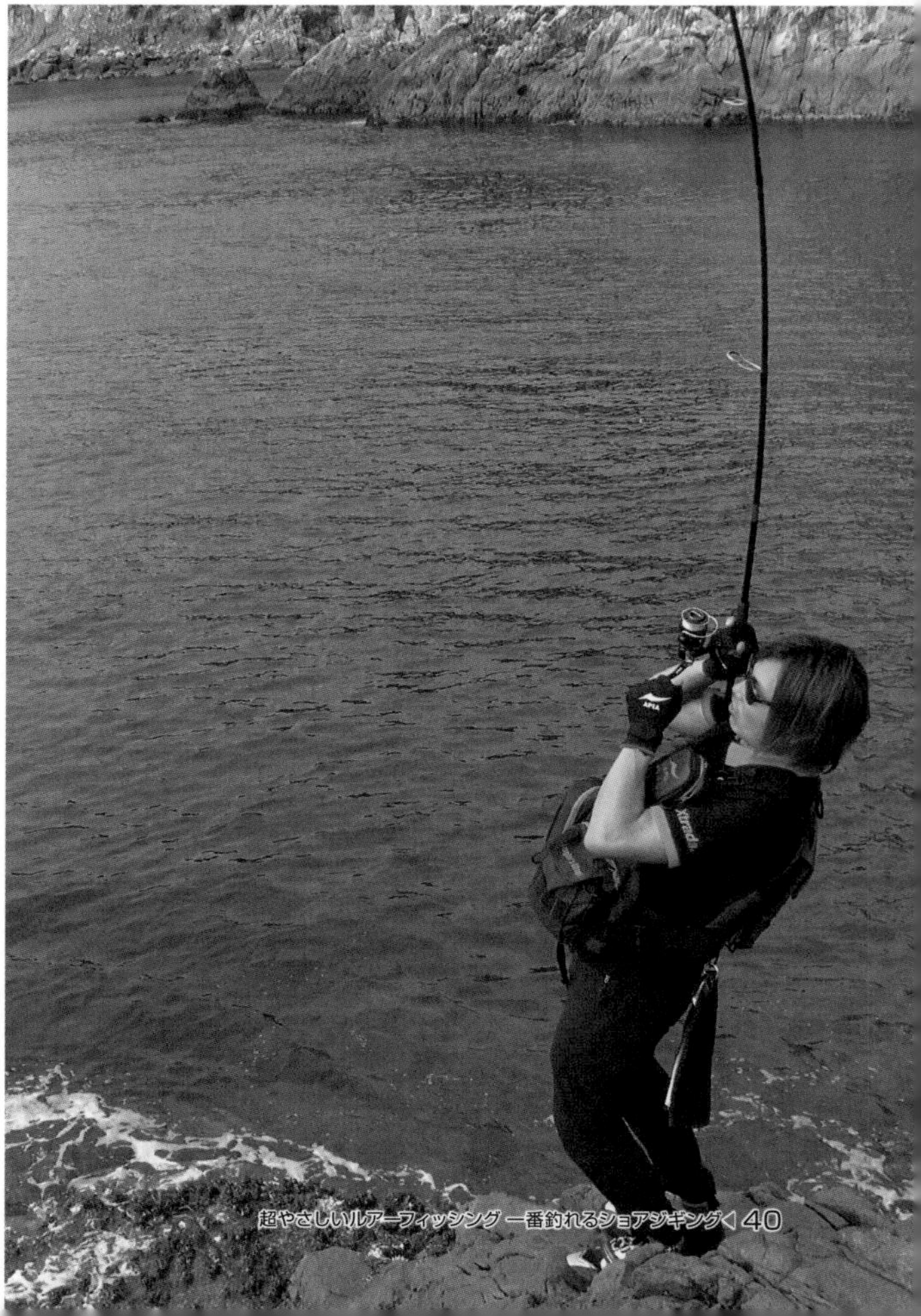

性能や感度というのが大きく変わってくる。ガイドはフレームとリングというパーツから構成されており、それぞれにさまざまな素材や形状が採用されている。フレームはその取り付け形状によってダブルフットとシングルフットがあり、ダブルフットを採用した方が、重量は増えてしまうが、ロッド全体が強くなりやすい。ショアジギング用ロッドではほとんどがダブルフットを採用している。またフレームの材質はステンレス、チタン合金、カーボンなどがあり、チタンやカーボンはハイエンドのモデルに採用されている。

リングはいかにスムーズにラインを放出するかということが求められ、その素材にはＳｉＣを使用しているものが大半を占める。ＳｉＣは硬度に優れ低摩擦で軽量というリングに求められる性能を高い次元で満たしている。現在では上位モデルのロッドにはＳｉＣよりも高性能なトルザイトというリングが採用されているものも増えてきている。

低価格のロッドにはあまりＰＥラインの使用に適さないガイドが使われているケースがある。そのようなガイドを採用したロッドでは、キャスト時にラインがガイドに絡まって切れたり、ラインの寿命が短くなったりする。選ぶときには注意が必要だ。

ダブルフットのガイド

リング

ガイド

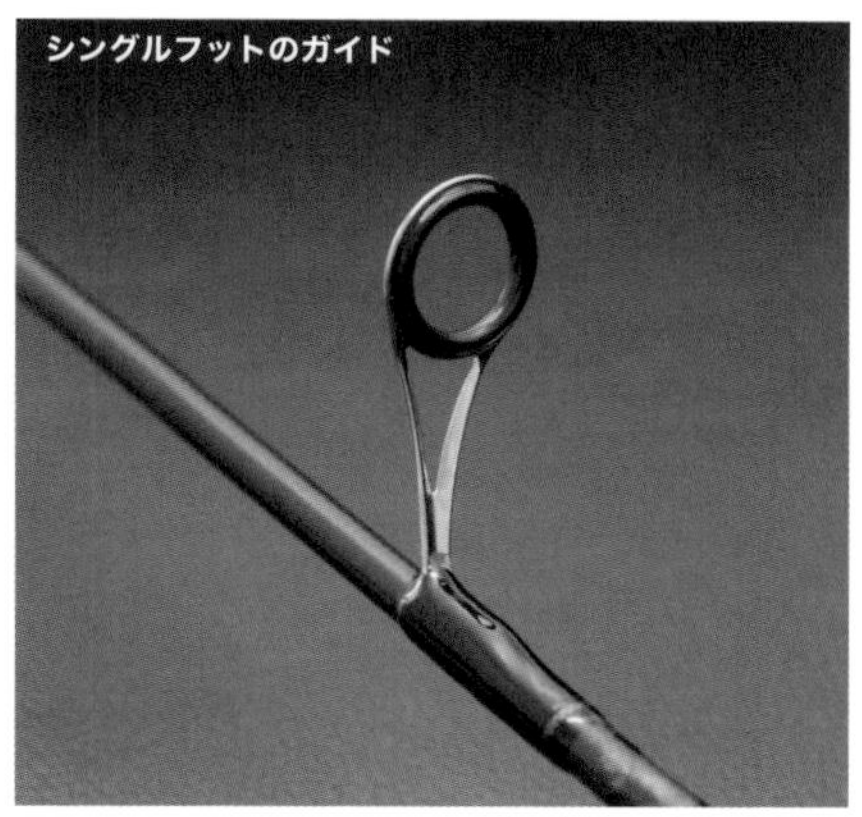
シングルフットのガイド

※SiC：Sillicon Carbide　ケイ素（Si）と炭素（C）の化合物。

ガイドに気を使う人は少ない。ちゃんと手入れしていれば破損することはあまりないが、塩によるサビは大敵となる。できるだけ釣行後は水洗いしておこう。

リールの選び方

リールにはスピニングリールとベイトキャスティングリールがあるが、ショアジギングではスピニングリールが使われる割合が圧倒的に高い。スピニングリールのメリットはキャスト時のライントラブルが少ないということ、またラインの放出の際に抵抗となるものが少ないため飛距離が出しやすいということが挙げられる。それゆえロングキャストを伴うショアからの釣りではスピニングリールが使われることが多い。ここではスピニングリールの選び方について解説しよう。

リールはサイズによって数字による番手があてがわれている。メーカーによって番手が表すリールの大きさは変わってくるが、例えば3000番、4000番といった具合だ。ショアジギングに使用するリールは3000～8000番くらい

スピニングリールの各部名称

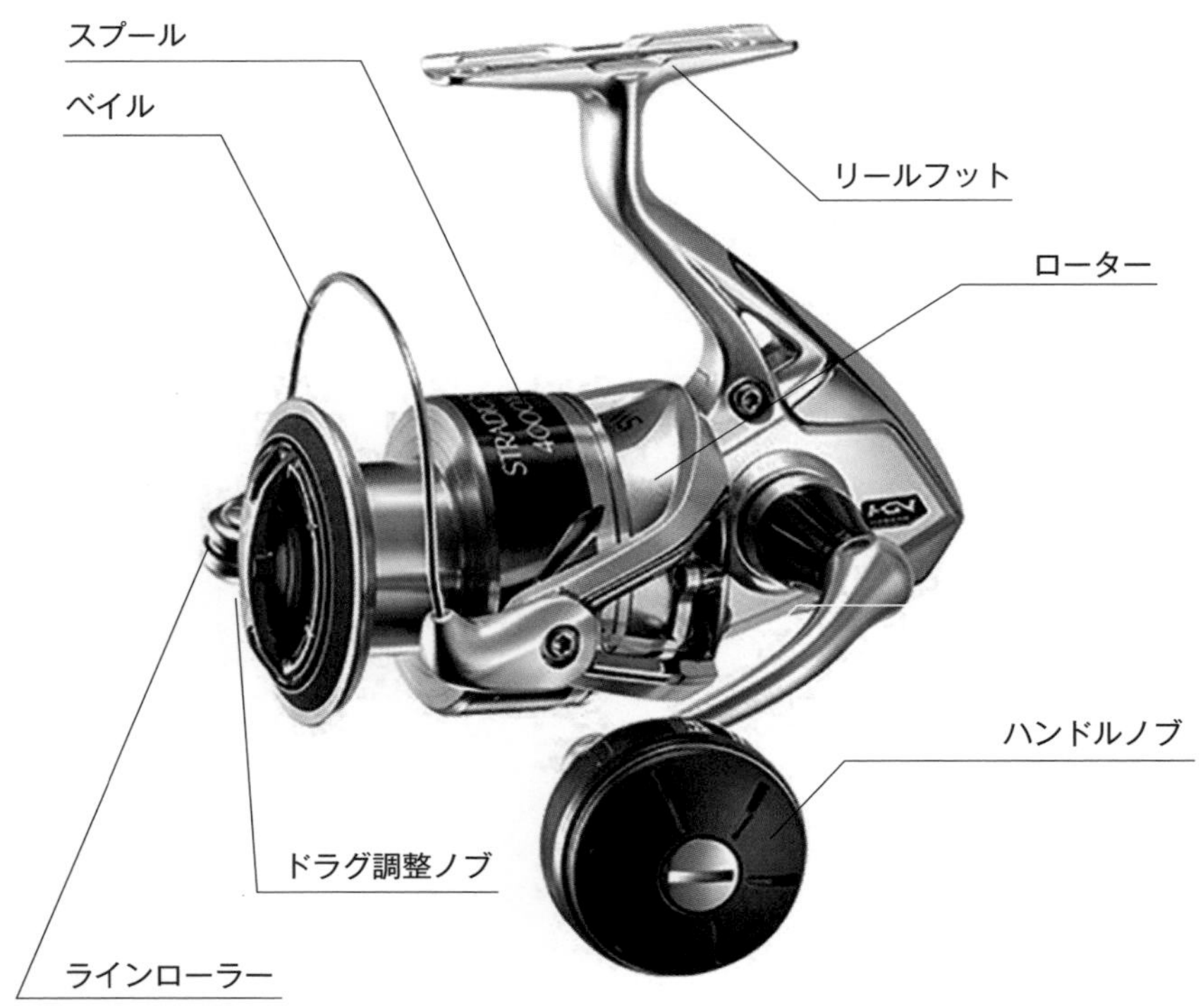

リールは番手によってボディやスプールのサイズが異なっており、使用できるラインの太さや長さが変わってくる。

だが、リールの番手を選ぶにあたって必要なことは「何号のラインが何m巻けるか」だ。使用するラインの号数はショアジギングの場合PEライン1・5〜4号程度で、自分が使いたい号数を200m巻けるキャパを持ったものを選ぶようにする。

大きな番手を選べば余裕でラインを巻けるが、ボディが大きくなり重量が重くなってしまう。タックルはなるべく軽い方が、扱いやすく疲れにくいので必要以上に大きな番手のリールを選ぶのは避けた方がよい。

またスプールのサイズに対して、ラインを巻いている量が少ないとキャストの際に抵抗となって飛距離が落ちる原因となってしまう。同じ番手のリールでも深溝と浅溝のスプールが用意されているものもあり、500m巻ける深溝スプールに巻きたいラインが200mしかない場合、高さを調整するために他のラインで300m下巻きする必要がある。PEライン用のスプールが装着されたモデルは下巻きなしで必要な号数のラインが必要な長さで巻けるようになっているので、そういったものを選びたい。

スプールの溝の違い

PEライン用浅溝スプール。

ナイロンライン用深溝スプール。

ラインの選び方

メインラインとして使用されているラインには、ナイロンやフロロカーボンなどもあるが、ショアジギングで使用されているのはほぼＰＥラインだ。ショアジギングに限らず、海のルアーフィッシングでは主流となっているラインで、ＰＥラインの特徴としては、

・伸張強度に優れる
・感度が高い
・キャストで飛距離が出しやすい
・海水や紫外線で劣化しにくい

などが挙げられる。伸張強度とは引っ張る力に対しての強度で、ＰＥラインはナイロンやフロロカーボンの4倍近い強度がある。また伸縮性がほとんどないため感度に優れている。感度が高いと魚のアタリが分かりやすいだけでなく、ボトムタッチの感覚や潮の流れの変化なども手元に伝わりやすい。またコシが弱いために キャストの際に抵抗が少なく飛距離が伸びる。そして多少高価ではあるが、海水や紫外線による劣化が少ないので長く使用できるというメリットもあるのだ。

デメリットとしては

・摩擦に弱い
・ライントラブルしやすい

というのがある。摩擦に関してはかなり弱く、何かに擦れるとすぐに切れてしまう。そのため、擦れ対策としてリーダーと呼ばれる素材の違うラインを組み合わせて使うのが一般的だ。また飛距離でのメリットとなるコシの無さは、そのままライントラブルしやすいというデメリットとなる。またライントラブルしたときには元に戻すのが非常に大変で、戻らない場合も多い。

ＰＥラインは号数と長ささえ同じなら何用を使っても問題ないが、カラーによるマーキングが施されているものが使いやすい。これは5色のカラーが10ｍごとに変わるもので、ラインが何ｍ出ているか把握しやすい仕様となっている。キャストしてボトムタッチしたときのカラーを覚えておけば、次のキャストでも、もうすぐボトムタッチというのが分かりやすくなるので便利だ。

メインラインの他にラインの先端に結ぶリーダーが必要になってくる。詳しくはP60で解説しているのでそちらを参考にしてほしい。

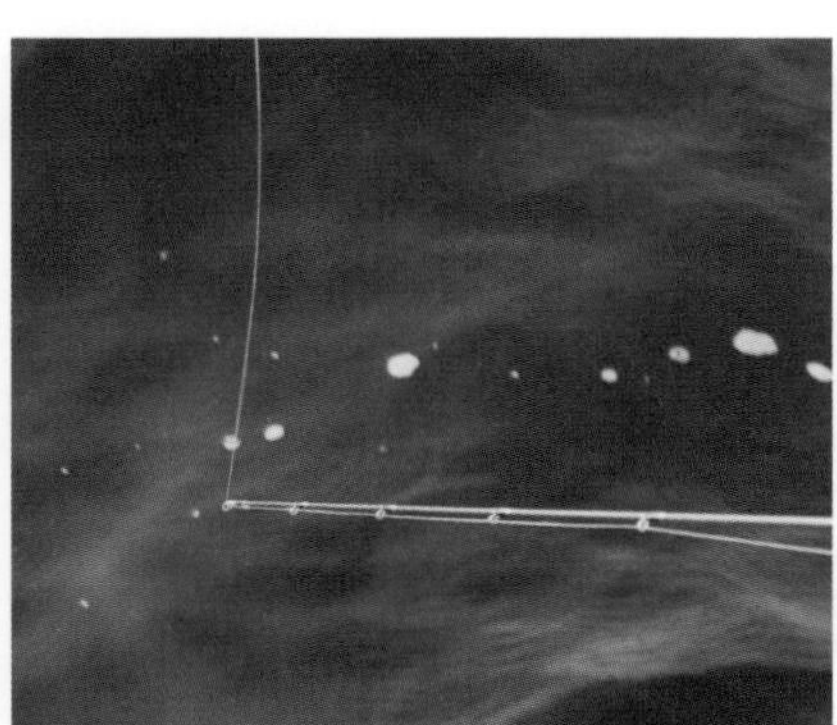

ショアジギング用のPEラインは10mおきにカラーが変わっているのでラインの放出量が分かりやすい。

フックの選び方

魚との接点となる重要なパーツがフックだ。ショアジギング用のメタルジグには、フックが標準でセットされているものが多いのでそれをそのまま使えばよいが、フックは消耗品なので、サビてしまったり、フックポイントが丸くなってきたりしたら交換しなければならない。また慣れてくると、釣りをする場所やターゲット、誘い方によってフックを交換したりもするようになってくる。ここではフックに関する基本的な知識を身に付けよう。

フックはフックポイントの数の違いによっていくつか種類が存在する。フックポイントが一つのものをシングルフック、二つのものをダブルフック、三つのものをトレブルフック（メーカーによってはトリプルフックとも言う）、四つのものをクワトロフックと呼ぶが、ショアジギングでメインに使用するのはシングルフックとトレブルフックだ。

シングルフック

一般的な釣り用のハリの形状をしたもので、ショアジギングで使う場合は、フックにアシストラインが取り付けられたアシストフックを使うことになる。このアシストフック1本仕様をシングルアシストフック、2本付いているものをツインアシストフックと呼んでいる。

シングルフックのメリットは貫通力が高いということだ。フックポイントが一つのため、フッキングの際の力が一点に集中するため刺さりが良いのだ。しっかりとフックが貫通するため、魚が掛かったときにバレにくいというのが特徴となる。

重量が軽いということもメリットとして挙げられる。エサを吸い込むように捕食する魚の場合、フックは軽い方が吸い込みが良くなる。またトレブルフックと比べた場合、同じ重量であればより太軸の強度が高いものを使用できる。そのため、大型のターゲットを狙う場合は、太軸のシングルアシストフックで挑むパターンが多い。

交換や追加などでアシストフックを選ぶ場合は、フックの大きさやアシストラインの長さに注意が必要だ。標準で装着されていたものと同じ程度のものを選ぼう。

フック各部の名称

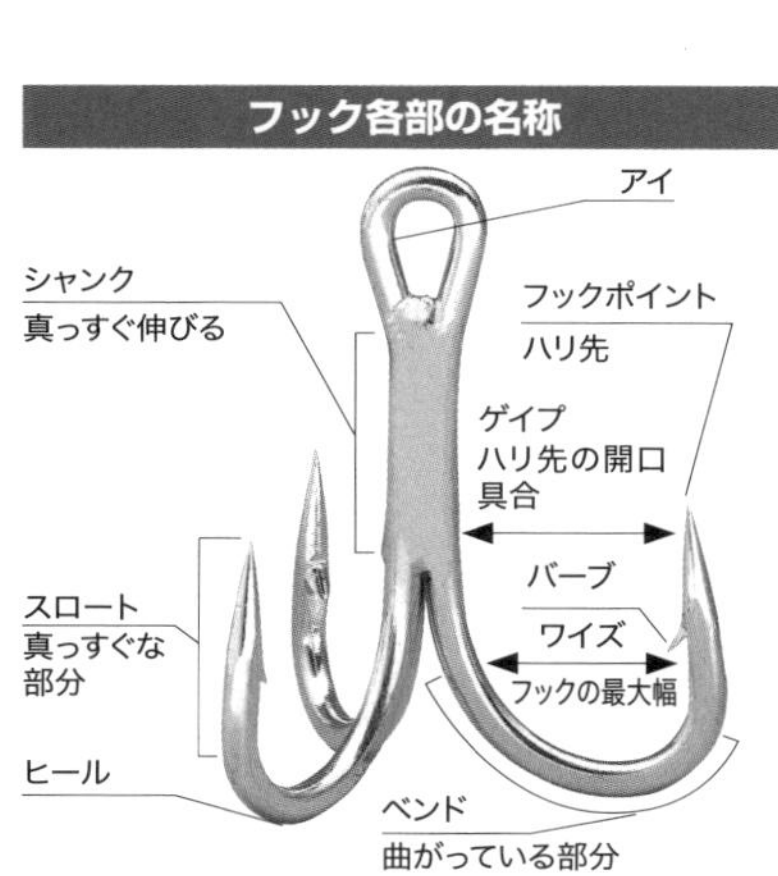

トレブルフック

ルアー全般に使われるフックで、メタルジグの場合、リア（テール側）に装着されるケースが多い。スイム系のメタルジグの場合、腹側とテール側に装着されているものが多い。トレブルフックはフロントには装着しない。理由はラインと絡みやすくなるからだ。

トレブルフックのメリットは、フッキングしやすいということだ。やはりフックポイントが一つより三つあった方が掛かりやすくなる。しかし、フッキングの力がフックポイント三つに分散されるため、シングルフックと比べ掛かりが浅くなりやすい傾向にある。そのため刺さりやすくするために、シングルフックに比べ細軸となっているケースが多い。一つのフックポイントのみに掛かっていた場合、フックが伸びて、先が開いてしまうこともある。バラシの原因となってしまうので注意が必要だ。フックが伸びた場合でもプライヤーなどで戻せば使えるが、なるべく早めに交換したい。

フックを交換する場合は、同じサイズのものを選ぶのが基本。大きなものを付けるとタダ引きでのスイムアクションが変わってしまうからだ。しかし、シャクってアクションさせるなら多少大きくなってもさほど問題はない。

接続アイテム

メタルジグとラインの接続はラインを直接結ぶ方法と接続用のアイテ

シングルフック

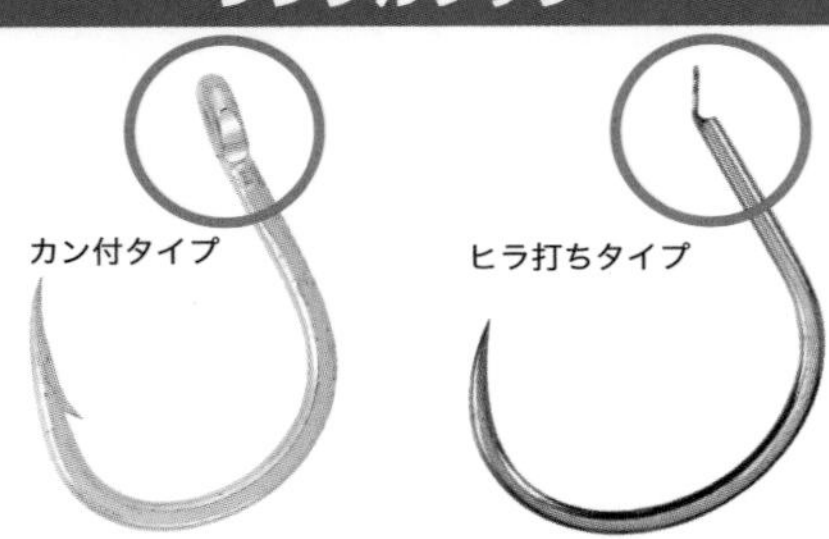

ラインを結ぶところが輪っかになっているカン付タイプとフラット形状になっているヒラ打ちタイプがある。

アシストフック

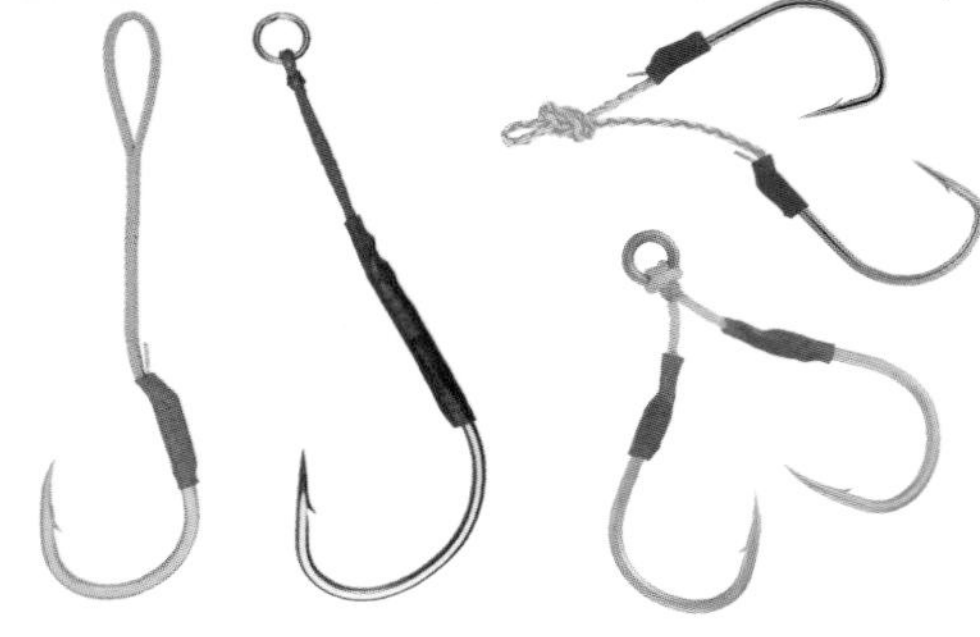

ジギングで使いやすいようにアシストラインがあらかじめ装着されたアシストフック。シングル仕様やツイン仕様などさまざまな種類がある。

ムを使う方法がある。

直接結ぶ場合は、メタルジグの動きの妨げとならないように輪っかを作るような結び方がよい。結び方についてはＰ58からの項を参照してほしい。

接続アイテムにはスナップやスプリットリング＋フラットリング、さらにスイベルを使う方法がある。これらのアイテムを使うとメタルジグの動きを妨げることなく、さらにメタルジグの交換が簡単に行えるというメリットがある。

スナップは工具を使わず簡単に開け閉めできるというのがメリットだ。詳しくはＰ１５６を参照してほしい。しかし強度の面ではスプリットリング＋フラットリングが勝る。

堤防で小型のメタルジグを使用して小型のターゲットを狙う場合は、スナップでも問題ないが、大型の魚が食ってくる可能性がある磯などではスプリットリング＋フラットリングをチョイスしたい。ショアジギングの場合、他のルアーフィッシングよりロッドが強めになっているため、スナップでは破損してしまうことがある。

スイベルは回転することによってラインのヨレを解消する接続アイテムで特にヒラマサなどの大型でパワーのある魚をターゲットとする場合に使用するアングラーもいる。

接続アイテム

ターゲットに合わせてさまざまなサイズの接続アイテムがラインアップされている。

スプリットリング　フラットリング

このように組み合わせて使う。

スプリットリング＋フラットリングでメタルジグにフックを装着した例。

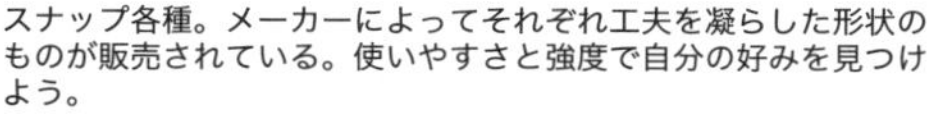

スナップ各種。メーカーによってそれぞれ工夫を凝らした形状のものが販売されている。使いやすさと強度で自分の好みを見つけよう。

回転することによってラインのヨレを防ぐスイベル。

※結び方／P58、リング交換／P156

堤防で必要なタックル

堤防でショアジギングをする場合、例外的に入ってきた大型のブリやシイラなどを狙うような状況は別として、基本的にライトなタックルで楽しむ方がよいだろう。

堤防で使用するメタルジグは20～50g程度で30～40gというのがメインになってくる。堤防周辺の水深はかなり深いところでも15m程度だ。多くの場所は5～10mくらいだろう。また潮流もそれほど速くはない。それゆえ30～40g程度のメタルジグで十分にボトムタッチが分かるのだ。メタルジグはボトムタッチが分かる範囲でなるべく軽めのものを使った方が魚の食いが良くなる。重いメタルジグを使った方が飛距離が伸びると考える人もいるようだが、かなりの強風下などでない限り、40g程度を超えてくると、ほとんど変わらない。

ロッドは前記したような重量のメタルジグに対応したものが使いやすい。多くの場合、MLやMクラスというのがこれにあたる。長さは堤防では短い方が使いやすいので9ft前後で十分だ。長さに関しても、長い方がキャストでの飛距離が延びそうな気がするかもしれない。理論上は正しいが、実際はロッドが長くなるとスイングスピードが落ちてしまうため、飛距離はほとんど変わらない。短いロッドでスイングスピードを上げた方が遠くまで飛ばせる場合もある。

ラインはPE1～1・5号を使用する。太い方が強度はあるがキャストでの飛距離が落ちてしまう。30gまでのメタルジグを使うなら1号、40～50gを使うなら1・5号がよいだろう。ただし、これはロッドの強さによっても異なってくる。ロッドがやや強めを使っている場合は、ラインも太めのものを使うのがセオリーだ。慣れないうちは1・5号を使っておいた方が、キャストミスによるラインブレイクなどしづらいだろう。

PE1号ならリーダーは20lb（5号）、1・5号なら28lb（7号）程度を結束したい。ナイロン・フロロカーボンのどちらでも構わない。

リールは前記したPEラインが200m巻けるものを選びたい。番手でいうと3000～4000番くらいにあたる。

堤防で使うロッドのスペック例

全長(ft/cm)	適合メタルジグウェイト(g)	適合ラインPE(号)
9'6"/290	20～40	0.8～1.5
9'10"/300	10～50	1.2～2.5
9/274	MAX60	MAX2

水深や潮の流れ、またターゲットなどに合わせて軽いメタルジグで楽しむパターンが多い。ライトなロッドの方が体力的な負担が小さく、扱いやすいのでおすすめだ。

磯で使うタックル

磯はショアジギングをするうえで非常に魅力的なフィールドだ。堤防よりも多彩なターゲットが狙え、より大型の魚を期待できる。磯では堤防よりもパワーのあるタックルを使用する。

磯で使用するメタルジグは50〜100g程度と堤防の場合よりも重いものを選択する。堤防よりも水深が深い場合が多く、流れも速いためだ。状況によっては100gのメタルジグでもボトムタッチが分からないこともある。

50g前後と100g前後のメタルジグではタックルが異なってくる。50〜60gくらいのメタルジグを使用する場合、ロッドはMやMHとなりPEラインは2〜2・5号、それに合わせるリーダーは40lb(10号)程度となる。それらのラインを巻けるリールは3500〜5000番クラスとなる。

80〜100gのメタルジグを使う場合は、ロッドはおおむねHクラスになる。PEラインは3〜4号、それに合わせるリーダーは50lb(12号)〜80lb(20号)と太く、このくらいになるとリールはグッと大型になり、4500〜8000番クラスとなる。

しかし、メタルジグもこれくらいの重量になってくると、例えば100gのメタルジグを使えるクラスのロッドで50gをキャストしても違和感は少ない。その場合、ラインは2〜3号程度にした方がよいだろう。ただし強いロッドは重量も重くなるため体力的な負担は大きくなる。

磯で使う場合、ロッドは少し長めの10ftを基準に考えた方がよい。足元から垂直になっている堤防と違って、磯の場合は自分が立てる場所から水面が遠いことが多い。ロッドが長い方が掛けた魚の取り込みやメタルジグの回収がやりやすくなるからだ。ただし、ロッドが長いと体力的な負担は増してくるので覚悟しておきたい。

ラインは同じ重量のメタルジグを使う場合でも、堤防よりも太いものを使うのが基本だ。磯は岩礁帯となっており、海底や足場もフラットではないのでラインが擦れる要素が多い。また魚も堤防より大型が多いため、ラインは太めのものを使用するのがセオリーだ。

磯で使うロッドのスペック例

全長(ft/cm)	適合メタルジグウェイト(g)	適合ラインPE(号)
10'6"/320	MAX80	MAX3
10/305	30〜100	2〜4
11'0"/335	60〜120	3〜5

流れの速い場所ではかなり重いメタルジグを使う必要があり、そういったものをキャストでき大物と渡り合えるパワーを持ったものを選びたい。

ベイトタックル

ロングキャストを伴うショアジギングにおいては、スピニングタックルの方が扱いやすい。それゆえにスピニングタックルによるショアジギングを解説してきたが、ベイトタックルでショアジギングをしているアングラーもいる。ベイトタックルはベイトキャスティングリール（以下ベイトリール）を使うタックルのことで、ロッドもベイトリール専用のものとなる。

ベイトリールを使う最大のメリットは、巻き上げのパワーが強いということだ。またラインの放出から巻き始める際に余分な動作を必要としないので手返しが早い。さらに、放出したラインが直線的になりやすいために感度が良くなる。ピンポイントを狙うようなキャストではベイトタックルの方がコントロール性が良いということが挙げられる。

ベイトリールの最大の難点はキャストだ。その構造上、キャストの際にラインを巻いているスプールが一緒に回転するため、ラインの放出スピードよりスプールの回転速度が上回るとバックラッシュと呼ばれるライントラブルが発生する。ひどくやってしまうと元に戻すのはなかなか困難で、最悪の場合ラインを交換しなければならなくなる。しかし近年の技術の進歩によってバックラッシュしづらいモデルも多くなり、ロングキャストも可能になった。少し練習すれば誰でもキャストできるようになる。しかし、スピニングリールほど簡単にはキャストできないことは念頭に置いておかなければならない。特にラインの放出量が多いショアジギングにおいては、フルキャストしてバックラッシュした場合はラインは交換しなければならない可能性が高くなる。

リールに関してはショアジギングでも使える機種も少なくないが、ロッドに関しては重量のあるメタルジグを扱えるショアジギングモデルは極端に少なく、一部のコアなマニアのための特別な仕様といった部分も否めないものの、他人と違うことをやりたい人はチャレンジしてみるとよいだろう。

リールシートについたトリガーと呼ばれる出っ張りがベイト用ロッドの特徴となる。

ラインがグチャグチャになってしまう「バックラッシュ」が怖くてなかなかフルキャストができないアングラーが多い。

リールのスプールにラインを巻く

釣具店でラインを購入する場合は、リールを持って行って頼めば大抵お店でリールのスプールに巻いてくれる。下巻きが必要な場合も調整して巻いてくれる。しかし通販で購入したり、なんらかのライントラブルなどで巻き直しが必要になった場合は、自分で巻かなければならない。

ラインをリールのスプールに巻くときに注意しなければならないのは、「ラインにテンションを掛けながら巻く」ということだ。ラインにある程度テンションが掛かった状態で巻かないと、キャストの際にラインがスプールからスッポ抜けたような状態となってライントラブルとなる。特にPEラインの使用時には注意が必要だ。

ラインを自分で巻きたい人はリサイクラーと呼ばれる道具を持っておくと便利だ。これは空きスプールに簡単にリールからラインを巻き取ることができるアイテムで、新しいラインのスプールからリールのスプールに巻き取るときにはテンションを自由に調節して掛けることができる。

新品のラインのスプールをリサイクラーにセットしたら、ラインの端をリールのスプールに結び付ける。結び方はユニノットかクリンチノットがよい。このときにリールのベイルを開けておくことを忘れずに。

ラインを巻くときには2ピースロッドのグリップ部分を使ってリールシートにリールを固定した方が作業が楽に行える。ベイルを閉じてリールのハンドルを回してラインをリールのスプールに巻き始めるが、最初の4~5回転はラインにテンションを掛けない。スプールにラインがしっかりと固定されたらリサイクラーのテンション用のノブを回して回転に抵抗が掛かるようにする。そうするとラインを巻く際にテンションが掛かるようになる。テンションはリールのハンドルを回すときに少し抵抗がある程度にする。キャストしたルアーを回収するときの抵抗をイメージすると分かりやすいだろう。

スプールへのラインの結び方

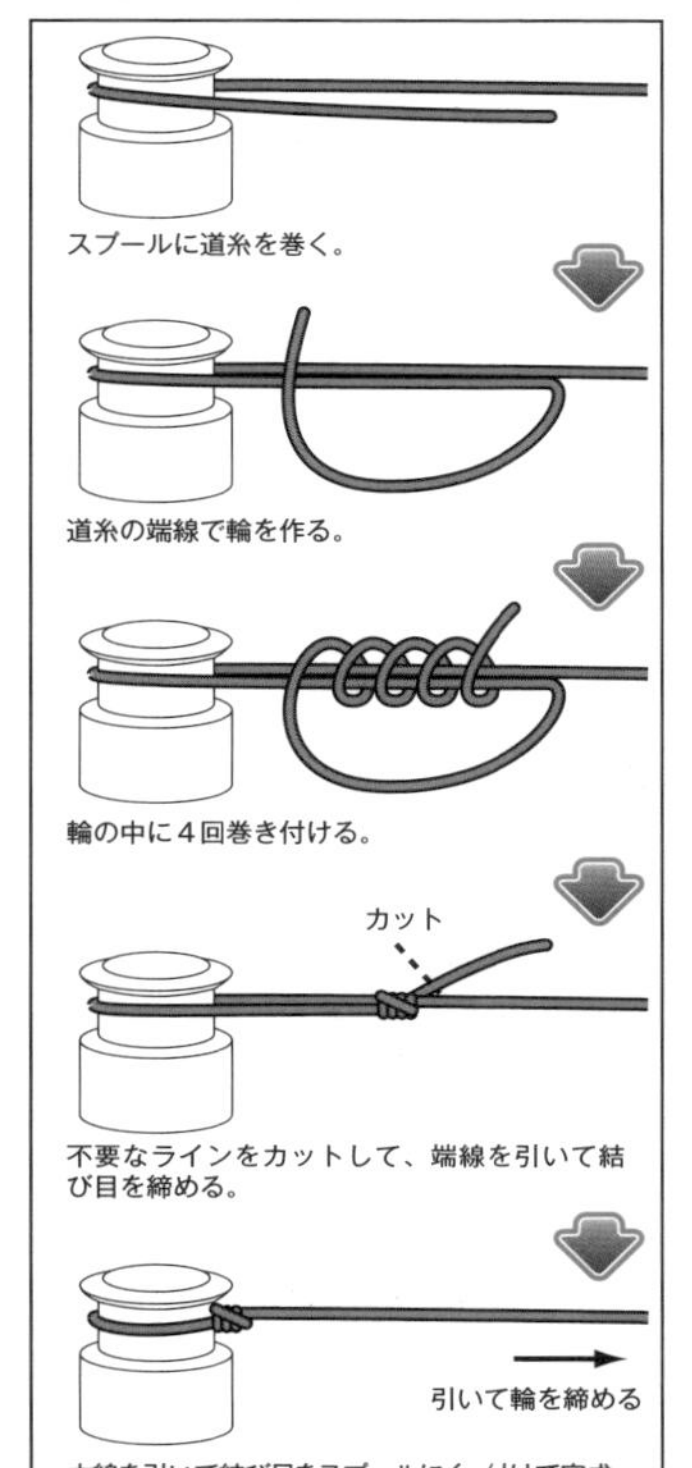

スプールに道糸を巻く。

道糸の端線で輪を作る。

輪の中に4回巻き付ける。

不要なラインをカットして、端線を引いて結び目を締める。

本線を引いて結び目をスプールにくっ付けて完成。

タックルのセット方法と持ち運び方

ロッドガイドにラインを通す

ロッドにリールをセットしてから行う。リールのベイルを開いたままにしてラインを取り出す。

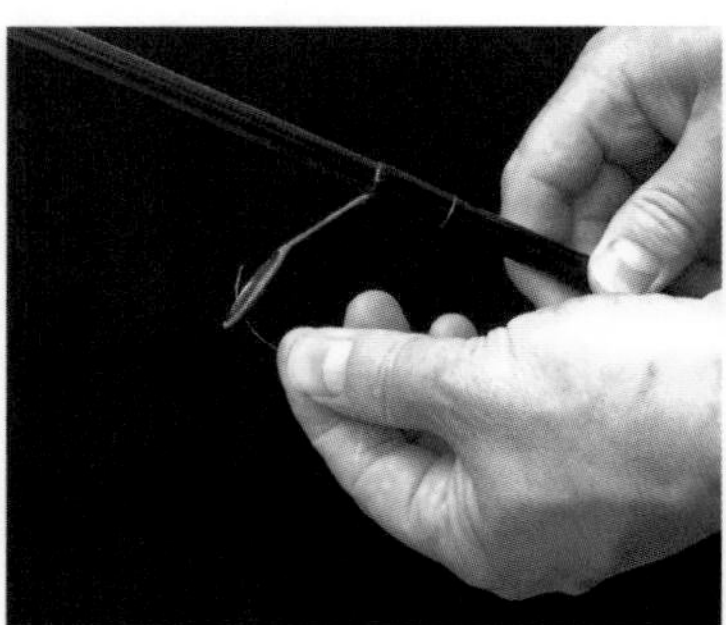

下から順にガイドにラインを通す。無理にロッドを持つと折れることもあるので注意。

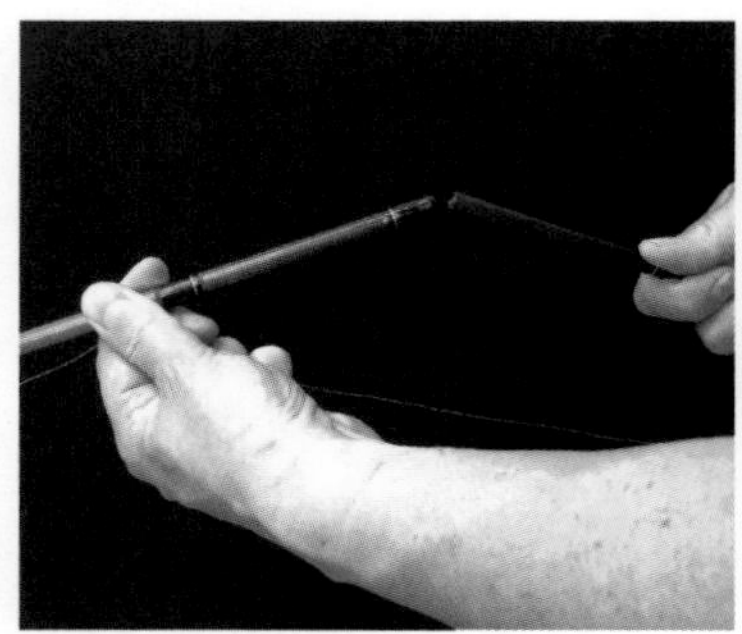

２ピースで長いロッドや細いロッドの場合、ラインを通してからロッドを繋いでもよい。

ロッドにリールをセットする

ネジが付いていない方から、リールフットを差し込む。リールの向きを間違わないように。

手でリールがズレないように押さえながら、リールシートのネジを締め込む。

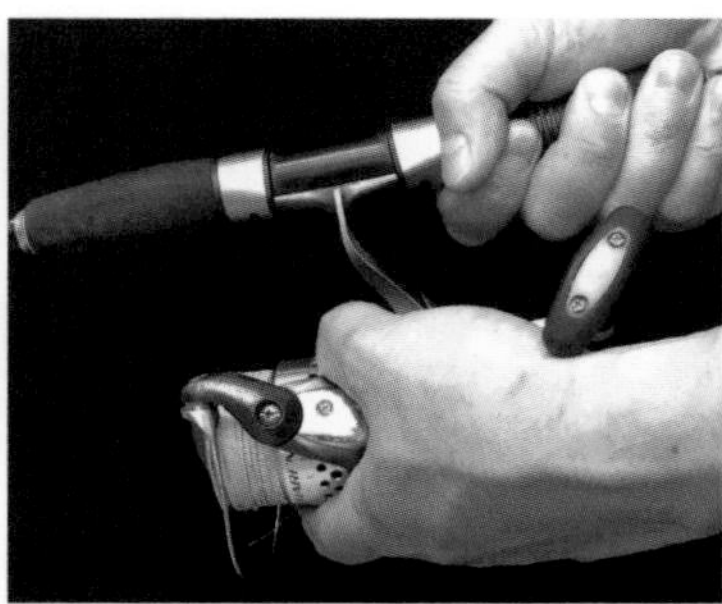

リールのガタツキがないか確認して完了。釣り中に緩むこともあるのでたまにチェックすること。

ロッドベルトを巻く

ロッドをバラバラのまま持ち運ぶと破損の危険度がかなり高くなる。堤防ではロッドベルトで結束、磯ではロッドケースに入れて持ち運ぼう。

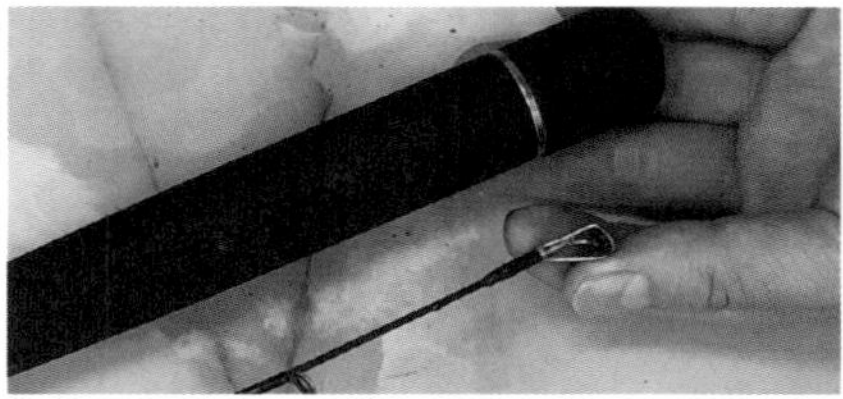

2ピースロッドの場合、バットとティップという風に並べる。ティップが飛び出しにくくしっかり保護できる。

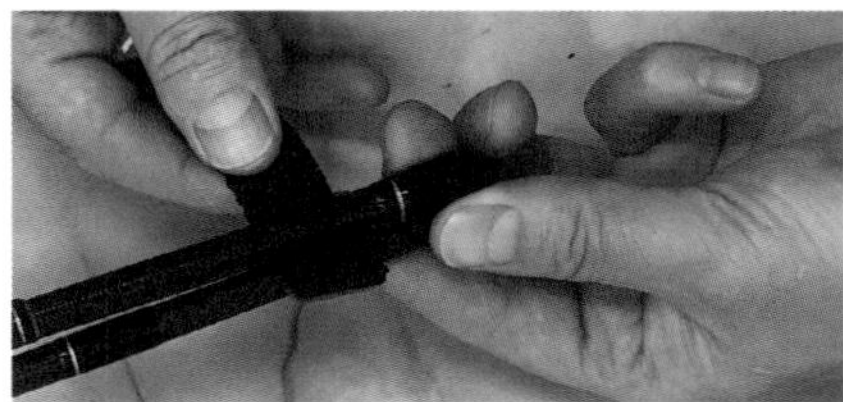

接続側からベルトを巻く。このとき、空中に浮かせてブラブラさせるとロッドが折れることがあるので注意。

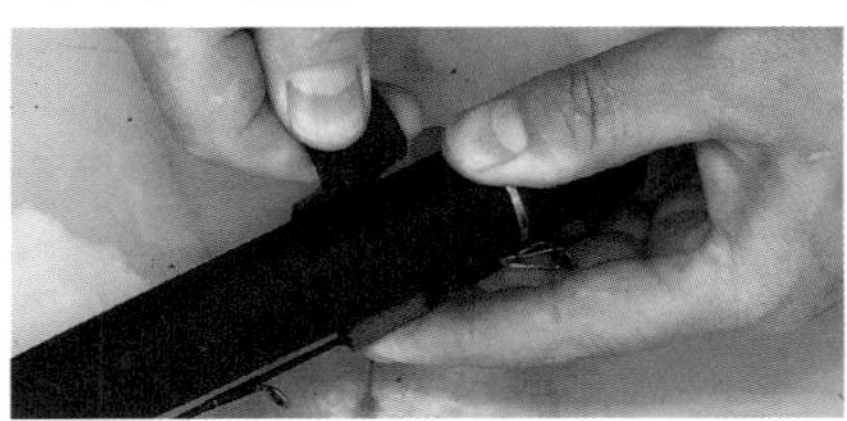

ティップ側も同様に巻く。ティップはロッドエンドから飛び出さないように注意。

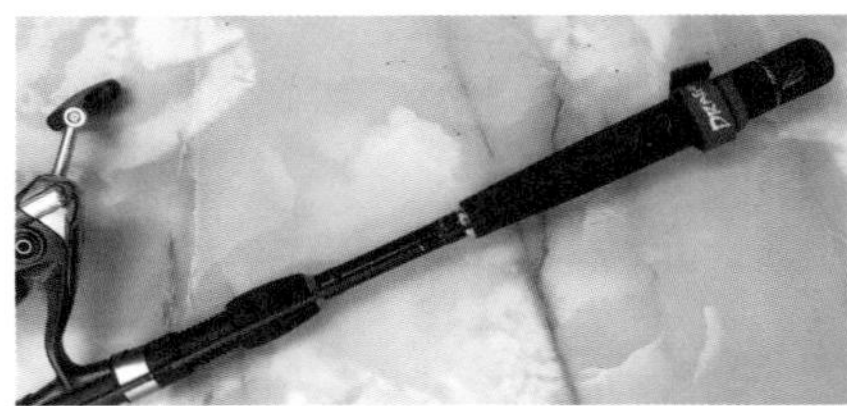

ねじれたり湾曲していると癖が付くので真っすぐに調整し、しっかり締まっているか確認して完了。

ルアーをセットする

ルアー交換は効率的にスムーズに行えるように、ノット法を完全にマスターしておこう。堤防など足場の広い場所ではロッドを地面に置いて作業することもできるが、磯やテトラ、サーフではロッドを持ったまま結ぶことになる。

脇にロッドを挟んで行うとやりやすい。ロッドの重心を後ろにして行えば落ちにくいから、リールの下辺りに腕を添えると丁度よい。

ランディングネットを持ち運ぶ

青物やシーバスを狙う場合、比較的大きなネットと、柄は小継で短いものを使用する。これは持ち運びに便利なようにするためだ。ランガンしながら狙うことが多いため、手に持つものを少なくするためにゲームベストの背中にランディングネットを掛けておくと便利だ。ゲームベストのDカンに掛けらるタイプやマグネットでの脱着式タイプなどがある。

市販のランディングネット用マグネットリリーサーを取り付けると、魚が掛かったときでも片手ですぐに取り外せる。激しい動作をすると外れることもあるが、通常は大丈夫。

ロッドを地面に置くときは……

リールをセットしたロッドを地面に置くと傷が入るのはもちろん、砂が入ったりしてリール破損に繋がる。地面に置くときは写真のようにリールを浮かせるようにして置こう。

リーダーが必要な理由

リーダーとは

リールに巻くラインをメインライン（道糸）、その先にセットするラインをリーダー（ショックリーダー）という。

ショアジギングではメインラインにPEラインを使うのが一般的で、PEラインの先端にリーダーをセットして使うのが常識だ。

理由は、PEラインが擦れや傷に弱いからで、リーダーは先端を補強するラインともいえる。またPEラインは伸びが極端に少ないから、急なショックで切れないようにリーダーをセットしている。

もう一つ、PEラインは表面が滑りやすいため、ルアーなど金属に直接結んでも解けやすいということがある。

素材の選び方

PEラインにセットするリーダーはフロロカーボン素材のラインが主流。強度や感度に優れたカーボンラインが好まれている。

ショック強度から考えると伸び率があるナイロンラインの方が勝る

リーダーの号数は対象魚に合わせて多少の変更はあるが、PEラインはルアーの飛距離を稼ぐためにもできるだけ細いものを使う人が多い。しかし、あまりにもPEラインとリーダーのバランスが悪いと、PEラインが高切れする（途中で切れる）こともある。また極端に太いリーダーはメタルジグのアクションを損なってしまうから、やはり適切な号数選択は重要だ。

が、根ズレや魚の歯やヒレなどに対応するためカーボン素材が好まれているようだ。

　一方、ナイロンラインが好んで使われる場合もある。それは大型でパワーの強い魚をターゲットとした場合だ。フロロカーボンラインは伸び率が小さいため、強いパワーで引かれると、ラインやアングラーに負担が掛かってしまう。その点、ナイロンは伸びることによって、衝撃を吸収してくれるという利点がある。

　しかし、カーボンやナイロン素材のリーダーでも歯で切る魚がいる。代表的なのがタチウオやサワラで、リーダーを少々太くしても鋭い歯でスパッとやられてしまう。そんなときに役立つのがワイヤー素材のリーダー。ワイヤーは硬いからルアーのアクションが少し犠牲になってしまうが、釣り専用の柔らかめのワイヤーリーダーもあるから、利用するとよい。

ルアーフィッシングでは、リーダーラインをなかなか交換しない人が多く、切れたり短くなってから交換する人もいる。本来は使い捨ての意味を持つラインだから、釣行ごとに交換するのが理想。釣行時も、ときどき手で触って傷がないかを確かめるクセをつけておこう。

ＰＥラインとリーダーの結び目がリールスプールに入り込むと、ライン放出時に引っ掛かりやすくなる。だから、キャスト時に結び目がスプールに入らない長さに設定するのが基本。ＰＥラインとリーダーの間に太いＰＥラインをセットしてトラブルを軽減するシステムもあるが、初心者にはあまりトラブル解決にはならないことが多い。

号数の選び方

釣り方や対象魚によりＰＥラインとリーダーの選択は変わってくるが、基本的な考え方はＰＥラインとリーダーは同じ強度で揃える。

例えば、リーダーにカーボンラインを使う場合、ＰＥラインが1号なら、リーダーは4号という感じだ。これは、カーボンやナイロン素材のラインに比べ、同号数ならＰＥラインの方が4倍の強度があるということだ。

ちょっとややこしいが、号数とは太さに対する値で、lb（ポンド）とは強度に対する値なのだ。もう少し補足しておくと、国内で売られているＰＥラインは、号数表示されているものが多い。

しかし、ルアー釣り用として売られているフロロカーボンやナイロンラインはlb表示されているものがかなりある。そうなると、ＰＥライン1号なら、リーダーは16lbということになる。

長さの決め方

これも、釣り初心者が多く悩む項目の一つだ。釣り慣れてくると自分の好きな長さの定義ができ上がるが、それまでは一般論で設定しておけばいいだろう。

一般的なリーダーの長さはいくつかある。

①対象魚のサイズ
②海底の起伏の大きさや荒さ
③リーダーの号数や素材

まず①であるが、ＰＥラインが魚の歯やヒレ、エラなどに当たると切れてしまうことがあるから、それを避けるため魚よりも長いリーダーをセットするという理由。ショアジギングで狙える魚で、国内で1・5ｍを超すようなモンスターは対象とはならないだろうから、リーダーは2ｍくらいセットしておけば問題ないだろう。ルアーを結び直すたびにリーダーは短くなるから、それも考えて少し長く設定する。

次に②は、磯場で釣る場合に長く設定しておくと根ズレ対策に有効という理由だ。

ショアから狙う場合はルアーを斜めに引くから途中にある背の高い瀬に当たったり、魚が掛かった場合に瀬ズレしてしまうことがあるから、対策として5ｍくらいの長いリーダーをセットする。

長さの基準は、ＰＥラインとリーダーの結び目がリールスプールに入っていると、キャストした際、ライ

PEラインとリーダーの号数目安

PEライン	リーダー
0.6号	10lb/2.5号
0.8号	12lb/3号
1号	16lb/4号
1.5号	24lb/6号
2号	32lb/8号
2.5号	40lb/10号
3号	48lb/12号

ン放出時に引っ掛かってしまうことがあるから、キャスト時に結び目がリールスプールに入らない長さ。使用するロッドの全長＋キャスト時の垂らしの長さだ。

③はラインの伸び、すなわちショックを吸収するという観点から長さを設定する方法。

切れにくい太いラインほど短く、切れやすい細いラインほど長くしてラインの伸びの限界を増してやる設定方法だ。

リーダーは状況に合わせて太さ（強度）や長さを選ばなくてはならない。しかし、釣り人個人によりその考え方は違うから、一概にこれだという答えはない。本文では一般的な太さと長さの基準を記しているが、ショアジギングに慣れたころには自分なりの理論が成立しているはずだ。扱いやすさ、トラブルの少なさを基本に組み立てよう。

ラインを結べるようになろう

身に付くまではなかなか忘れがちなノット法。

簡単なものでも、覚えた後1週間結ばなければ忘れてしまっていることもある。

だから完全に身に付くまでは毎日練習して忘れないようにすることが望ましい。

ショアジギングでは、ここに紹介しているノット法さえマスターしておけば、ほぼ困ることはない。

はじめはよく分からず正しく結べないかもしれない。

何度結んでも切れてしまうかもしれない。

そうやって誰もが結びをマスターするのだ。

慣れてしまえば嘘のようにスムーズに結べるようになる。諦めないのが上手くなる手段だ。

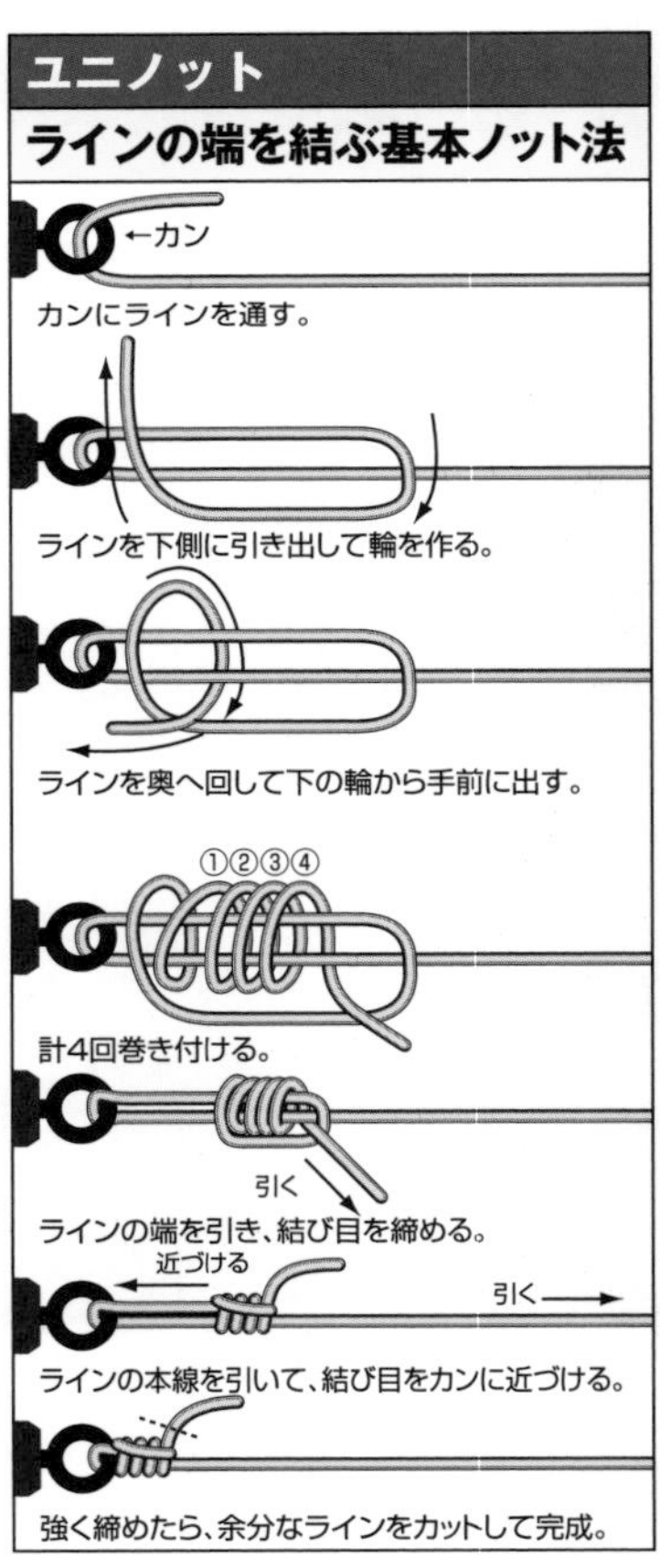

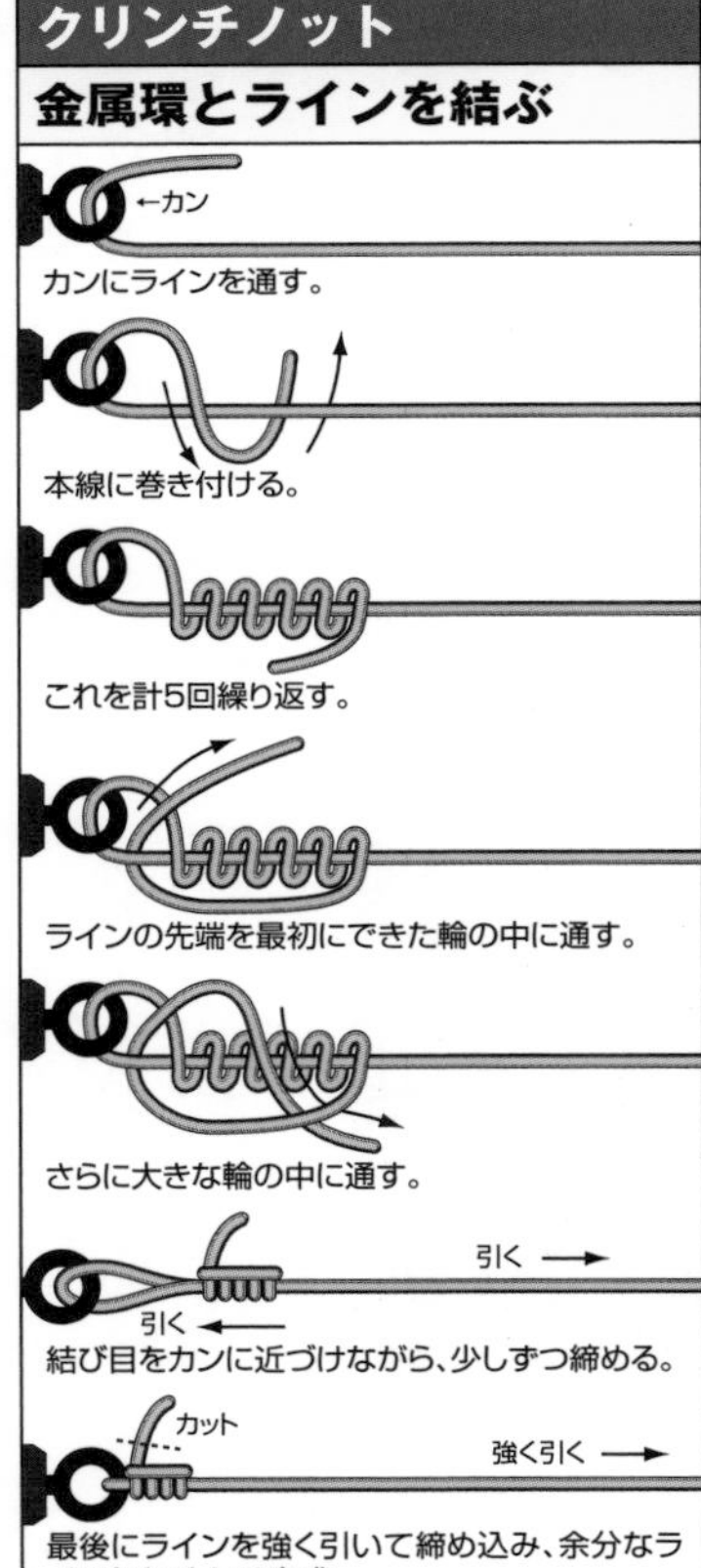

フリーノット

ルアーのラインアイにリーダーを直接結ぶ。ルアーの動きを妨げないノット法。結びやすい方を選んでOK。

ハリソンズループノット(細いラインでもしっかり結べる)

フリーノットの要領で結び目を作り、ルアーのリングへ通す。

端線を本線へ５回巻き付ける。

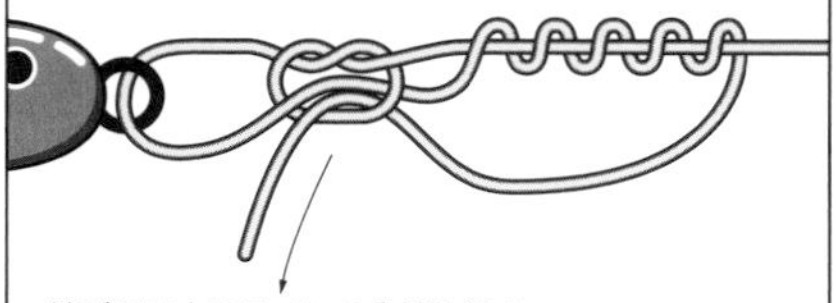

結び目の中にラインの先端を通す。

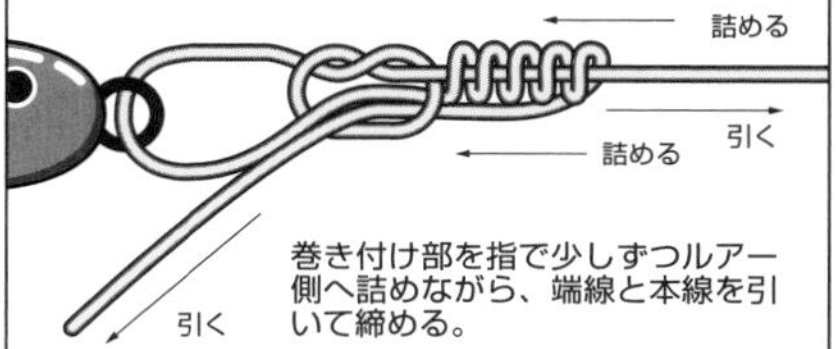

詰める

詰める

引く

引く

巻き付け部を指で少しずつルアー側へ詰めながら、端線と本線を引いて締める。

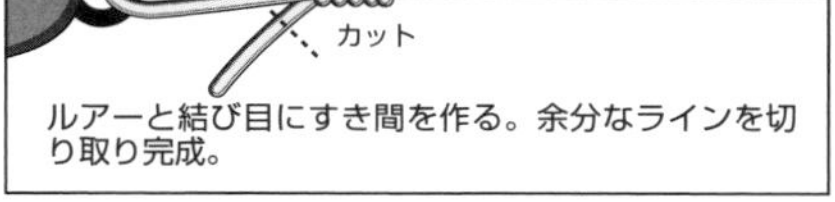

カット

ルアーと結び目にすき間を作る。余分なラインを切り取り完成。

ホーマーロードループ

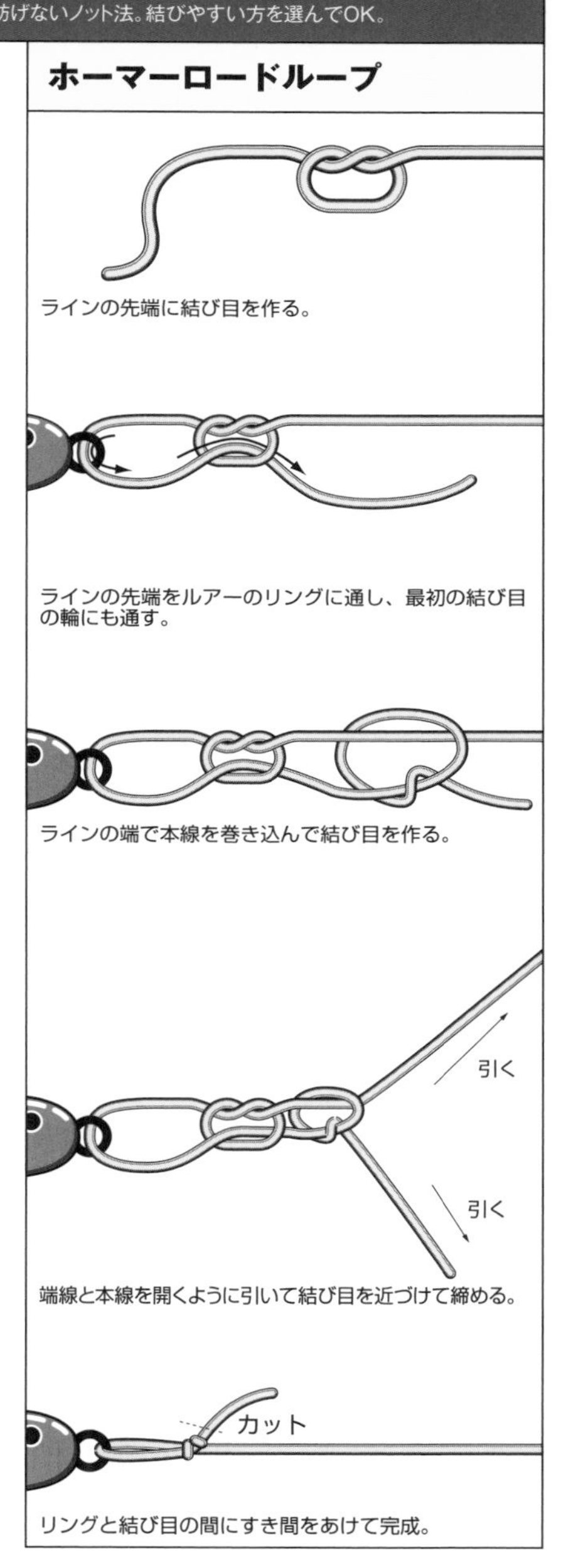

ラインの先端に結び目を作る。

ラインの先端をルアーのリングに通し、最初の結び目の輪にも通す。

ラインの端で本線を巻き込んで結び目を作る。

端線と本線を開くように引いて結び目を近づけて締める。

リングと結び目の間にすき間をあけて完成。

PEラインとリーダーを結ぶ（FGノット）

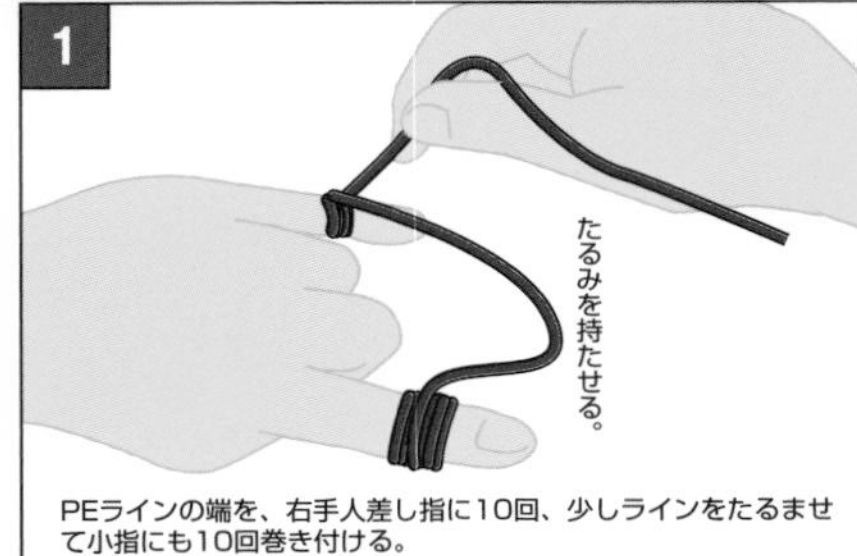

PEラインの端を、右手人差し指に10回、少しラインをたるませて小指にも10回巻き付ける。

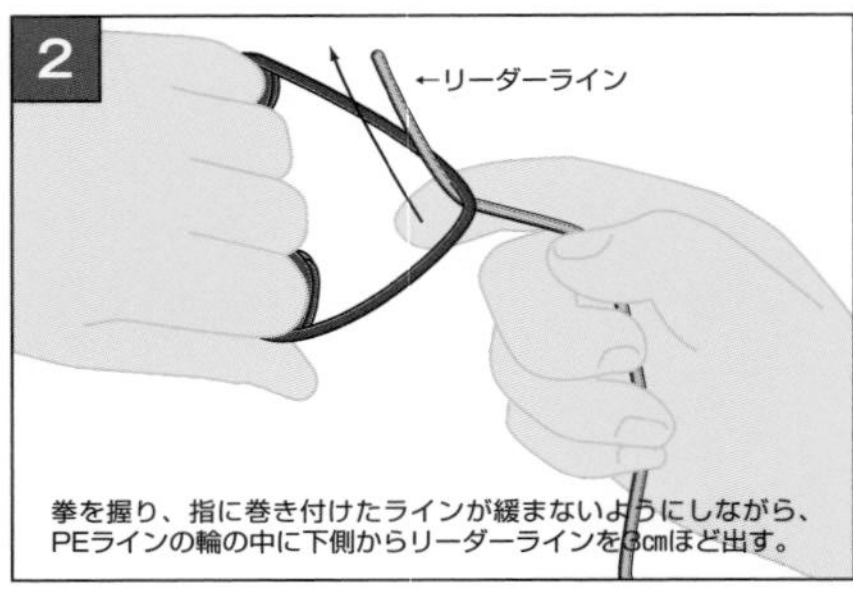

拳を握り、指に巻き付けたラインが緩まないようにしながら、PEラインの輪の中に下側からリーダーラインを3cmほど出す。

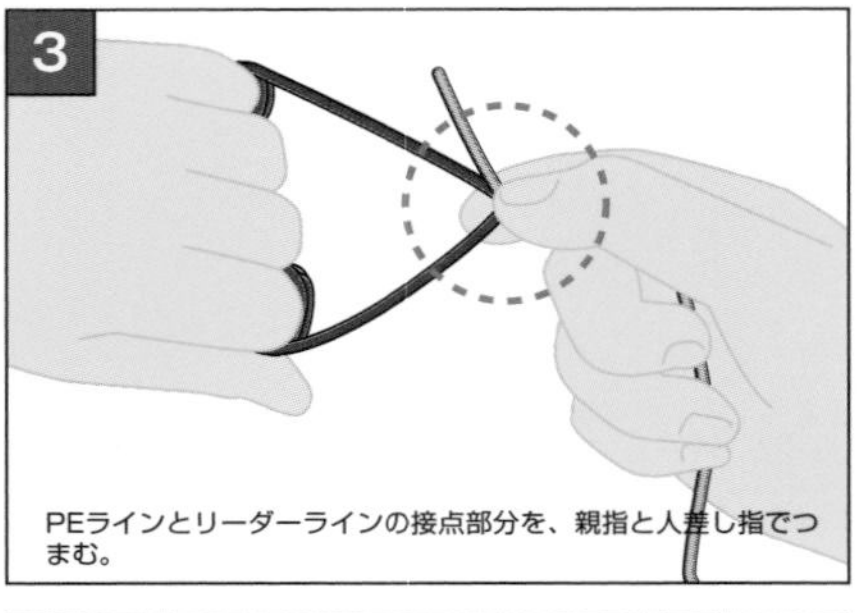

PEラインとリーダーラインの接点部分を、親指と人差し指でつまむ。

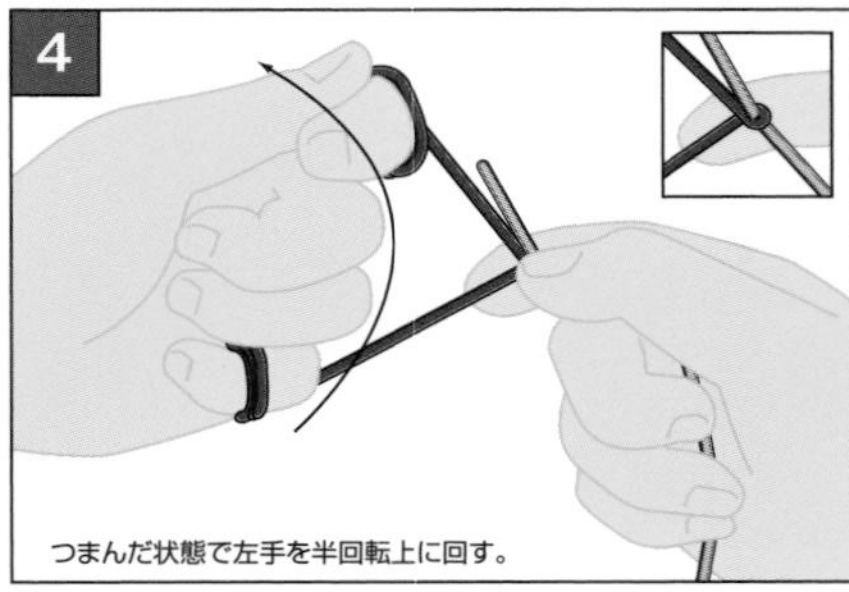

つまんだ状態で左手を半回転上に回す。

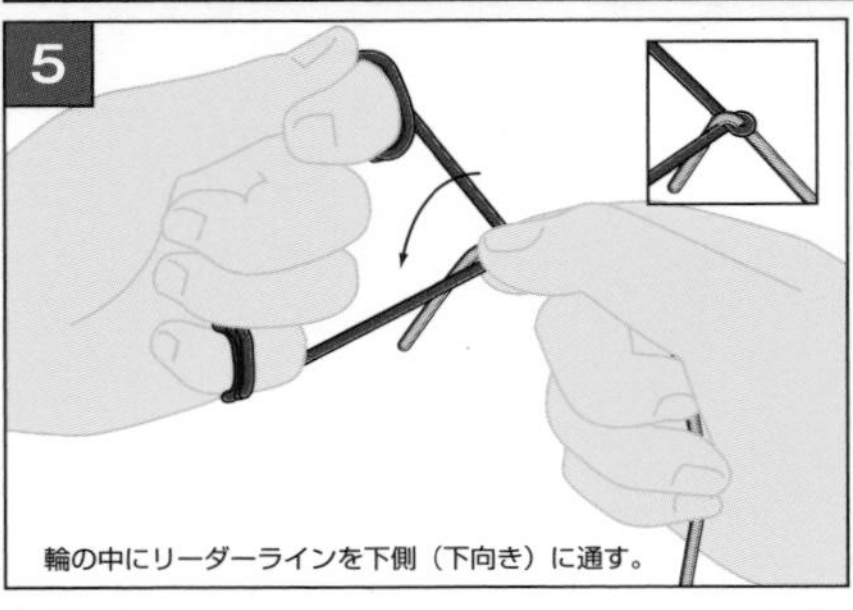

輪の中にリーダーラインを下側（下向き）に通す。

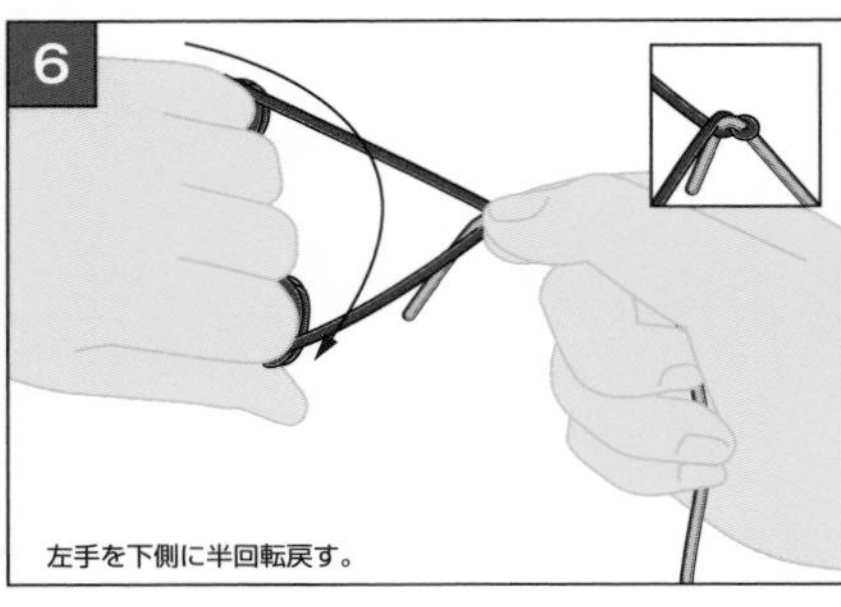

左手を下側に半回転戻す。

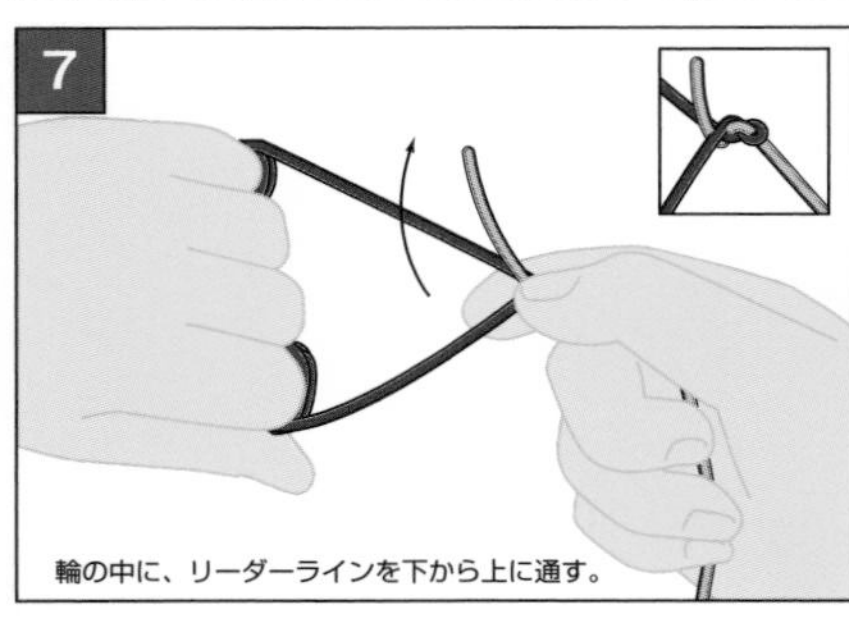

輪の中に、リーダーラインを下から上に通す。

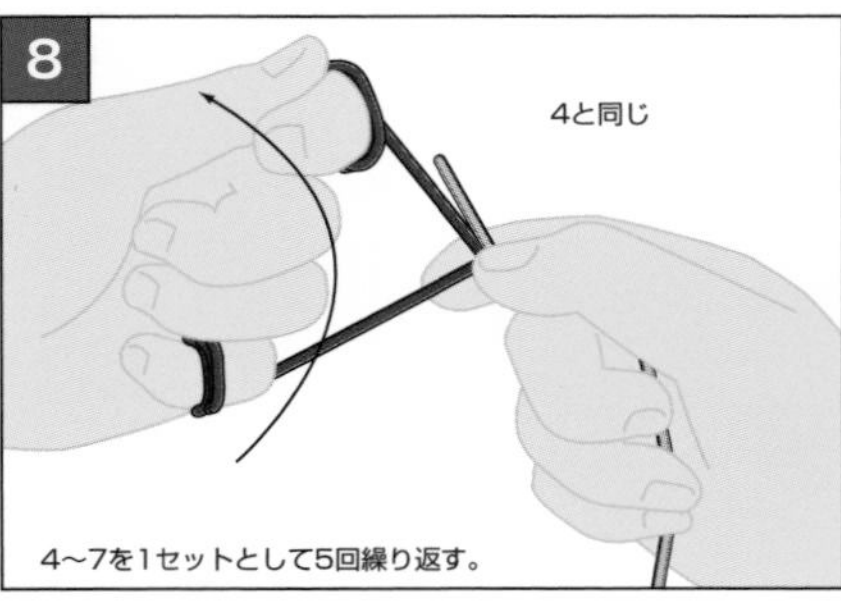

4〜7を1セットとして5回繰り返す。

最もポピュラーなノット法。ライトゲームからオフショアジギングまで幅広く使われている摩擦系ノット。

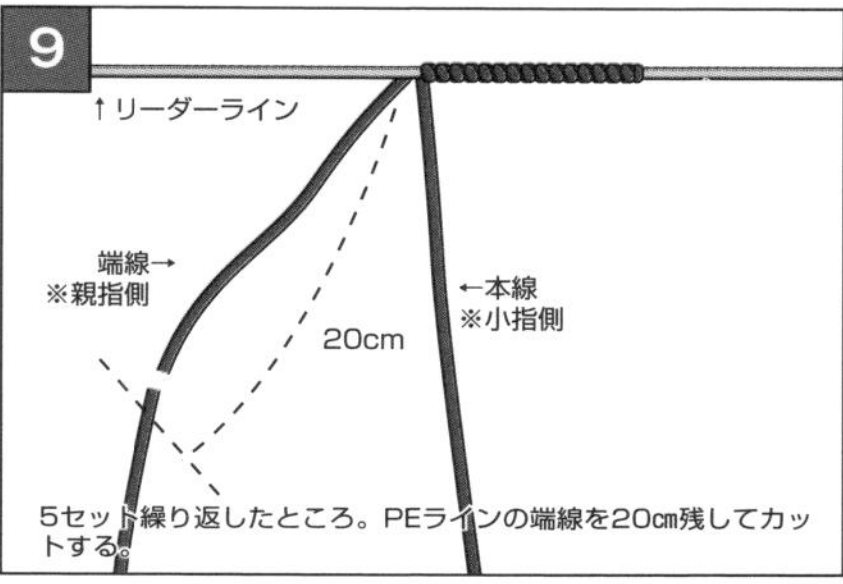

5セット繰り返したところ。PEラインの端線を20㎝残してカットする。

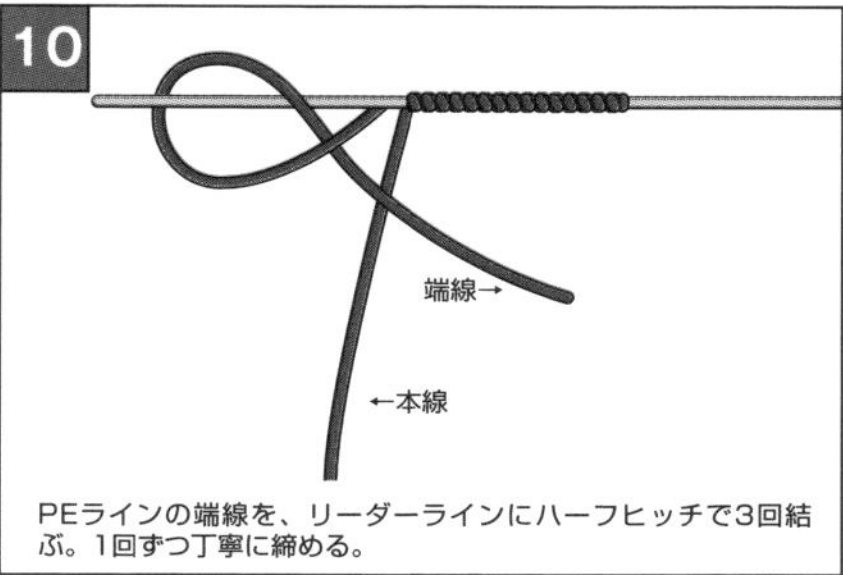

PEラインの端線を、リーダーラインにハーフヒッチで3回結ぶ。1回ずつ丁寧に締める。

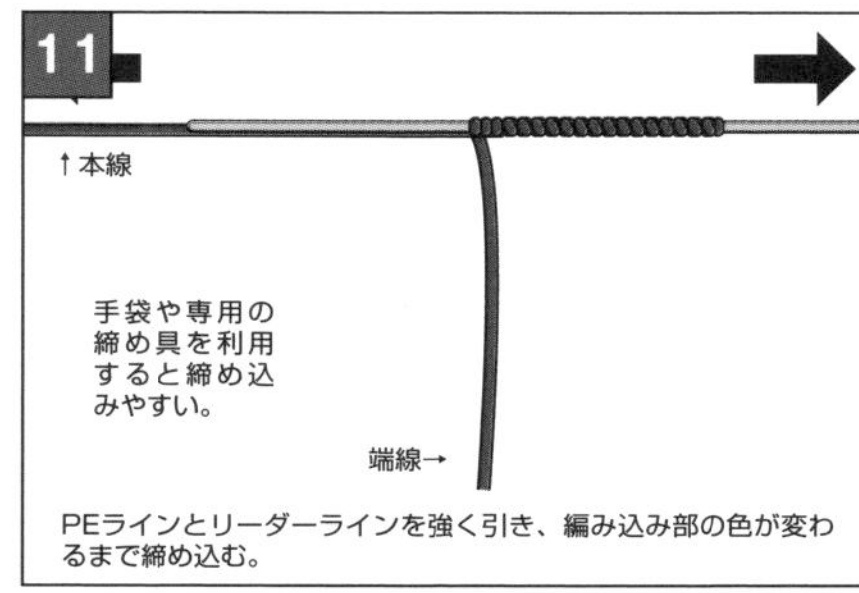

PEラインとリーダーラインを強く引き、編み込み部の色が変わるまで締め込む。

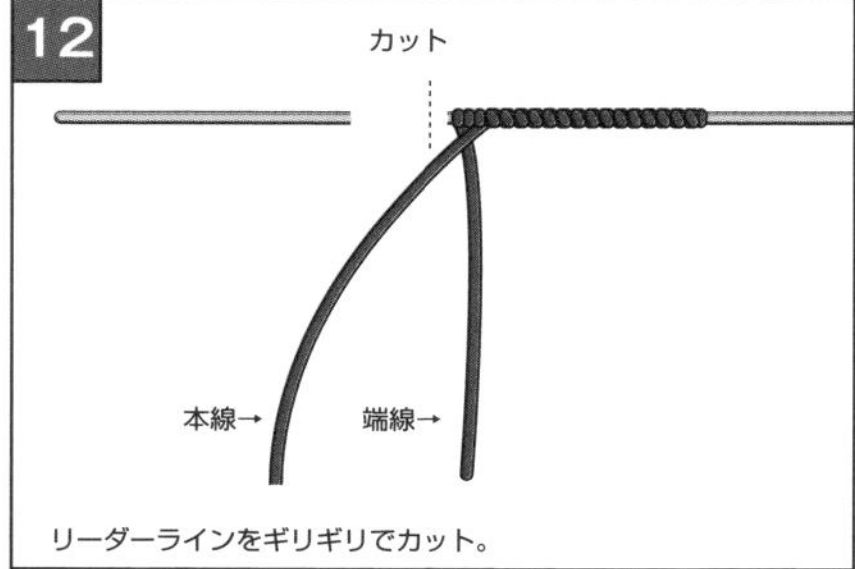

リーダーラインをギリギリでカット。

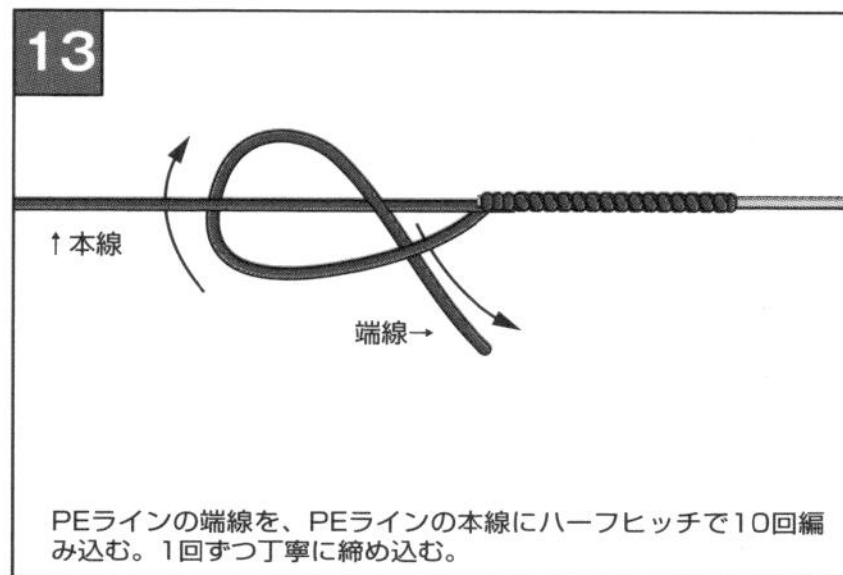

PEラインの端線を、PEラインの本線にハーフヒッチで10回編み込む。1回ずつ丁寧に締め込む。

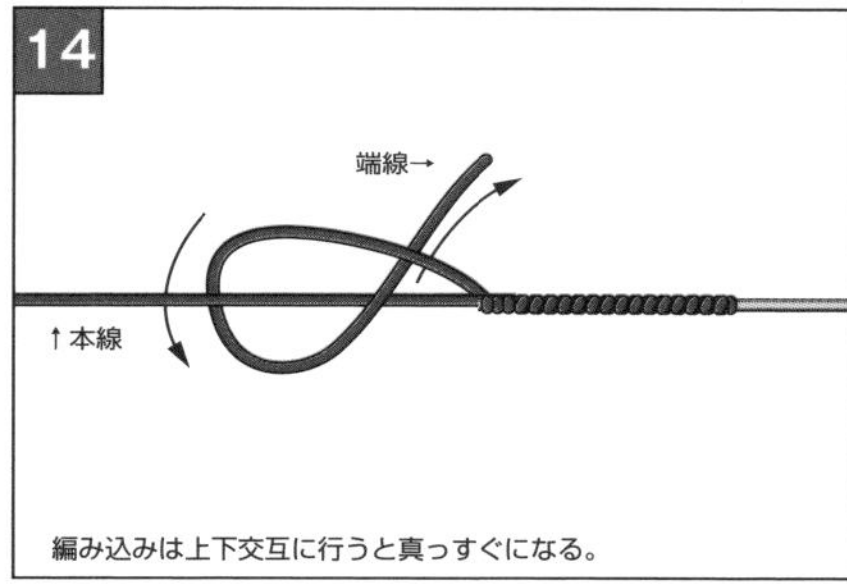

編み込みは上下交互に行うと真っすぐになる。

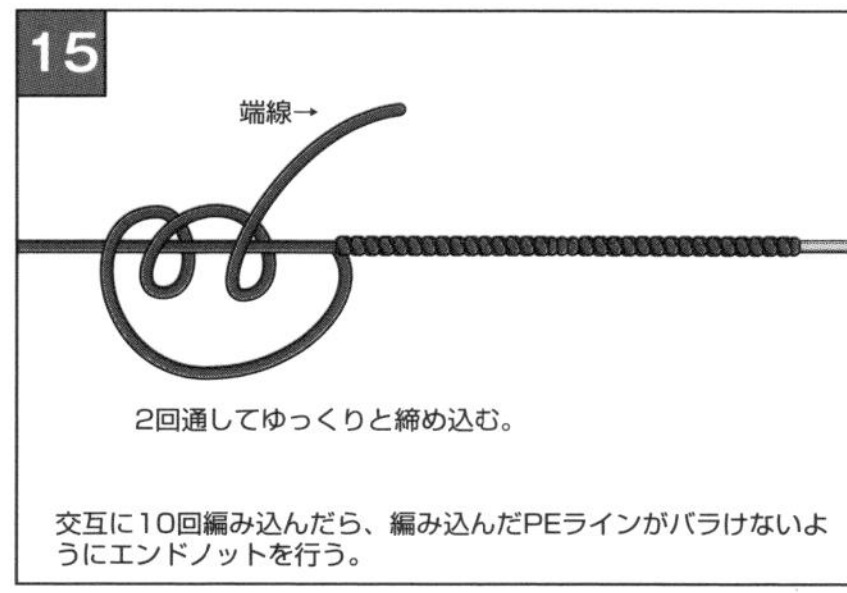

15
端線→
2回通してゆっくりと締め込む。

交互に10回編み込んだら、編み込んだPEラインがバラけないようにエンドノットを行う。

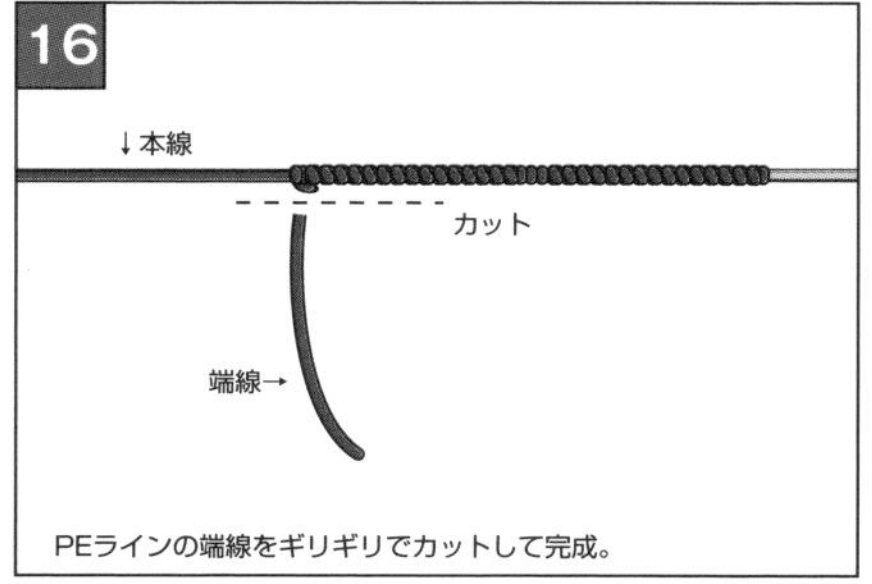

PEラインの端線をギリギリでカットして完成。

アシストフックを作る（細いケブラー）

ライトタックルで使用する小さめのフックを使用したアシストフック。

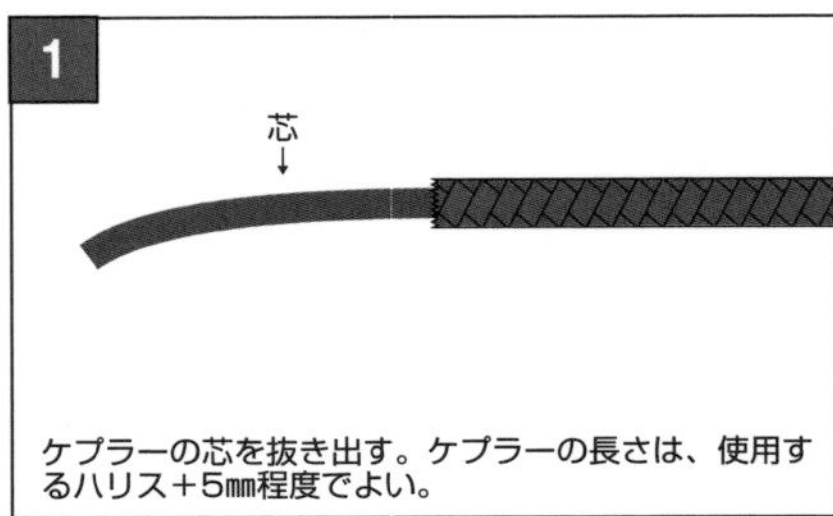

ケブラーの芯を抜き出す。ケブラーの長さは、使用するハリス＋5㎜程度でよい。

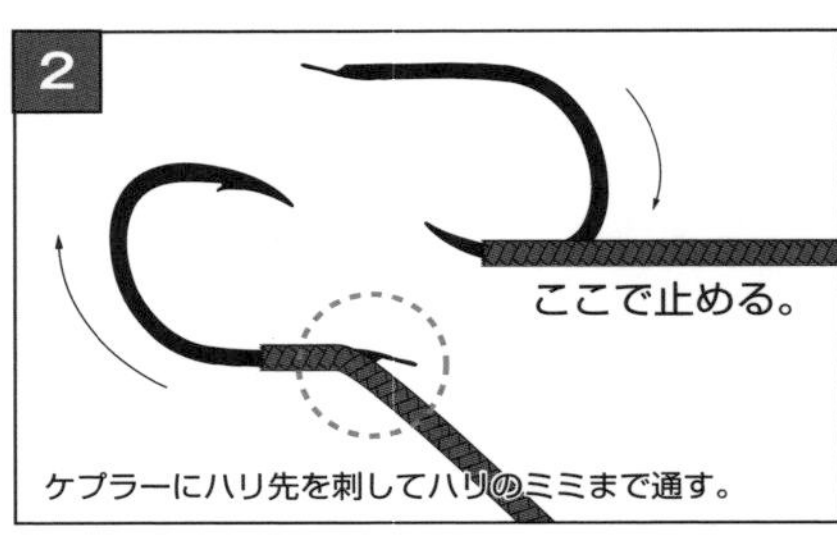

2
ここで止める。

ケブラーにハリ先を刺してハリのミミまで通す。

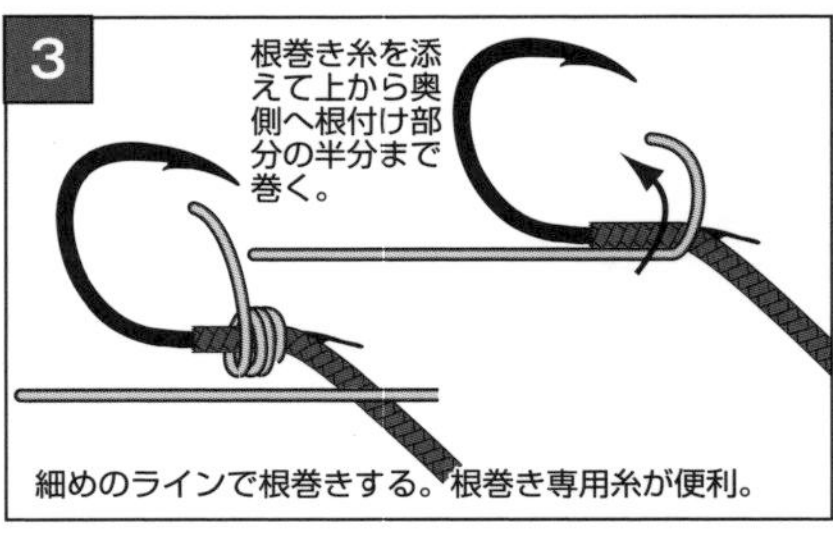

3
根巻き糸を添えて上から奥側へ根付け部分の半分まで巻く。

細めのラインで根巻きする。根巻き専用糸が便利。

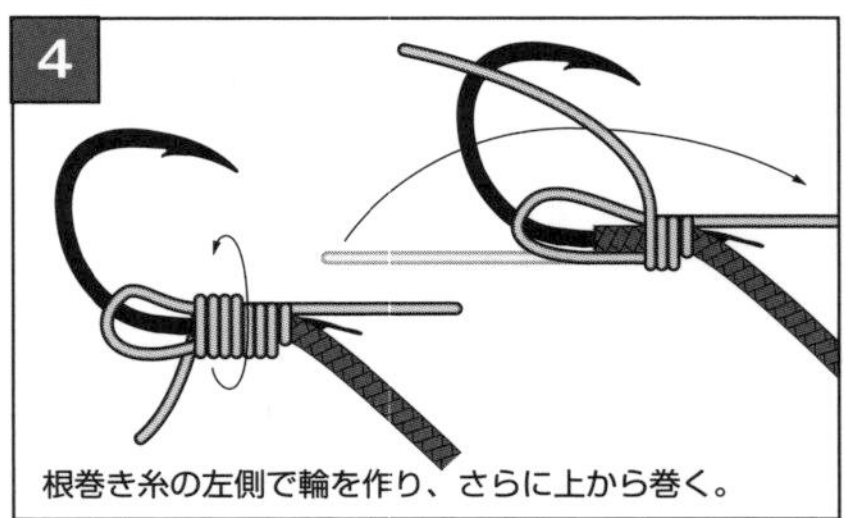

根巻き糸の左側で輪を作り、さらに上から巻く。

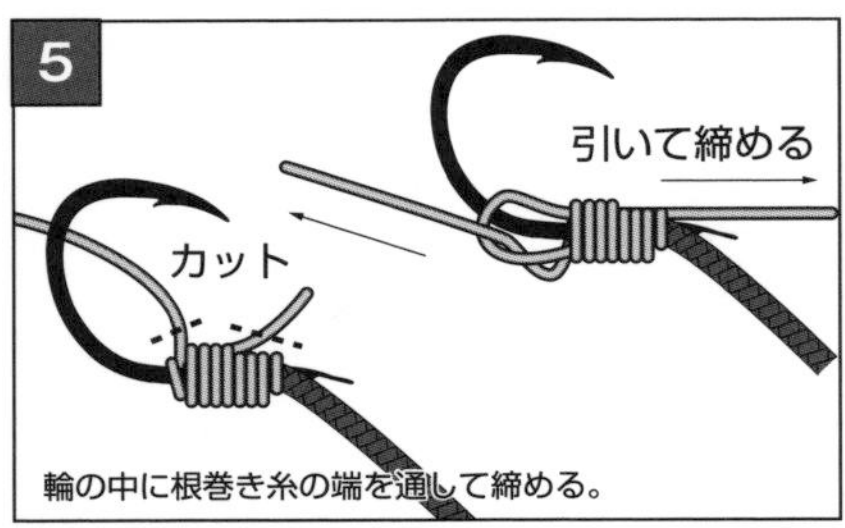

輪の中に根巻き糸の端を通して締める。

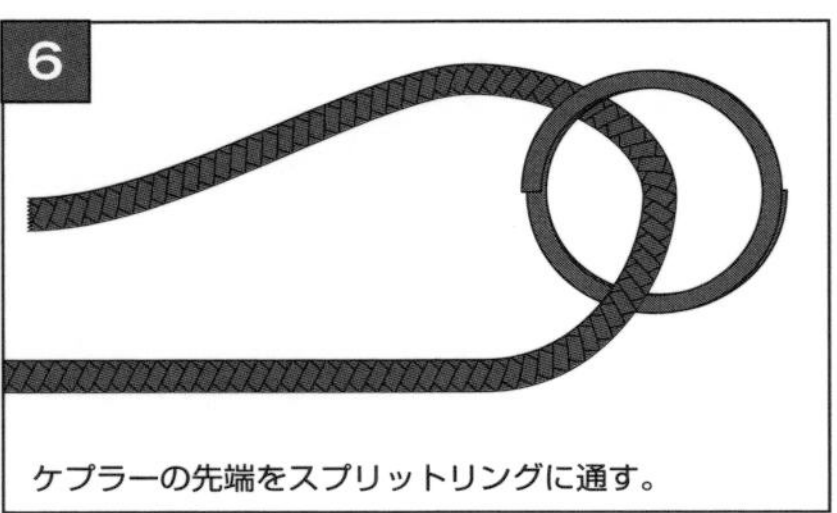

ケブラーの先端をスプリットリングに通す。

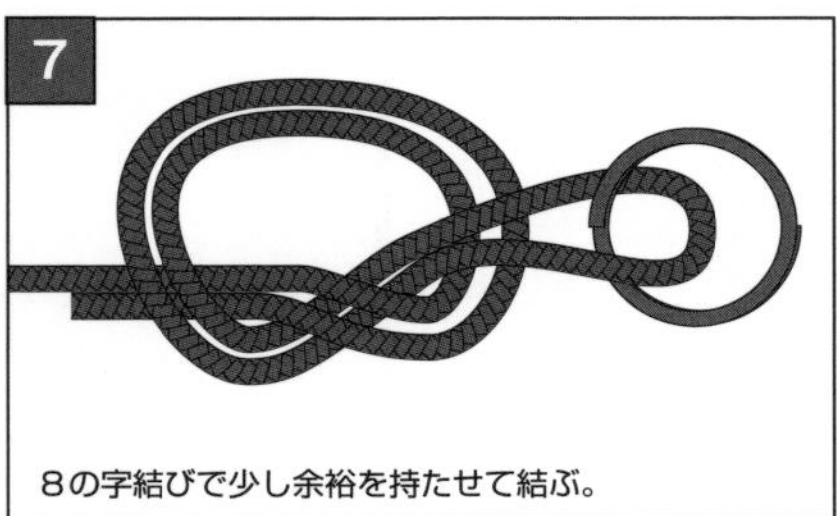

8の字結びで少し余裕を持たせて結ぶ。

アシストフックの長さは、ルアーの半分以下にすると絡みにくい。

アシストフックを作る（太いケプラー）

ケプラーの芯を抜いて中に入れる本格仕様

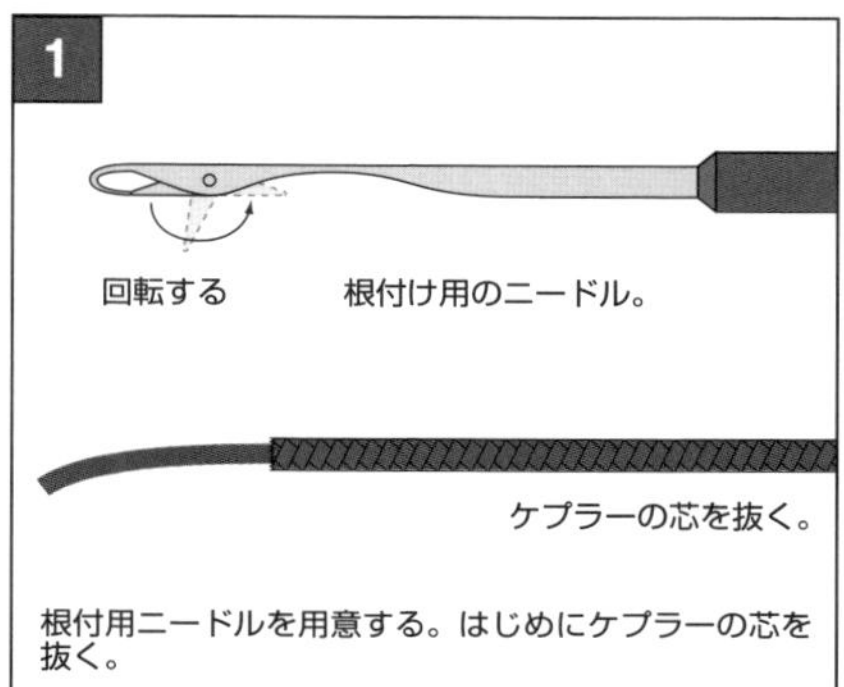

根付用ニードルを用意する。はじめにケプラーの芯を抜く。

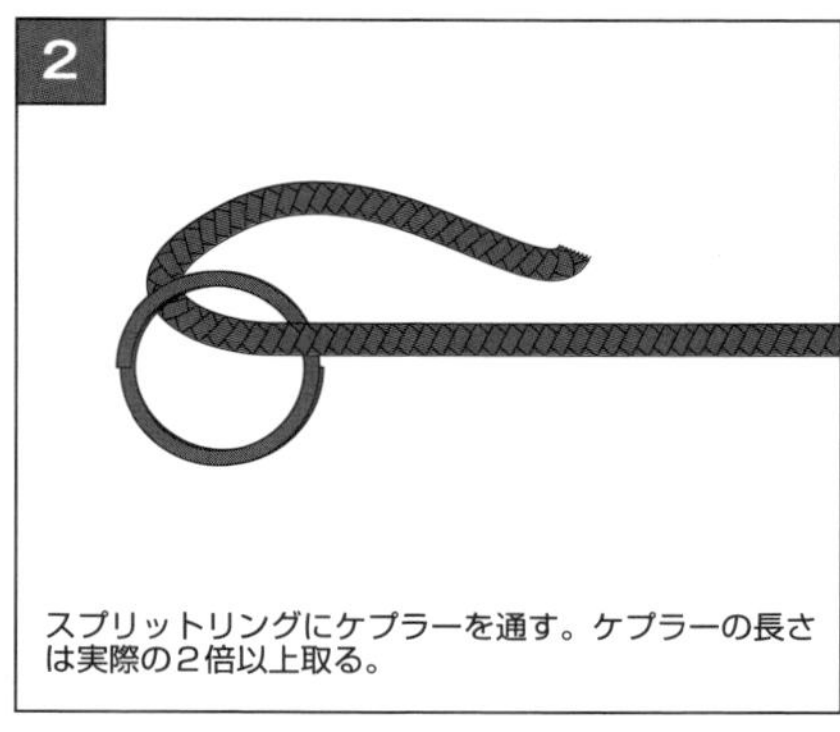

スプリットリングにケプラーを通す。ケプラーの長さは実際の２倍以上取る。

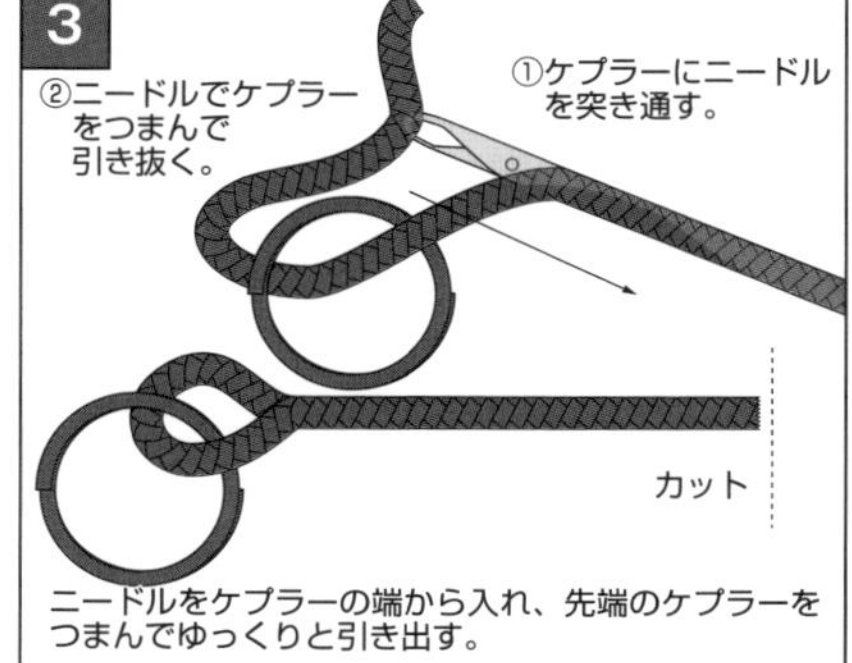

ニードルをケプラーの端から入れ、先端のケプラーをつまんでゆっくりと引き出す。

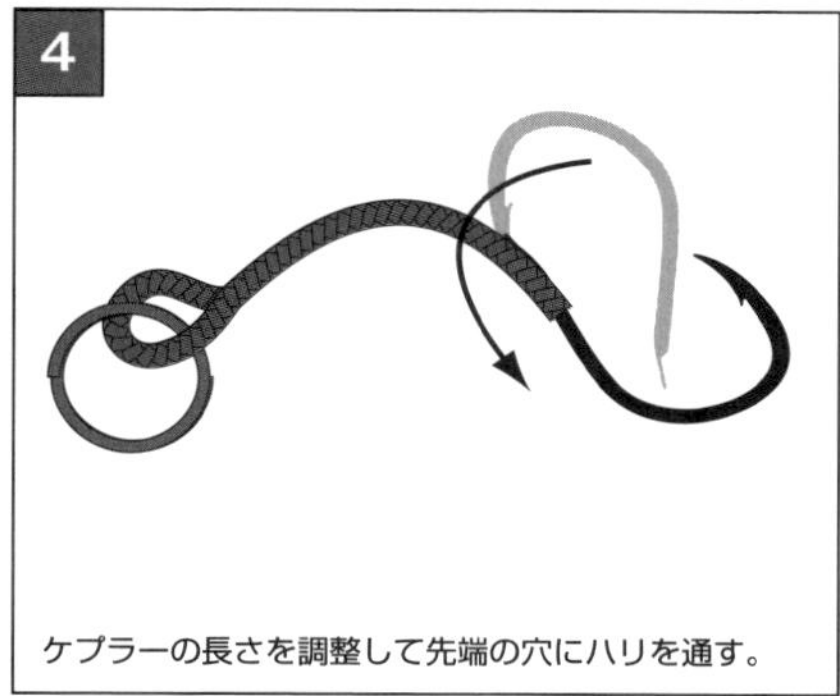

ケプラーの長さを調整して先端の穴にハリを通す。

右ページの③④⑤と同じやり方でフックを結ぶ。

6
チューブをハリ先から挿入する。
結び目までチューブを移動させる。

熱収縮チューブを入れると結び目の強度が保たれる。

COLUMN 釣り用ラインの種類

釣り糸は、状況に合った素材のラインを使うのが一般的だ。ショアジギングでは、リールに巻く糸はＰＥライン（ポリエチレン）。リーダーとして使うものはフロロカーボンライン（ポリフッ化ビニリデン）や、ナイロンライン（ポリアミド）が主流だ。市販されているラインは、各社原料は同じであるが、コーティングや着色などをして特徴を出している。

ラインの号数換算表（1lb454g換算）

号数	ポンド	標準直径	強度
1.2号	4.8lb	0.185mm	2.177kg
1.5号	6lb	0.205mm	2.722kg
1.75号	7lb	0.220mm	3.175kg
2号	8lb	0.235mm	3.629kg
2.25号	9lb	0.248mm	4.082kg
2.5号	10lb	0.260mm	4.536kg
2.75号	11lb	0.274mm	4.990kg
3号	12lb	0.285mm	5.443kg
3.5号	14lb	0.310mm	6.350kg
4号	16lb	0.330mm	7.257kg
5号	20lb	0.370mm	9.072kg
6号	22lb	0.405mm	9.979kg
7号	25lb	0.435mm	11.340kg
8号	28lb	0.470mm	12.701kg
10号	35lb	0.520mm	15.876kg
12号	40lb	0.570mm	18.144kg
14号	45lb	0.620mm	20.412kg
16号	50lb	0.660mm	22.680kg
18号	55lb	0.700mm	24.948kg
20号	60lb	0.740mm	27.216kg
22号	65lb	0.78mm	29.483kg
24号	70lb	0.81mm	31.751kg
26号	80lb	0.84mm	36.287kg
28号	85lb	0.87mm	38.555kg
30号	90lb	0.91mm	40.823kg
40号	120lb	1.05mm	54.431kg
50号	150lb	1.170mm	68.039kg
60号	175lb	1.280mm	79.379kg
70号	195lb	1.390mm	88.45kg
80号	215lb	1.480mm	97.522kg
90号	253lb	1.570mm	114.759kg
100号	286lb	1.660mm	129.727kg
110号	319lb	1.740mm	144.696kg
120号	341lb	1.810mm	154.675kg
150号	418lb	2.030mm	189.601kg
180号	495lb	2.190mm	224.528kg
200号	528lb	2.340mm	239.497kg

ナイロンライン

釣りで最も使われているライン。主にリールに巻くラインとして使用される。伸びがあり耐久性、強度がある。紫外線に弱い。着色したものが一般的。

フロロカーボンライン

ルアー釣りのリーダーやエサ釣りのハリスとして主に使われる。比重が大きく他のラインに比べて海水に早く沈む。根ズレに強い。無色透明が一般的。

エステルライン

アジングなどルアー釣りのライトゲームでリールに巻くラインとして主に使われる。フロロカーボンラインに次いで比重がある。感度が良い。

PEライン

ルアー釣りや船釣りでメインラインとして使われる。強度が高いためラインを細く設定でき、感度も高い。擦れや傷に弱い。３本撚り、4本撚り、８本撚りなどがある。

ワイヤー

イシダイやタチウオ釣りのハリスやリーダーとして使われる。歯が鋭くラインを切るような魚を狙うときに使う。釣り専用品がある。

ビシマライン

ラインにビシマ(ビシヨマ)と呼ばれるオモリを一定間隔で取り付けたライン。ラインを沈みやすくして潮に流されないようにする。船釣り用。

フィールドを知ろう
<計画編>

釣りの準備と計画

天気予報を見る習慣

日常生活において天気予報は欠かせない情報として認識されている。特にどこかへ出掛ける際には好天を期待するものだ。これが釣りとなるとなおさらで、雨の他に風や波の予報も重要となる。

釣りで一番やっかいなのは風といわれる。風は海をシケさせ、仕掛けが思うように投げられなくなる。海では風速3ｍを超えると危険度が高くなるので注意しよう。特に日を追うごとに暖かくなる春は、午後から強風となることが多くなるし、冬季は終日風が強いことを承知しておこう。また雨が降る前後には風が強くなる傾向が強い。

次に困るのが雨。レインウエアを着用すれば衣類の濡れを防止することはできるが、タックル類は全て雨にさらされることになる。釣行後ルアー類をきちんと乾燥させずに放置しておくとサビてしまうこともある。釣り場では足場が滑りやすくなるのでやっかいだ。

しかし適度な雨は悪いことばかりではない。音を掻き消してくれるため魚の警戒心を和らげてくれるし、低気圧となるため魚が浮きやすくな

これは積乱雲。俗にいう入道雲。強い雨を降らせる雲として有名で乱層雲もそれにあたる。

り狙いやすくなる。増水した河川は豊富なミネラルやベイトとなる魚類を海へと吐き出し、海水魚のエサとなる。

雷も注意が必要だ。ロッドのほとんどがカーボン素材でできており、落雷しやすい素材として有名だ。さらにロッドは高く上げるため落雷条件をさらに良くしてしまう。

遠くで雷の音が聞こえているにも関わらずロッドに通電した例もあるから、雷音が聞こえたらロッドを地面と平行に置いて避難し、雷が止むのを待とう。

このように、釣りは天気に大きく左右されるため、天気予報や天気図を必ずチェックして備えるようにしよう。

水温と釣果

魚は水温の変化に対してとても敏感だ。魚種により適応水温というものがあり、そのため九州にはいるが、北海道には生息しないという風に国内でも生息エリアが分かれている。だから海水温の上昇が進むと暖水系魚類は生息域を広げ、冷水系魚類はどんどん北上することになる。

潮の満ち引きはどこでも起こる現象。しかし、地域によりその大きさは異なり、数km沖まで干上がる場所もある。

2℃ほど水温が変わっただけで、エサを摂らずにじっとしてしまう魚もいる。特に水温が急に下がると多くの魚種が影響を受けるようだ。ただし、生息できる水温であれば、その温度で安定すれば魚は再び活発に動き始める。

これを釣りに当てはめてみよう。急な冷え込みで気温が下がった日は、すぐに海水温には影響しないが、数日間の冷え込みが続くと徐々に海水温も下がっていく。この水温が下り坂になっているときは、魚の活性が低くなり釣果も悪い傾向にある。しかし、冷え込んでも同じ気温で推移すれば水温も下がったまま安定するから、魚の活性も徐々に高くなる。魚は春から秋にかけて産卵する魚種が多い。これは、水温が低下しにくい季節で、卵に与える影響が少ないからだ。特に春は産卵ラッシュとなる。

ナイトゲームでは常夜灯がメインポイント。ここに集まってくる魚ならライトなショアジギングでも狙えないことはない。

釣行日の設定

「今から釣りに行こう」という場合もあれば何週間も前から計画している場合もあるだろう。休みに釣りへ出掛けるというのが一般的だ。「今から」や「週末」などは天気予報ですぐに確認できるから問題ないが、2週間以上先の天気は分からないし、大まかに分かっても天気が悪くなることもある。そうなると諦めがつかずに、少々の荒天でも釣りに行ってしまいがちだ。天候の急変時はあまり良い釣果に恵まれないから諦めることを選択しよう。そんな諦めを味わいたくないなら、釣行日には必ず予備日を設定することだ。

潮の満ち引きと大小

潮の満ち引きは、主に月の引力により起こっている。潮干狩りを思い浮かべてほしい。海岸にあった海水が、引き潮（下げ潮）によりどんどんと干上がっていく。そして数時間すると今度は満ち潮（上げ潮）により海水が流れ込んでくる。これは海岸だけで起こっているのではなく、世界中の海で起こっている現象だ。しかし、場所によりその大きさは変わるため、あまり潮位が変動しないエリアもある。

満ち潮が止まったときを「満潮」、引き潮が止まったときを「干潮」という。止まる時間はまちまちだが、通常は30分～1時間ほどだ。満ちと引きは約6時間ごとに起こっており、1日に満潮・干潮がほぼ2度ずつ繰り返される。ただし、正確に6時間ごとではないため毎日同じ時間に起こるわけではなく、徐々にズレていく。季節により満ち・引きの潮位も変わり、特に春は大きく満ちて大きく引く。

この満ち潮と干き潮により常時水深が変わるため、魚に大きな影響を与えている。潮位はもちろんだが、潮が動くことで障害物に当たり酸素を多く海水に含ませたり、エサや卵を流れに乗せて遠くまで運び、新鮮な海水を常時入れ替えることができている。陸上の生物が吸う空気と同じで、海水は海洋生物にとって生命線となっている。海水は空気、流れは風と考えれば分かりやすい。

日照と釣果

魚は睡眠をとっている。じっとしているもの、泳ぎながら眠るもの、砂の中に潜って寝るもの、海藻を咥えて寝るものなど魚種によりさまざま。しかし、まぶたのない魚が多いため、一見して分かりにくい。多くの魚は人間と同様暗い時間帯に睡眠をとるが、フィッシュイーター（魚食魚）と呼ばれる魚は、狩りが行いやすい夜間に行動するものが多い。

ショアジギングを夜間に行う人はほとんどいない。理由の一つにショアジギングで青物を狙う人が多いことがあり、青物は日中の方が断然効率良く狙えるということもある。それに、メタルジグは光を反射させてフラッシング効果を最大のアピールとしているため、アピール度が小さくなることも理由だ。ただし、夜間のタチウオ狙いなどはグローカラーで多くの成果を上げていたり、アジングやシーバス狙いでも多く使われる。ブリも実績があり釣れないわけではない。それでも、ナイトショアジギングをする人が少ないのは、安全面での不安が大きいからかもしれない。

「まづめ」の時間帯はどの釣りでもチャンスタイム。しかし、ものが見えにくいときでもあるので事故が起きやすい。細心の注意を払う時間帯でもある。

港のポイント

いちばん身近なフィールド

漁船が多く停泊している漁港。釣りをしなくても一度は目にした風景だろう。それくらい漁港は身近にあり、障害物が多くあるため魚のすみかとしてもとびきりのフィールドだ。

港は大まかに、漁船が停泊する漁港と、貨物船やフェリーが停泊する港湾がある。どちらも商業を営むための施設であるため、作業中の人の妨げはもちろん、漁具や船などを破損させないように最大限の注意を払って釣りを行うのが釣り人としてのマナーだ。トラブルがあった場所は釣り禁止となってしまうので注意しよう。もちろん、釣り禁止や立入禁止、駐車禁止場所には立ち入らないようにし、採捕制限がある場合はそれに従うこと。

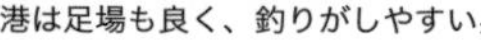

港は足場も良く、釣りがしやすい身近なフィールドだ。

基本的なポイント

デイゲームで青物を狙う場合は、基本的に潮通しが良い場所を選ぶ。一般的には外海に面した堤防や一番沖にある堤防の先端だ。堤防のコーナー付近もおすすめだ。

青物狙いの場合、回遊待ちで狙うことがほとんどだから、ランガンせずに場所を固定してロッドを振り続けることになる。できるだけ足場の良い場所を選び、キャストしやすい状況を作ることが大切。堤防ではより遠投できた方が有利になるためキャストは重要になる。それと、魚を掛けた後の取り込む場所も決めておくこと。海面まで高い場所では、ギャフやネットが届くこと、筏など障害物の確認もロッドを振る前に行おう。

アジングやメバリングでは港内を狙うこともある。特にナイトゲームでは常夜灯周りを狙うから港内向きにロッドを出すことが多くなる。また船やロープにルアーを引っ掛けたり破損させないため、船溜まりでは釣りを控えよう。

ロックフィッシュ狙いは、テトラ周辺や隣接する地磯がポイントになる。また堤防の際にある敷石も見逃せない。障害物周りを狙うから、必然的に根掛かりが多くなってしまう。連続してルアーをロストするとやる気を削がれてしまうので、対策が必要。根掛かりを少しでも防ぐため、トレブルフックはできるだけアシストフックに変更しておこう。それでも多いときはフロントフックのみで狙ってみよう。

港湾施設ではSOLAS条約（海上における人命の安全のための国際条約）により、法律で立ち入りを禁止している区画がある。通常は柵で区切られているから分かるが、開門していることもあるから注意。テロ防止の意味もあるから厳重に取り締まっており、間違って入ったという言い訳は通用しない。特に夜間は看板などを見逃してしまいがちなので注意しよう。

ナイトゲームでは常夜灯周りがポイントとなりやすい。

港の主なポイント

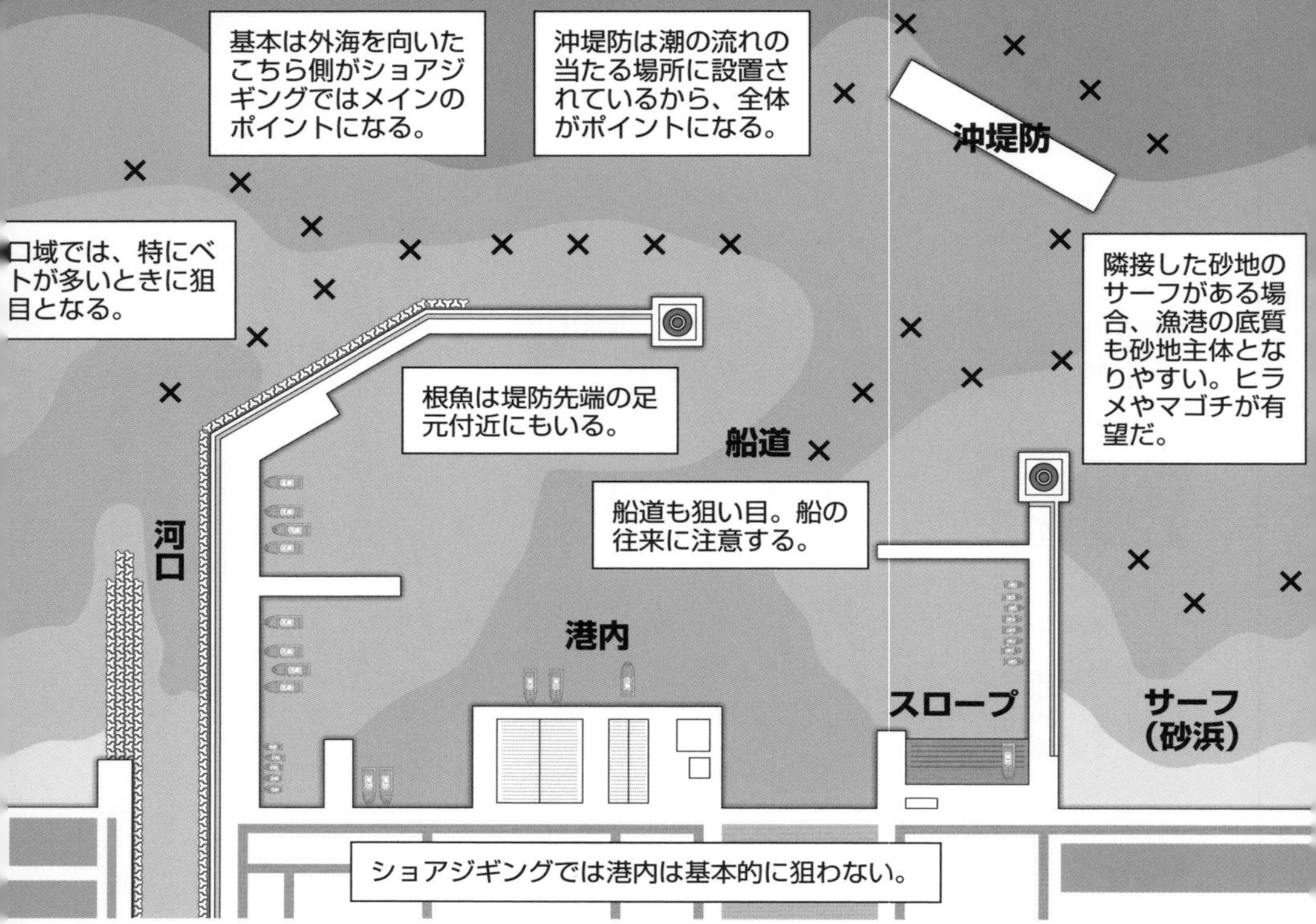

基本は外海を向いたこちら側がショアジギングではメインのポイントになる。

沖堤防は潮の流れの当たる場所に設置されているから、全体がポイントになる。

沖堤防

口域では、特にベイトが多いときに狙い目となる。

隣接した砂地のサーフがある場合、漁港の底質も砂地主体となりやすい。ヒラメやマゴチが有望だ。

根魚は堤防先端の足元付近にもいる。

船道

船道も狙い目。船の往来に注意する。

河口

港内

スロープ

サーフ（砂浜）

ショアジギングでは港内は基本的に狙わない。

堤防の角
角の左右で大きく潮の流れが変わるため、ここも魚が集まりやすい。

沖に面した場所
沖に面した足場が良い場所も人気ポイント。キャスト時は必ず安全確認をして通行する人に気を付けること。

堤防の先端
港で一番潮通しが良い場所となりやすい。魚の通り道になるので、どんな釣りでも人気のポイント。

定期船の後ろ
あまり水深が深いと影響はないが、いつも船のスクリューで海底がえぐられておりそこに魚が溜まりやすい。

常夜灯
港や堤防のナイトゲームでは必ず狙う場所。特にオレンジのライトに実績がある。

テトラ
足場の良い場所を選んで立つようにする。斜めに入っていることもあるので、沈みテトラに注意。

サーフのポイント

サーフとは

ルアー釣りでいうサーフとは、砂浜、ジャリ浜、ゴロタ浜を含めた全ての浜を指す。底質の違いで生息している魚種も変わるから、どれも同じではない。それに岩が増えるほど根掛かりも多くなるため対策が必要となる。

タックルの注意点

サーフは遠浅となっていることが多いことと、岸に近いため魚がプレッシャーを受けやすいこともあり、ロングキャストが必要だ。少なくとも50m以上メタルジグを飛ばさないと広範囲を探れずに釣果も思うように上がらないだろう。だから、10ftクラスのロングロッドと細めのPEラインを使い、フルキャストできるタックルで挑もう。

サーフの共通ポイント

サーフでのポイントの目安は……

○ブレイク（カケアガリ）
○離岸流
○水深の変化
○岩や藻などの障害物
○川などの流れ込み

これらの基本ポイントを歩いて探しながら魚を狙っていく。特に見つけられない場合は、海の色や波の形が他とは違う部分を狙ってみよう。

ブレイク（カケアガリ＝海の中の坂）は慣れていないと分かりにくい。簡単な見つけ方は、メタルジグのタダ引きとリフト＆フォール。水深を測るようにして段差を見つけよう。それでも分からない場合は、ルアーを投げる距離を10mごとくらいに分け、着水から着底までのカウントダウンで判断するとよい。

離岸流

ブレイク

流れ込み

障害物

砂浜のポイント

砂浜でのショアジギングの主な対象魚はヒラメとマゴチ。時として青物やシーバス、アジなども回遊してくることもある。

たまに障害物はあるものの、ほとんどが砂であるため根掛かりの心配はほぼない。だからストレスなく自由にメタルジグのチョイスが可能だ。

また変化の乏しい砂浜では、ちょっとした窪みに魚が溜まりやすかったりするから、アタリが出たポイントでは少し粘ってみよう。

砂利浜・ゴロタ浜

ジャリ浜とゴロタ浜の違いは石の大きさ。拳よりも大きな石が主体な場所をゴロタ浜といってよいだろう。

二つの大きな違いは海底の起伏。大きな岩が多いほど波がぶつかり白波が立ち、流れが複雑になる。こういった場所ほど大型魚がエサ場としている。だから岩が大きいサーフほど青物やシーバス、ヒラスズキといった大型魚が狙えるが、比例して海が荒くなり危険度も大きくなる。初心者が単独で行くような場所ではないから、行く場合はベテランに同行させてもらおう。

対象魚はヒラスズキを除きほとんど同じで青物が主体となる。

ここでの注意点は根掛かり。1回の釣行で何度も根掛かることを念頭に置いてタックル類を準備すること。ラインブレイクも複数回あるから、PEラインとリーダーのノット方法をマスターしておこう。

メタルジグはリアのトレブルフックを避け、アシストフックに替えておくと根掛かりを軽減することができる。

ヒラメはサーフの人気ターゲットだ。

サーフ（砂&ジャリ）の主なポイント

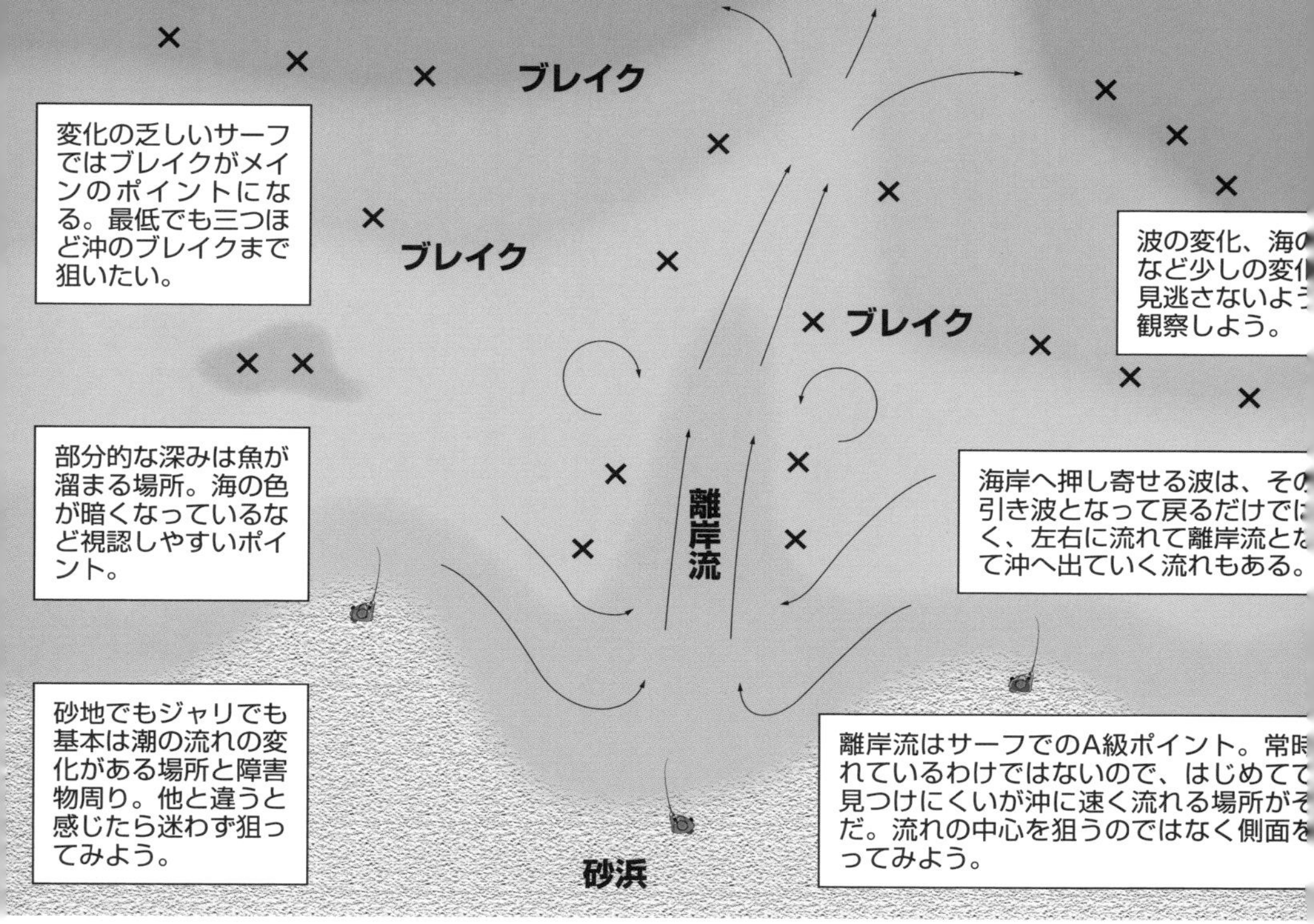

ブレイク

ブレイク

ブレイク

離岸流

砂浜

変化の乏しいサーフではブレイクがメインのポイントになる。最低でも三つほど沖のブレイクまで狙いたい。

部分的な深みは魚が溜まる場所。海の色が暗くなっているなど視認しやすいポイント。

砂地でもジャリでも基本は潮の流れの変化がある場所と障害物周り。他と違うと感じたら迷わず狙ってみよう。

波の変化、海の
など少しの変化
見逃さないよう
観察しよう。

海岸へ押し寄せる波は、その
引き波となって戻るだけでに
く、左右に流れて離岸流とな
て沖へ出ていく流れもある。

離岸流はサーフでのA級ポイント。常時
れているわけではないので、はじめてて
見つけにくいが沖に速く流れる場所がそ
だ。流れの中心を狙うのではなく側面を
ってみよう。

波打ち際から少し離れよう
安全を優先するため、ウエーダーを履いていても波打ち際から少し離れてキャストしよう。

青物狙いなら沖に面した場所
青物を狙う場合は穏やかな場所よりも沖に面した流れが比較的速いジャリ浜を選択する。

サーフでの釣果は足で稼ぐ
基本的なポイントはあるが、回遊魚狙いはベイトの動きに左右される。歩きながら探ってみよう。

岩は滑りやすいので注意
荒波に洗われたゴロタ浜の岩はツルツルして滑りやすい。必ず磯靴を履こう。

根魚も豊富
小さめの石で形成された砂利浜でも、岩が点在していれば良型の根魚が狙える。

ウエーダースタイルがおすすめ
濡れやすいサーフではウエーダーを履いておくと便利。海中で倒れると立てなくなるのでライフジャケットは必須。

磯のポイント

ショアジギングの定義

ルアー釣りはショア（陸続き）とオフショア（船釣り）に大別され、船釣り以外でジギングをすることをショアジギングと呼ぶ。だから、渡船を利用した磯釣りでも地に足を着けて狙うからショアジギングと呼び、エサ釣りのように「沖磯」というジャンルでは呼ばず、ロックショアゲームなどという。ちなみに地磯とは「地続きの磯」という意味。一般的には歩いて行ける磯のことだ。

磯の種類

車を停めて歩いて行けるような地続きの磯と、船を利用しないと陸行不可能な磯に分けられる。狙い方は基本的に同じであるが、渡船利用の磯は陸行できる磯に比べて魚影が濃く、流れが速く、水深が深く、海底の起伏も大きい場合が多い。つまり、より大きな魚と数が狙えるということだ。その理由の一つに行く人が限られているということもある。人が多く来る場所ほど魚の数は少なくなるし、大きい魚ほど持って帰られてしまうからだ。釣りではスレていない場所といわれる。

磯は通うのが基本

堤防やサーフとの一番の違いは潮の流れ。もちろん、堤防やサーフでも、ある一定の潮が流れるとよく釣れるという定義がそれぞれのポイントにあるが、磯ではより顕著になる。

例えば、「上げ潮が釣り座から左方向に流れる潮でブリが回遊してくる」など、統計的に良しとされる潮が存在する。しかし、この情報はそのポイントに通い詰めた人しか知らないことが多いため、なかなか収集できない。エサ釣りの雑誌にはポイント図などが掲載され、どの流れの潮で魚が食ってきたかなど書かれるが、ルアー雑誌では釣れたルアーが重視され、潮の情報はあまり書かれない。だから、堤防やサーフよりも、磯は何度も同じ場所に通う必要があり、潮汐や使用したルアー、ヒットした場所や流れなど、個人的に記録して釣れる条件を分析することが大切だ。

この情報と実績を手っ取り早く入手する方法もある。それはルアーの釣り人を多く磯に渡す渡船だ。船長に聞けばある程度の情報を教えてくれ、対象魚を伝えれば実績ある磯に乗せてくれる。それに見回りに来てくれるから、安全面での心配も少ない。ただし、自分の気分次第で帰ることもできないし、携帯の電波が届かない磯もあるのでそれなりの準備が必要だ。

ロックショアは人気が上昇しているルアーゲーム。装備とタックルをしっかりと整えて、大物を狙いに行こう。

チャンスを逃さない

磯では潮の流れが重要になると伝えたが、日により違ってくるため、ポイントに行ってロッドを出してみるまでは分からないことがほとんど。かといって終日フルキャストを繰り返すのは現実的ではない。だから、「ここは集中して狙う時間」というのを作っておこう。

まずは朝まづめと呼ばれる太陽が出る寸前から夜が明け切ってしまうまでの時間帯。次に、満潮（もしくは干潮）を迎える前の1時間と後の1時間。そして夕方だ。これを基本として、流れが速くなったとき、右流れだったのが左流れになったときなど、「潮の変わり目」が釣れるチャンスになることがよくある。こういうときは「潮目」ができるので見逃さないことだ。また近くにイケスがあったり沈み岩、海溝も同様にポイントの目安となる。

主なポイント

では潮の流れが釣れる、釣れない
分かれ道となることも。沖に大き
潮が動いていれば、全体的に潮が
れるからそれに合わせて魚も動く
うになる。

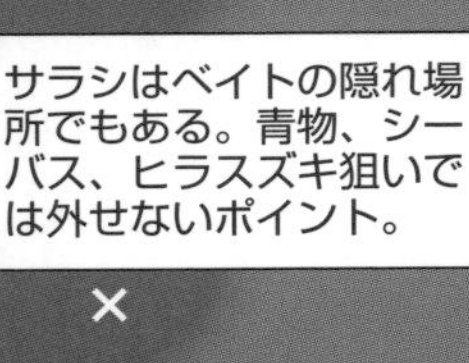

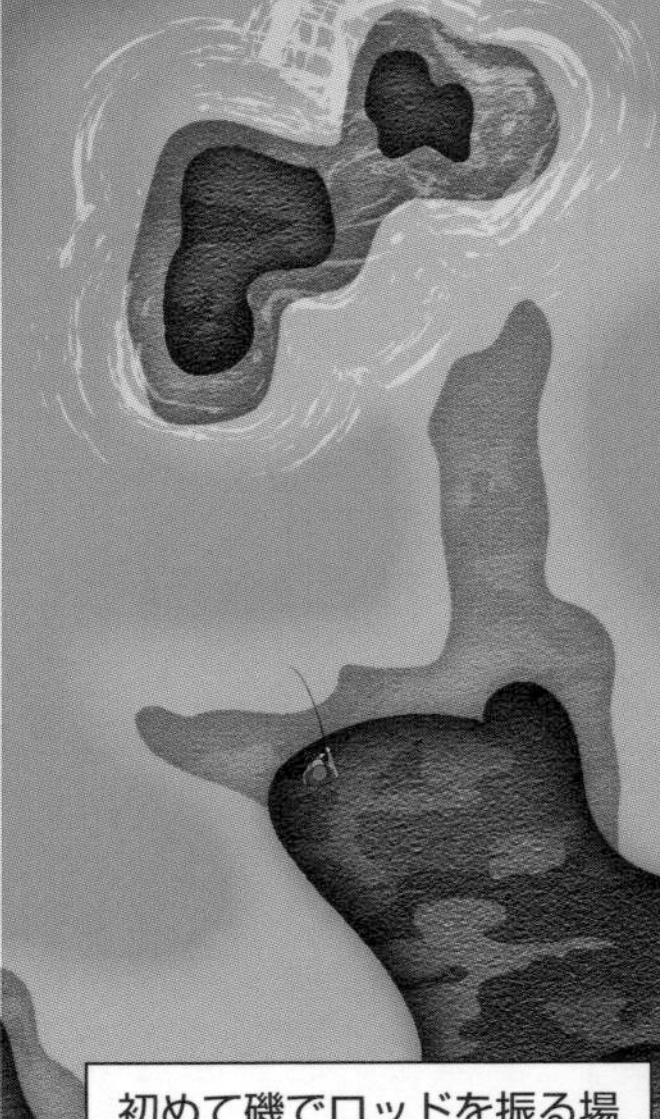

沖の流れ

沖からの潮が
当たる場所

が当たる場所もベイト
溜まっていたりする。

磯際ほどいつも濡れてい
るから滑りやすい。また
波を被ることも多いから
できるだけ海に背を向け
ないようにすること。

を流れる潮を狙うのが王道。それは
い場合も多いから遠投できるほど有
になりやすい。

初めて磯でロッドを振る場
合、釣りやすい潮の穏やかな
場所を狙いがち。根魚狙いは
それでもいいが、青物狙いは
動いている潮を狙う。

足元まできっちり引く
魚は沖からメタルジグを追い掛けて食うタイミングを見計らっていることが多いため、足元まで気を抜かないこと。

潮目が最大の目安
潮目は海面に道筋のようにできることも。他と違う波立ちがあれば迷わず狙ってみよう。

磯ではあまり動かない
足場が悪いこともあるが、磯での釣りはあまり移動を繰り返さない。基本は実績ポイントを狙うからだ。

渡船の利用は2日以上前に予約を入れる
渡船を利用する場合は必ず予約を入れ、前日に出船確認をすること。船長に「ルアー釣りです」と伝えよう。

狙うレンジはさまざま
キャスト後、ボトムに着底させてから狙い始めるのが基本だが、ナブラが生じれば表層付近を狙ってみよう。

ライフジャケットは義務
ちょっと歩いて行ける磯でも磯靴とライフジャケットは必須。手の保護のためグローブ着用が望ましい。

釣りのアクション
<動作編>

リールの操作法

スピニングリールの使い方

　スピニングリールは、ラインを巻くスプールが縦向きに設けられている。ハンドルを回すと、ローターが回転してラインはラインローラーを介してスプールに巻き付けられていく。スプール自体は回転しない構造だ。その構造からライン放出の際の抵抗が非常に少なく、軽いルアーでも十分な飛距離を出すことができる。またライントラブルが起こりにくく初心者でも扱いやすいとされている。

　ローターにはベイルが装着されており、キャストしたりラインを出したりするときにはこのベイルを開く（起こす）。そしてハンドルを回してラインを巻くときにはベイルを閉じる（倒す）。この動作はロッドを握るのと反対の手で行い、開くときも閉じるときも必ず「カチッ」という音がするまで確実に動作させる。特に開く動作がきちんとできていないと、キャスト時に誤動作でベイルが閉じてしまいラインが切れる場合もあるので注意が必要だ。

　閉じる動作については、リールの機種によってはハンドルを回せば自動で閉じるものもあるが、基本動作として確実に手で閉じることを習慣づけたい。

　リールをロッドにセットする際にはベイルを開いてからラインを出してロッドのガイドに通していく。全てのガイドにラインを通してラインにルアーをセットしたらベイルを閉じる。このときにラインローラーにラインが掛かっていることを確認しよう。

　スピニングリールはハンドルを左右のどちらにも付けることができるので右手巻き、左手巻きを気にせずに購入できる。右利きの人はタックルを右手に持ってキャストするので、リールのハンドルは左に装着するのが基本だ。ハンドルの取り付け方はメーカーやモデルによって違うのでお店の人に聞くか説明書をきちんと読もう。

ローターが回転することによってスプールにラインを巻き取っていく。

ベイルを閉じた状態。

ベイルを起こした状態。

ドラグの設定

スピニングリールで使用の際に調整が必要なのはドラグ設定だけだ。それ以外は出荷時のままの設定で基本的には問題ない。ドラグとは規定値以上の力でラインが引かれたときに、ラインが引き出されることによって切れるのを防ぐ機能のことだ。ドラグはドラグノブを時計方向に回せば締まっていき、反時計方向に回せば緩んでいく。ドラグを締めるとラインは引き出されにくくなり、また緩めると小さな力でラインが引き出されるようになる。ドラグを締め過ぎると不意に強い力が掛かったとき（大物が掛かって勢い良く走ったときなど）にラインが耐え切れずに切れてしまう。一方緩め過ぎていると必要以上にラインが引き出され、水中の障害物などに触れたり絡んだりして切られる原因となる。ドラグを適正値に設定することは釣りをする上で非常に重要になってくる。

一部の機種を除いて、スピニングリールのハンドルは取り外して左右どちらにでも付けることが可能だ。

ほとんどの人は経験とカンでドラグ設定をしている。ラインを手で引っ張り、どれくらいの力を掛ければラインが引き出されるか確認する。しかしドラグを正しく設定するためにはそれなりの経験が必要になる。はじめのうちは、リールをロッドにセットして全てのガイドにラインを通し、ラインの先を引っ張る。ロッドがある程度曲がったらラインが出るように調整しておこう。

ドラグを正しく設定するためにはドラグチェッカーやデジタルはかり（吊り下げ式のはかり）などのアイテムが必要になる。ドラグはラインの強度の1／4～1／3程度に設定するのが基本だ。例えばラインの強度が10kgならば2・5～3・3kgに設定すればよい。デジタルはかりは各種のタイプが売られているがlb表示ができるものが使いやすい。釣った魚の重さも量れるので一つ持っておくと便利だ。

デジタルはかりで量る場合はリールをロッドにセットして、全てのガイドにラインを通した状態でラインの先をデジタルカはかりに結び付ける。デジタルはかりは他の人に持ってもらってからロッドを曲げていき、設定したい値でラインが出ていくようにドラグノブを回して調整するとよい。

キャスティングフォーム

正しいキャストを身に付ける

ショアジギングはメタルジグをキャストすることから始まる。キャストを伴うショア（陸）からの釣りではキャストの良し悪しが釣果を大きく左右することもある。

ショアジギングのキャストに求められる要素は遠投性だ。重量のあるメタルジグをいかに遠くまで飛ばすことができるかが重要になってくる。あと5m遠くへキャストできれば釣れていたかもしれない、ということも十分にあり得るのだ。よく力任せに振り回しているアングラーもいるが、それでは遠くに飛ばすことができない。上手にキャストするには、ロッドの反発力を上手く利用するということが重要だ。しっかりと基本のキャスト方法を理解して正しいキャストフォームで投げるようにしたい。

キャスト時の注意事項

キャストをする上で最も重要なことは安全確認だ。メタルジグはルアーの中ではかなり重量がある。さらにフックが装着されており、これを人にぶつけたり、引っ掛けた状態でキャストしてしまうと大惨事を招くこととなる。そのような事例は多く起きており、最悪の場合、賠償問題に発展したり傷害罪に問われたりすることもある。前方はもちろんのこと、後方や左右もしっかりと確認してからキャストするようにしなければならない。ショアジギング用のロッドは約3mの長さがある。さらにそこからある程度ラインを出した状

リールフットを挟んで3本の指でしっかりと握り込み、人差し指と親指は軽く添えるようにしておく。

キャストするときにはこのように人差し指にラインを掛ける。

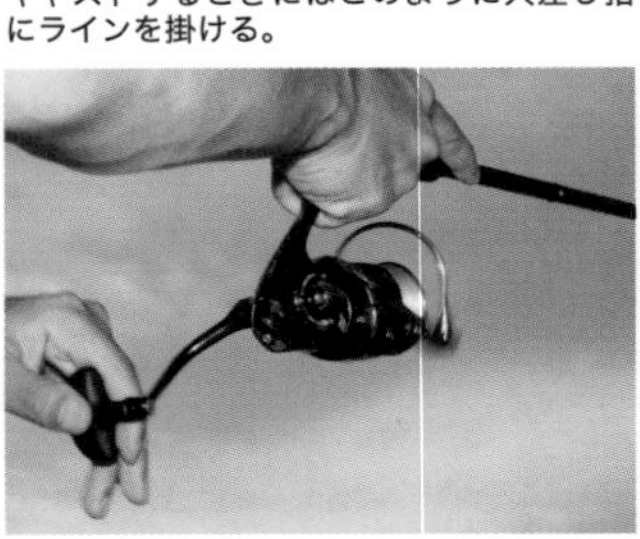

右利きの人は右手にタックルを持って、左手でリールのハンドルを回すかたちとなる。

態から投げるので、後方は約5m程度のスペースが必要ということになる。また頭上にある木や電線にジグを引っ掛けることもよくあることだ。場所によっては上も注意してキャストするようにしてほしい。

タックルの持ち方と基本動作

右利きの人の場合、右手にロッドを持って、左手でリールのハンドルを回すかたちとなる。

持ち方はリールフットを右手の中指と薬指で挟んで中指・薬指・小指でしっかりと握り込み、人差し指と親指を軽く添えるような感じだ。左手はロッドのグリップエンド付近を持つ。キャストするときには人差し指にラインを掛けてリールのベイルを開く。ベイルを開くとラインが自由に放出されるようになるので開いた状態でキャストして、リールのハンドルを回してラインを巻き取るときにベイルを閉じる。キャスト毎に必要になってくる動作なので、しっかりと身に付けたい。キャスト時にベイルを開くのを忘れていると、ラインが切れてルアーをロストしたり、ルアーを水面や地面に叩き付けることになるので注意したい。またキャスト時にラインを掛けた人差し指が擦れて痛いという人は、フィンガーガードを装着するとよい。特に重いメタルジグをキャストするときなどは重宝する。しかし、この後解説するペンデュラムキャストが正しくできるようになると、指に負担は掛からなくなってくる。

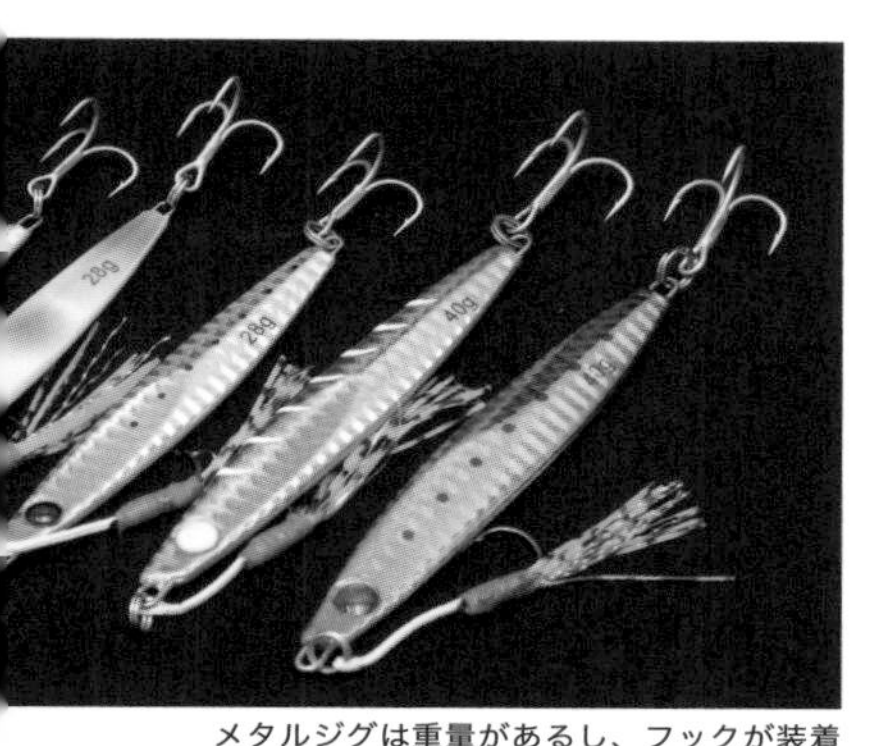

メタルジグは重量があるし、フックが装着されている。これを人に当てたり、引っ掛けたりすると大変なことになる。

ショアジギングでは常にキャストが必要となる。正しいフォームを身に付け、周囲の安全を確認することが大切だ。（写真は左利きのアングラー）

フィンガーガード
ラインを掛ける人差し指が擦れて痛い場合はこのようなアイテムを使用すれば解決できる。

ッドを上へ上げていく。

前方にロッドを構える。

イクバックから振り抜く直前。

頭の上を通して後ろへ。

慣れてきたらタラシの長さは自分でいろいろと試してみるとよいが、まずは30～50㎝くらいから始めてみよう。

オーバーヘッドキャスト

ルアーフィッシングの基本となり、さまざまな場面で使える汎用性の高いキャストでコントロール性が高いのが特徴だ。比較的軽めのルアーをキャストするのに向いているので、ショアジギングでは30ｇ前後の軽量なメタルジグをキャストするような状況で有効となる。逆に重量のあるメタルジグではロッドに負担が掛かってしまうのであまりおすすめできない。また動作がコンパクトなのでタラシの長さの調整と併せてテイクバックに必要なスペースをコントロールすることができる。そのためテイクバックをあまり大きく取れないような場所でもキャストが可能になる。まずはこのキャストをできるようになれば、一通りのルアーフィッシングを楽しめるようになるので、是非ともマスターしておきたい。

はじめにロッドの先から少しラインを出してルアーをタラした状態にする。このタラシは長ければ遠投性が高くなり、短ければコントロール性が高くなる。ショアジギ

軽く振り抜いていく。

ロッドのしなりを利用することが大切。

右手を前に出すように。

ジグが着水するまでこの姿勢を保つ。

ングの場合は長めで投げるほうが飛距離が稼げるが、慣れないうちはまずは30～50cmほどの長さから始めるとよいだろう。

次にロッドを前方に構える。ロッドの角度は45度くらいがよいだろう。狙いたい方向にロッドの先が向いていることが大切だ。後方確認をしてからそのまま真っすぐ後ろへロッドをテイクバックするのだが、腕を上げて頭の後ろへロッドの先が向くようなイメージで振りかぶる。そしてルアーの重さがロッドに乗ったのを感じたらそのまま前方へ振り抜く。右手をしっかりと前へ出し、グリップエンドを握った左手を自分の方へ引くようなイメージでスイングするとよい。このときに狙いたい方向へロッドの先をしっかりと向ける。そしてルアーが着水するまでその姿勢をキープする。

ここで重要なことは力まずに軽く後ろへ振りかぶってルアーの重みをしっかりと感じながら軽く前方に振り抜くことだ。腕の力は必要ない。右手首のスナップを効かせながら、曲がったロッドが反発力で元に戻ろうとする力を利用して投げるのがコツとなる。

一度前方へジグを振り出すと後方へ送りやすい。

振り子の要領でジグを後方へ送る。

右利きの人は体の右側を通す。

タラシの長さは始めはロッドの一番手前のガイドのあたりにして、慣れてきたらリールのあたりまで長くすると飛距離が伸びる。

テイクバックから振り抜く直前。

ペンデュラムキャスト

オーバーヘッドキャストを身に付けたら、より遠投性の高いペンデュラムキャストに挑戦しよう。ペンデュラムキャストはその投げ方を理解して正しくキャストできるようになるためには少々練習が必要だ。しかし、重量のあるルアーをキャストするのに向いており、ロッドへの負担が少ないため、重いメタルジグを投げるショアジギングには適したキャストだといえる。特に水深が深く、流れの速い磯場などで大きめのメタルジグを使用するときなどは、このキャストができるかできないかで釣果に差が出ることも考えられるので、きちんとマスターしたい。

ペンデュラムキャストは振り子投法とも言われ、遠心力を利用した投げ方となる。そのため、遠心力が働きやすいようにタラシは長めに取る。ロッドを立てて、リールの位置くらいにルアーが来るタラシの長さが好ましいが、はじめはロッドの一番手前にあるガイドあたりの長さで試すとよいだろう。

前方にロッドの先を向け、そこからゆっ

ジグの重さを感じながら振り抜く。

ロッドを前方へ押し出すようなイメージで。

狙いたい方向へしっかりとロッドを向ける。

ジグが着水するまでこの姿勢を保つ。

くりとテイクバックする。テイクバックでは振り子の要領でメタルジグを自分の後方へ送るのだが、まずは一度、前方へジグを送り出して、そこから後方へ送ると勢いが付いてやりやすい。右利きの人は自分の右側を通してメタルジグを後方へ送る。

そしてルアーが最も後方へ行った状態からルアーの重みを感じながらロッド前方へ押し出すように素早く振り抜く。グリップエンドを握った左手を軸にして右手が大きく弧を描くようなイメージで振り抜くとよい。キャスト後はロッドの先を狙いたい方向へしっかりと向けることを忘れないようにしたい。このキャストではスイングスピードというのが重要になってくる。力任せに振る必要はないが、スイングスピード＝飛距離となるのである程度のスピードは求められる。オーバーヘッドキャストが軽く振るの対して、ペンデュラムキャストではスピードが一つの重要な要素となるのだ。ペンデュラムキャストはタラシを長く取るので後方に十分なスペースが必要となる。後方や周囲への注意・確認もしっかりとやらなければならない。

メタルジグの操作

タダ引き

リールのハンドルを回してラインを巻き取り、ルアーを引くことをリトリーブと呼ぶ。メタルジグといわず、あらゆるルアーを操るうえでの定番のアクションでルアーフィッシングの基本中の基本と言っても過言ではない。

余分なアクションを加えずに、このリトリーブのみでターゲットを狙うことをタダ引きという。極めてシンプルだが、釣果は思いのほか高い。

読んで字のごとくリールのハンドルを回してただラインを引くだけの簡単なアクションだが、ショアジギングの場合、メタルジグは重量があるため、引くのを止めるとすぐに沈んでいく、ということを認識して、それを利用するのがコツだ。

さまざまなタダ引き

◎海中を斜めに引く

メタルジグがボトムタッチした後に一定のスピードでタダ引きをすれば、メタルジグはボトムタッチした地点からアングラーの足元まで斜めに引かれてくることになる。

この場合、ラインを引くスピードが重要で、速過ぎればジグは浮き上がり、遅過ぎるとずっとボトム周辺をトレースするかたちとなる。

水深や潮流の速さなど、海の状況にもよるが、1秒間にリールのハンドルを1回転させるくらいのスピードで引くと斜めに引ける。引いている最中にピタッとリールのハンドルを止めてメタルジグをフォールさせて誘いを掛け、再び引き始めるのも効果的だ。

◎トップレンジを引く

メタルジグは重量があり沈みやすいルアーだが、リールのハンドルを高速で回してラインを速く引くと沈むことなくトップレンジ（表層）をトレースすることができる。

まづめ時でベイトフィッシュが上ずっているときやナブラが湧いているようなときはそれを狙っているフィッシュイーターはトップレンジを意識している。

ボトムやトップ、また堤防の壁などの「面」はフィッシュイーターがベイトを追い込むのに絶好の場所なのだ。青物などはトップでベイトフィッシュを追い回していることも多いのでトップレンジを引くことは状況によってかなり効果的となる。

トップレンジを引く場合は着水後、すぐにリールのハンドルを回し

各レンジでのタダ引きイメージ

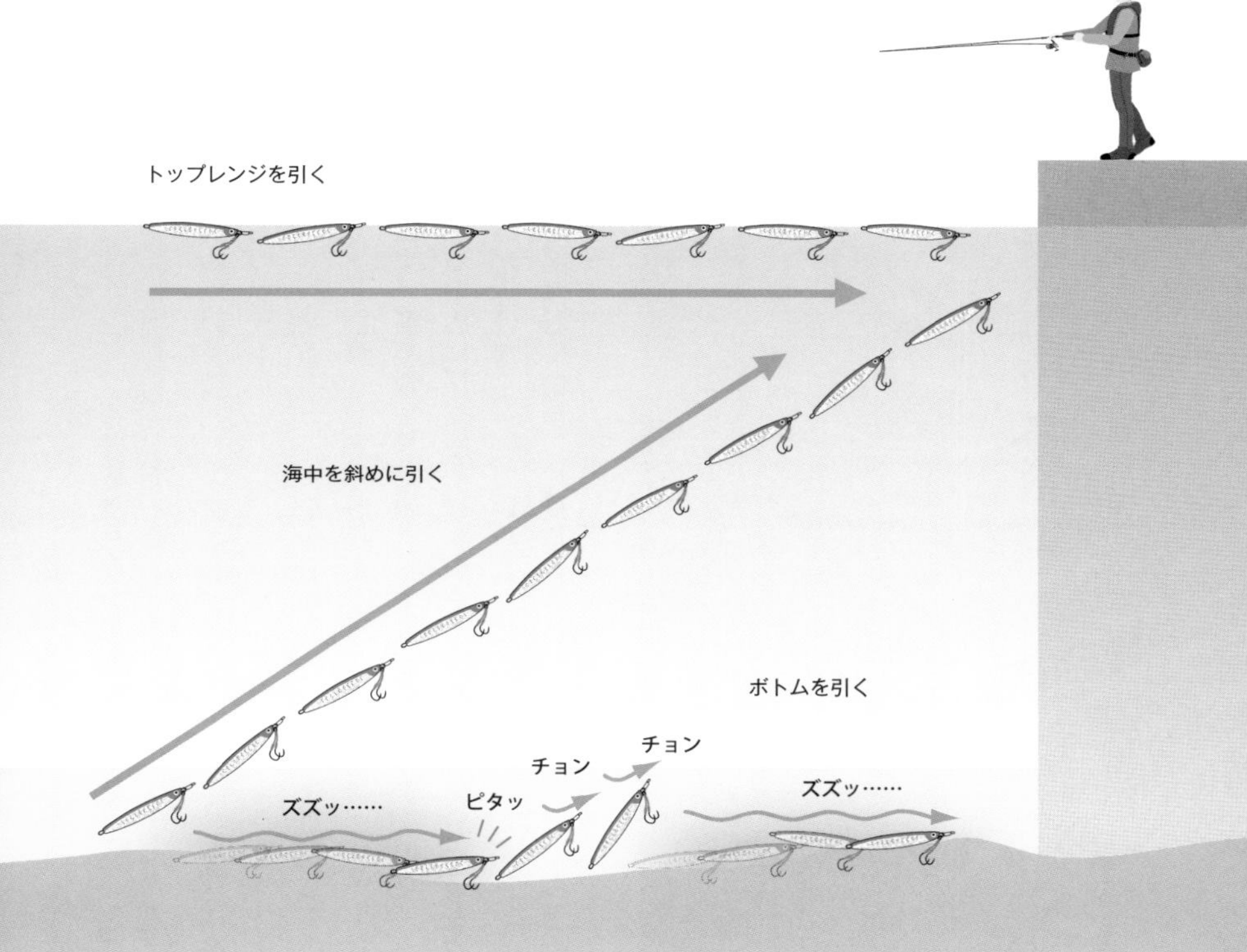

てラインを巻き始める。結構なスピードでハンドルを回す必要があるが、メタルジグが海面から飛び出さない程度にしたい。

◎ボトムを引く

メタルジグをボトムでズル引きする誘い方で、砂煙を上げながら海底を移動させることでエビ・カニなどの甲殻類を模倣することができる。

キャスト後、メタルジグがボトムタッチしたらゆっくりとリールのハンドルを回してラインを引く。引くスピードが速いとメタルジグが浮いてしまう。リールのハンドルをかなりゆっくりと回して、海底を擦っている抵抗を感じながら引くことが重要となる。

ときどきピタッと引くのを止めてチョンチョンとロッドの先をアオってやると効果抜群だ。この誘い方は海底が砂地でないと通用しないので覚えておいてほしい。

フォール

メタルジグを海中に沈めていくことをフォールと呼ぶ。このフォールは単にジグをボトムタッチさせるというだけでなく、ターゲットを誘ううえで重要な役割を果たす。多くの魚たちは上から落ちてくるものに反応している。弱った小魚が泳げなくなり沈んできたところを捕食しているパターンが多いからだ。特にショアジギングでは他のルアーフィッシングよりもフォールの重要性は高い。メタルジグはどのようなフォールをするかということを重視してその形状が決められている。フォールでのアピールが最も重要なのだ。

ロッドを上げたときに魚が掛かっていることに気づくケースが多いので勘違いされやすいが、ほとんどの場合、魚はフォール中に食っている。ターゲットによってはフォールをいかに演出するかが釣果を分ける鍵となることも少なくない。

フォールは大きく分けて2種類ある。フリーフォールとテンションフォールだ。厳密にいうとカーブフォールと呼ばれるものもあるが、本書ではテンションフォール＝カーブフォールとして解説していく。

メタルジグのフリーフォールの連続写真。ジグの形状によってさまざまなフォールを演出する。

フリーフォールのときもラインは出しっ放しにするのではなくて、スプールに軽く指を添えたりして放出をコントロールする。

◎フリーフォール

メタルジグに他の力が作用しない状態でそのまま沈めていくことをフリーフォールと呼ぶ。実際にはラインが出過ぎないように指を軽くリールのスプールに添えるフェザリングなどと呼ばれる動作を併用するが、ジグのフォールを邪魔するほどの力は加えていない。

フリーフォールは簡単だ。ルアーの重さに任せて沈めていくだけだからだ。

しかし、メタルジグはこのフリーフォールでアピールするように作られているものが多い。

フリーフォールの特徴は

・フォールスピードが速い

・ジグが着水した周辺に沈む

ということだろう。

ラインの放出を妨げるような力を加えなければメタルジグは自重でそのまま沈んでいく。妨げとなるものがほとんどないのでフォールスピードは速くなる。またキャストして着水した場所からそのまま下に沈んでいくので、おおかた着水した場所の周辺に沈んでいる。

フォールイメージ

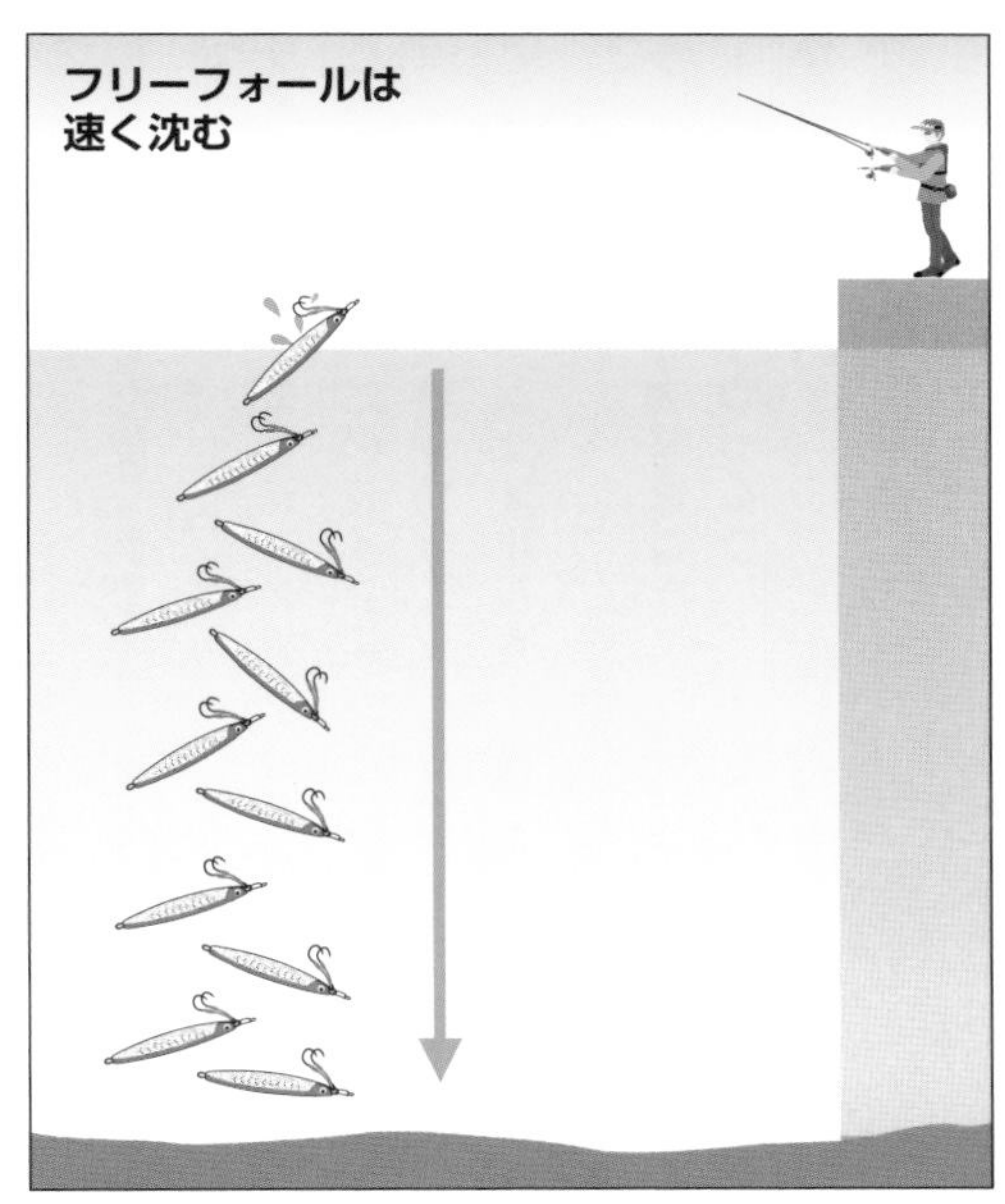

テンションフォールは
手前に寄ってくる

◎テンションフォール

メタルジグが着水した後、ラインの放出を止めると沈んでいくジグに引かれラインが張り、テンションが掛かった状態になる。このラインにテンションを掛けた状態でフォールさせることをテンションフォールという。

テンションフォールの特徴は

・フォールスピードがゆっくり
・着底が分かりやすい
・ジグが着水した場所より手前に沈む

ということだ。ラインにテンションが掛かっているため、ラインの浮力や潮の流れなどの影響を受けやすく、フォールスピードが遅くなる。これは想像以上にゆっくりとなるので、認識しておいてほしい。フリーフォールではあっという間に沈んでいくメタルジグでもテンションフォールさせるとまだ着底しない？　と不審に思うほどゆっくりと沈んでいく。

しかし、着底は分かりやすい。

フリーフォールが、ラインのフケ具合などを見て着底を判断しなければならないのに対して、テンションフォールではコンっというボトムタッチの感触がラインを通して手元に伝わってきやすい。着底した瞬間にフッとラインのテンションが抜けるので、これも目安になる。

またメタルジグがラインに引かれた状態で沈んでいくので、ルアーは海中でカーブを描きながらかなり手前の方に沈んでいくことは認識しておかなければならない。

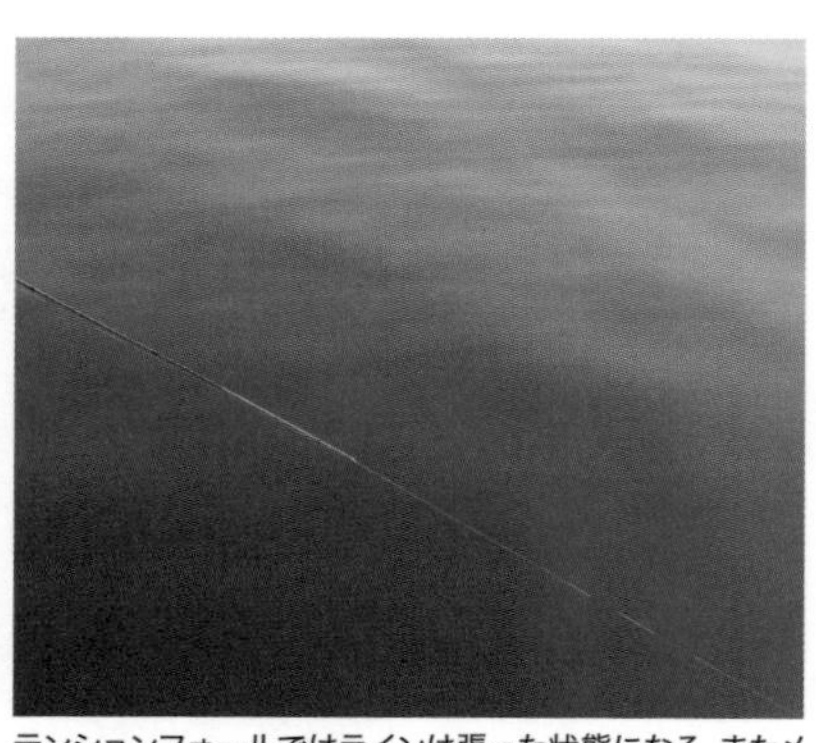
テンションフォールではラインは張った状態になる。またメタルジグがボトムタッチするとラインがたるむので分かりやすい。

では、なぜあえてテンションを掛けてフォールさせるのか？　最大の目的はフォールスピードにある。ゆっくりと沈んでいくテンションフォールではメタルジグをじっくりとターゲットにアピールすることが可能なのだ。またジグが海中で弧を描きながら手前に沈むため、広い範囲のターゲットにアピールできるというメリットもある。

それぞれの特性を理解して状況に応じて二つのフォールを使い分けられるようにしておくことがショアジギングでは重要となってくる。

しかし、多くの場合、フォールの基本はフリーフォールであり、テンションフォールはプラスアルファのテクニックとなる。またテンションフォールさせるとジグのフォール姿勢が変わるということは知っておかなければならない。

ショアジギングの一連の動作

❶キャスト

❷着水

❺回収

❹シャクり上げて
アクションさせる

シャクり上げて
アクションさせる

シャクり上げて
アクションさせる

❸フォールさせて
ボトムタッチ

フォールさせて
ボトムタッチ

フォールさせて
ボトムタッチ

ショアジギングの流れ

ショアジギングの一連の流れは以下のようになる。

①キャスト
②メタルジグが水面に着水
③メタルジグをフォールさせてボトムタッチ（着底）
④メタルジグをシャクり上げてアクションさせる
⑤メタルジグの回収

水深やキャストでの飛距離にもよるが③④を3回くらい繰り返してからメタルジグの回収となる。ではそれぞれを詳しく解説したい。

ショアジギングの基本となるため、しっかりと理解しておこう。

メタルジグの着水

キャストしたメタルジグが水面に落下することを着水という。

ルアーフィッシングの中には着水と同時にラインを引いてルアーをアクションさせなければならないものもあるが、ショアジギングではそこから海底までメタルジグを沈めるため、着水にあまり神経質になる必要はない。

ただし、ジグがどこに着水したのかを確認しておくことは重要だ。そうすることで、その後メタルジグがどの辺りにあるかということが分かりやすくなる。

メタルジグを自由に操れるかどうかがショアジギングで釣果を上げる鍵となる。

フォール～ボトムタッチ

メタルジグが着水したら、まだリールのベイルは戻さずにラインを放出したままでジグをフリーフォールさせていく。

フォールのスピードは使用しているメタルジグやライン、潮流の速さなどで大きく変わってくる。水深が深く、潮流の速い場所ではジグやラインが潮に流されフォールに時間がかかることもある。

メタルジグが海底に到達することをボトムタッチ（着底）というが、ショアジギングではこのボトムタッチを見極めることが重要となり、初心者が最も苦労するポイントだ。

ボトムタッチが分からずにジグが海底に転がっている状態が長いと根掛かりや魚に見切られる原因となってしまう。ボトムタッチを感知したらすぐにリールのハンドルを回してラインを巻き始めることが重要だ。

流れの緩い場所ではボトムタッチが分かりやすい。放出されていたラインがスッと止まったときが着底だ。

しかし、潮流の速い場所や水深の深い場所では分かりづらいことが多い。今まで一定のスピードで放出されていたラインが、急に遅くなったり止まったりしたときが着底の合図となるが、特に潮流の速い場所では、ジグが着底してもラインが潮に流され、ラインの放出が止まらないため判断はかなり難しくなってくる。

いつまで経ってもラインが放出され続ける場合はジグは既に着底してラインだけが流されている可能性も高く、これを見極めるためには糸フケをできるだけ出さないようにするしかない。

ボトムタッチが分かりづらい場合はメタルジグを重いものに変更するというのが一般的だ。しかし100gのジグを使っていても分からないこともある。

またラインを細くするというのも有効な手段だ。必要以上に太いラインを使っていると、キャストでの飛距離が伸びないばかりかボトムタッチも分かりづらくなるのだ。

メタルジグをアクションさせる

メタルジグがボトムタッチしたら、ロッドのジャーク（上へ引き上げる動作）とラインを巻き取る動作を組み合わせてジグをアクションさせる。これを一般的に「シャクリ」と呼んでいる。どのくらいシャクればよいかは水深によって異なってくるが、大体水深の半分程度でよい。10mの深さでは5m程度ということになる。

ショアジギングに使用するリールは大方ハンドル1回転で1m程度ラインを巻き上げる。

つまり速くシャクり上げれば、大体ハンドル5回転で5mほど上がることになる。シャクるスピードによってかなり違ってくるので参考程度にしてほしい。ある程度シャクり上げたら再びフリーフォールでジグをボトムタッチさせる。

このシャクリのパターンにはさまざまなものがあり、ジャークパターンとも呼ばれる。これを駆使していかにターゲットに口を使わせるか、というのがショアジギングの面白いところでもある。またターゲットによって使い分けることも多い。

メタルジグの回収

フォール・シャクリ上げを3回くらい繰り返したらラインを巻き取りメタルジグを回収する。

堤防ではもっと回数を増やしてもよいが、磯では海底の地形が岸際は複雑になっているパターンが多く、あまり足元で着底させると根掛かりの原因となってしまうことも多い。

ワンピッチ・ワンジャーク

ジギングの最も標準的なシャクり方で、メタルジグを動かすうえでの基本の操作となる。この動作がきちんと行えるかどうかが、ショアジギングを正しくできている人かどうかの判断材料にもなるので、必ずマスターして挑んでほしい。

ワンピッチ・ワンジャークはリールのハンドルを回す動作とジャークを組み合わせたものを連続して行うもので、ハンドル1回転につき1回ジャークを行う。これにより、メタルジグを跳ね上げ→フォールというアクションを繰り返してターゲットにアピールするのだ。

通常はメタルジグが海底まで沈んだ状態からスタートする。ロッドを前方に構え、グリップエンドを脇に軽く挟むようなスタイルを取る。そして上方向へジャーク（ロッドの先を上へ上げる動作）しながら、リールのハンドルを回す。ロッドを上げたときにリールのハンドルノブも上、ロッドを下げたときにハンドルノブも下という動作になり、これを連続して行っていく。ロッドとリールのハンドルノブを一緒に持ち上げるイメージを持ってやっていくとよい。

ここで重要なことは上げる・下げるをテンポ良く行うことだ。歌でも口ずさみながら、そのリズムに合わせてやるとテンポをつかみやすい。よく言われるおすすめの曲は「もしもしカメよ」だ。

また上げる（ジャーク）ときはルアーを引っ張るのではなく、ロッドを曲げるという意識を持つように心掛けよう。ロッドが曲がれば反発力で元に戻ろうとしてメタルジグを跳ね上げてくれる。ロッドのティップが少しお辞儀する程度でも十分にメタルジグはアクションするのだ。キャストにしろ、ジャークにしろ、ロッドの特性を理解してそれを活かすことでスムーズかつ効率的な動作を行えるようになる。

ロッドを上げるときにリールのハンドルノブも上、ロッドを下げるときにリールのハンドルノブも下にくる。

ジャークしてロッドを曲げた後、いったんピタッと止めてロッドの先が真っすぐに戻るまで待ってからロッドを下げるくらいでもよいだろう。ビシッ、ビシッと一回一回丁寧にジャークすることが大切だ。これを速い・遅い、ロッドの振り幅が大きい・小さいを自在に操れるようになれば、ありとあらゆるターゲットを自在に狙えるようになるだろう。

ワンピッチ・ワンジャークの動作とそのときのメタルジグの動き

1

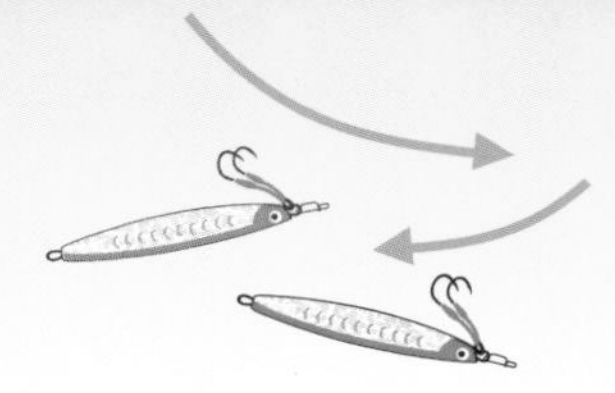

メタルジグは海底に着底している、またはフォール中。

リールのハンドルノブを握ってロッドを前方へ構える。

2

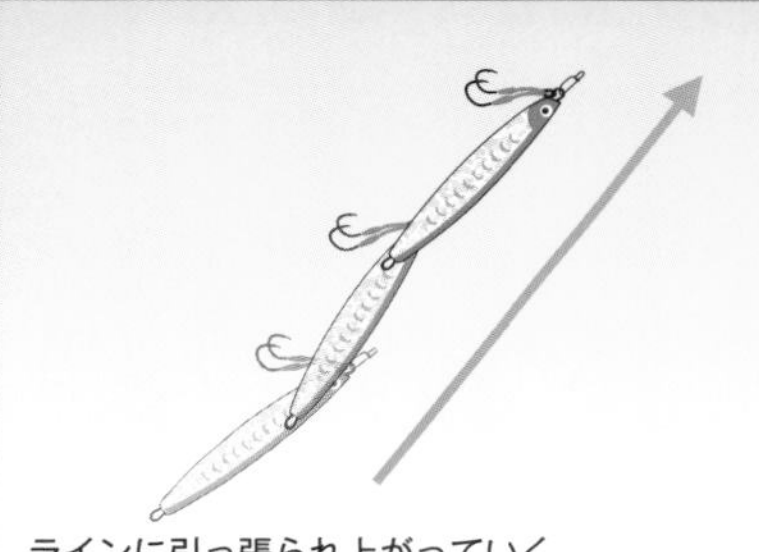

ラインに引っ張られ上がっていく。

ロッドとリールのハンドルノブを一緒に上げていく。

3

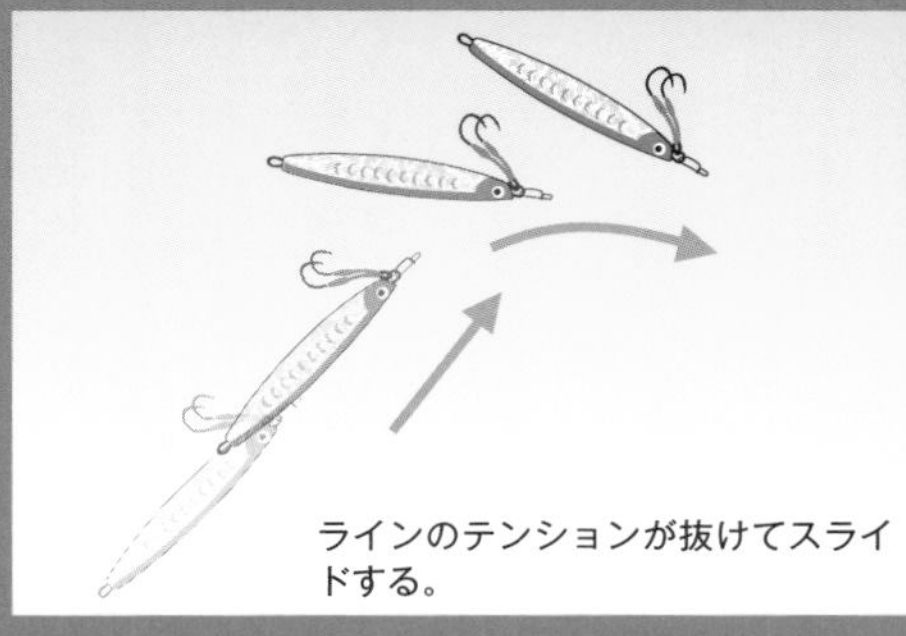

ラインのテンションが抜けてスライドする。

一番上でピタッと止めるイメージ。

4

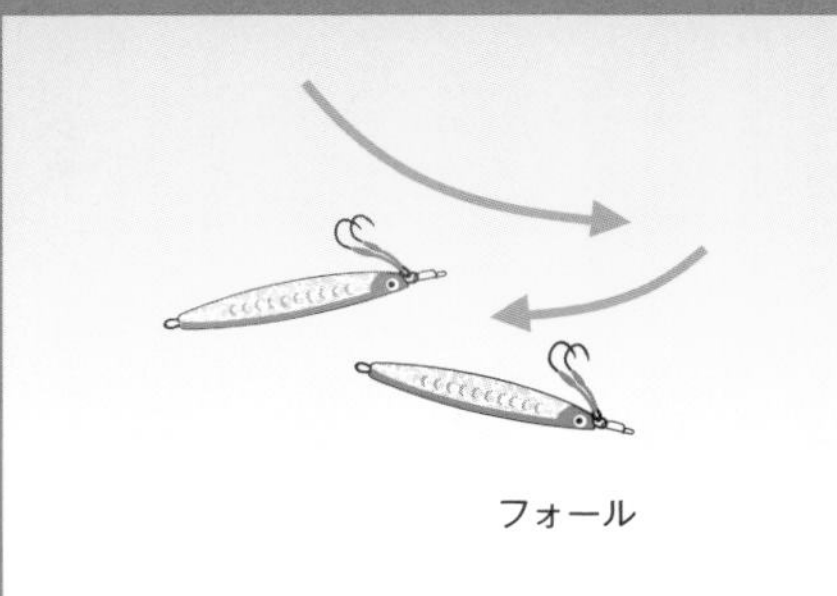

フォール

ロッドを下げながらリールのハンドルノブも下げていく。

ハイピッチとスローピッチ

速いテンポでシャクっていくことをハイピッチジャークと呼び、逆にゆっくりとしたテンポで行えばスローピッチジャークと呼ぶ。ハイピッチジャークは特に青物に有効だと言われており、スローピッチはキジハタなどといったロックフィッシュやヒラメなどのフラットフィッシュなど幅広い魚種を狙うことができるため、近年人気が高い。ハイピッチに比べて体力的負担が小さいというのも人気の理由だろう。

ハイピッチジャークに対して、スローピッチジャークはフォールをしっかり大きく取ることでターゲットを誘うメソッドで主にボトム付近を中心に誘うのに使われる。このスローピッチで行うジギングをスロージギングと呼んでいる。

ロッドのティップが真っすぐになる瞬間が重要。このときにジグがスライドしてイレギュラーなアクションを起こす。

スロージギング

スロージギングにもさまざまなパターンが存在する。単純にワンピッチ・ワンジャークをゆっくりやってもスロージギングになるが、より大きなフォールを演出できるジャークパターンを紹介したい。

ジグが海中にある状態から、ロッドが垂直になるまで大きくジャークする。このときにルアーを引っ張るのではなくロッドを曲げるという感覚でロッドを立てることを意識しよう。グッと曲がったロッドが反発力で真っすぐに戻るまでタメることが重要だ。ロッドのグリップを肘に当てるとこの動作を楽に行うことができる。

そして次に重要なポイントが曲がったロッドが真っすぐになる瞬間だ。このときにジグがスライドしてイレギュラーなアクションを起こしやすい。ロッドのティップがピンっと真っすぐになるのを確認してからロッドを下げジグをフリーフォールさせる。そうするとラインスラックが出るのでそれを巻き取る。これを繰り返していく。

このジャークではジグはほとんど上へ上がっていかない。上げては落とす、上げては落とすの連続でジャークとボトムタッチを繰り返すかたちとなる。ボトムを中心に探っていくジャークパターンとなるので根掛かりしやすい場所では注意が必要となる。使用するメタルジグはヒラヒラとフォールしやすいリーフタイプか水平フォールしやすいファットタイプがよい。

スロージギングの動作とそのときのメタルジグの動き

ジャカジャカ巻き

ハイピッチジャークの中でも特にテンポが速く、青物狙いで定番のシャクり方だ。速い動きでメタルジグを操り逃げ惑う小魚を演出する。

通常のワンピッチ・ワンジャークと異なり右利きの人はロッドを左斜め上に構えて、スタンスは少し左を向く。ロッドとラインの角度が直角になるのが理想的でラインのテンションを常に感じながらジグを効率的にアクションさせていく。

ジャカジャカ巻きでもロッドを上下させながらリールのハンドルを回していくのだがワンピッチ・ワンジャークと反対で、ロッドが上がったときにリールのハンドルノブが下、ロッドが下がったときにハンドルノブが上に来るように連続して動かす。ジャカジャカ巻きは速いテンポで行うことが重要だ。ロッドを曲げるというよりもラインにテンションを掛ける・抜くを連続して行うイメージで操作するとよい。

ワンピッチ・ワンジャークではメタルジグの跳ね上げ・フォールを連続して行うが、ジャカジャカ巻きでは、メタルジグはダートしながら上がっていくイメージでアクションする。

ジャカジャカ巻きの動作

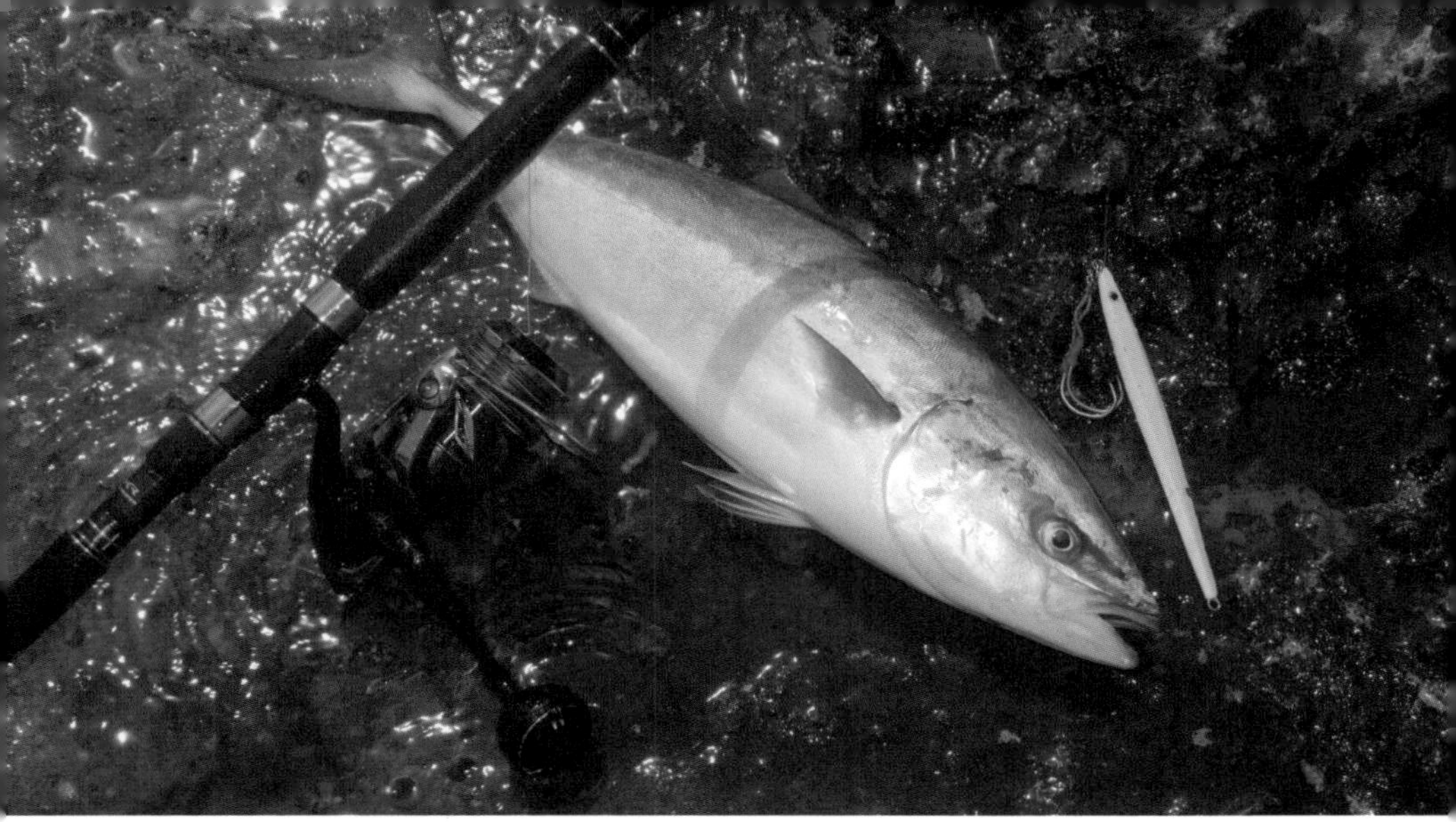

ジャカジャカ巻きは青物狙いで高い効果を実感できるメソッドだ。

ワンピッチ・ワンジャークと逆でロッドを上げるときにリールのハンドルノブを下げ、ロッドを下げるときにハンドルノブを上げる。ロッドの振り幅はワンピッチワンジャークに比べて小さめとなる。

ジャカジャカ巻きで使用するメタルジグは細めでジャークの際に水の抵抗を受けにくいものがよい。幅広のメタルジグを使うと引き抵抗が大きくてテンポ良くシャクれないばかりか、かなりの腕力を必要として体力を消耗してしまうので、メタルジグ選びを適正に行うことも重要だ。またロッドもティップやベリーにある程度張りがあるものの方がやりやすい。

COLUMN リールのカスタム

リールのカスタムで代表的なのは
・ハンドル（ノブ）の交換
・ベアリングの追加
・スプールの交換
などがある

◎ハンドルノブの交換

リールのハンドルやハンドルノブにはさまざまな形状のものがある。購入時にはそのリールの大きさから使われる釣りのカテゴリーを想定して、それぞれの釣りに合ったものが装着されている。ショアジギングによく使われる3000〜8000番くらいのリールには力の入れやすいT字型か、ラウンド型のハンドルノブが装着されているが、ほとんどが樹脂製のものだ。これを金属製のものに交換すると、見た目がグッと良くなる。ハンドルノブは交換割合の高い人気のカスタムパーツで、さまざまなサイズやデザインのものがあるので、お気に入りを見つけられるはずだ。自分のリールに取り付けられるもので、リールのサイズに合ったものをチョイスしよう。ちなみにショアジギングではラウンド型が使いやすい。

ハンドルノブを交換するだけで、見た目や使い勝手がグッと変わる。

◎ベアリングの追加

ベアリングは回転をスムーズにしてくれるパーツで、リールのさまざまな場所に装着されている。ベアリングの数が多ければ多いほど、リールはより滑らかな使い心地となる。ベアリングを装着する場合、心臓部であるギア周りなどは自分でするのは困難だが、ラインローラーやハンドルノブは比較的簡単にできる。

リールを分解する必要があるので、自己責任となるが、リールの購入時に付属しているパーツ図を見ながらどういうパーツがどういう順番で組まれているか確認しながら行えば、そんなに難しい作業ではない。

◎スプールの交換

状況によって違うサイズのラインを使いたいというとき、リール本体を追加購入するのがベターだが、スプールだけ交換するという方法もある。ボディサイズによって番手の違うスプールを装着できるパターンも多い。このとき、純正品を購入するのもよいが、より軽量なカスタムスプールもラインアップされている。見た目もノーマルと異なりカッコイイものが多い。メーカーが公表している対応表を確認して自分のリールに合うスプールを探そう。

対象魚を知ろう
<実釣編>

ブリ

水温の上昇とともに北上し、水温が下がってくると南下する回遊魚であり、ショアジギングの代表的なターゲット。沖縄を除く日本各地に生息する。群れで行動する性質があるので、一度ヒットすると釣れ続けることも珍しくない。成長するにしたがって呼び名が変わる出世魚としても知られている。

呼び名は各地で異なり、関東では「ワカナ（20㎝以下）→ツバス（20～40㎝）→ハマチ（40～60㎝）→メジロ（60～80㎝）→ブリ（80㎝以上）」、関西では「ワカシ（20㎝以下）→イナダ（20～30㎝）→ワラサ（30～60㎝）→メジロ（60～80㎝）→ブリ（80㎝以上）」とされる。九州では「ヤズ（20㎝以下）→ハマチ（20～40㎝）→メジロ（40～80㎝）→ブリ（80㎝以上）」の呼び名が一般的。

この大きさと呼び名の基準に明確なものはなく、非常に曖昧で、同じ地域でも人によって異なるのが現状である。

また近年では、養殖ものがハマチ程度の大きさで出荷されることが多いことから、養殖もののブリの総称として「ハマチ」という名称を用いるケースが増えている。

シーズンと時合

一年中狙えるところもあるが、基本的には春～秋。厳寒期になると深場を中心に回遊するようになるため、ショアからは狙いにくくなる。

ビッグサイズが出やすいのは春、数を釣りやすいのは秋なので、入門者や初心者は秋（9～11月）にスタ

ブリ
スズキ目アジ科ブリ属

ブリはショアジギングの人気ターゲット。1m程度の大型が釣れることもある。

ートするのをおすすめする。

時間帯は他の魚と同じく朝夕のまづめ時が一番だが、ブリを含め青物の行動にはベイトの回遊による不確定要素が加わる。そのため時合は短く、あっという間に通り過ぎてしまうのでチャンスを逃さないようにしよう。

ポイント

70cmほどまでの中型クラスなら堤防やサーフから狙えるが、より大型を狙うには潮通しが良く水深がある地磯、沖磯、沖堤防などがポイントになる。

いずれも「潮通しの良い場所」というのは必須条件だ。時折流れがほとんどない港湾内などにもベイトを追って入ってくることはあるが、稀なケースであり、確率は高くない。

地形でいえば、内湾よりも外海に面した側で、岬の先端部など、潮の流れは遅いよりも速い方が断然確率は高い。漁港や港湾施設内でも流れの速さに注目し、外海側を選択するとよい。サーフはブレイクラインを中心に、サーフから突き出た堤防の先端部なども好ポイントになる。磯場もなるべく突端から狙おう。河口にも入ってくるが、小さな川よりも水深がある大規模な河川の方が確率は高い。

どのポイントでも水深は深い方が有利。足元が浅くても、カケアガリがありその先が急に深くなっているような場所があれば絶好のポイントになる。

ベイトの存在も大事なキーワードである。種類はアジやイワシ、キビナゴなど。これらの群れが漁港内外にいれば、期待値はグンと上がる。

ナブラが見えたり鳥山があるときは、迷わずメタルジグをフルキャストして、ナブラの中を通すように狙ってみよう。

狙い方とアクション

基本はワンピッチ・ワンジャークかタダ引きでアクセントとしてショートジャークを入れて誘う。

狙いを定めてキャストし、フリーフォールで着底を待つ。着底後は素早く底を切って高速でリトリーブ。そのままワンピッチ・ワンジャーク、もしくはタダ引きにジャークを加えつつ、上層まで上げてきたらフリーフォールで落とし込む。これを繰り返してヒットレンジを探っていくのがセオリーだ。

タダ引きでしばらく続けてもアタリがないときは、違うアクションを試してみよう。ワンパターンな攻め方にならないようアクションに緩急を織り交ぜ、魚をやる気にさせる。ジャカジャカ巻きや表層～水面下2mまでを高速のタダ引きで狙うのも有効だ。

リトリーブ中でもフォール中でもバイトするが、リトリーブ中なら分かりやすいものの、フォール中のアタリは分かりにくいので、フォール中はラインの動きに注目しよう。

沈む途中でラインの落ちる速度が急に変わったり止まったりしたら魚がメタルジグを咥えた合図だ。大きくアワセを入れてしっかりフッキングさせよう。

ファイト

アタリがあったら即アワセ。しっかりフッキングさせたらファイト開始。

ラインテンションを緩めず、相手を自由にさせないように主導権を奪う。手応えから、小～中型ならラインの強さを信じてゴリ巻きでよい。大型に対しても、魚が引いても必要以上にラインを出さず、ロッドでいなすようにして相手にプレッシャーを与え続けて弱らせることが大切。動きが止まったらテンションを保ったままリールを巻いて寄せてくる。

なお、ポンピングすると外れやすいのでなるべく避けた方がよい。

タックル&メタルジグ

9～10ftのショアジギングロッドにリールは4000～5000番のハイギアタイプ。70cmほどまでの小～中型クラスならPEライン2～2・5号、リーダーは30～40lb。ブリクラスになると、PEは3号以上、リーダーは50lb以上が必要。

メタルジグのセレクトは、重量も

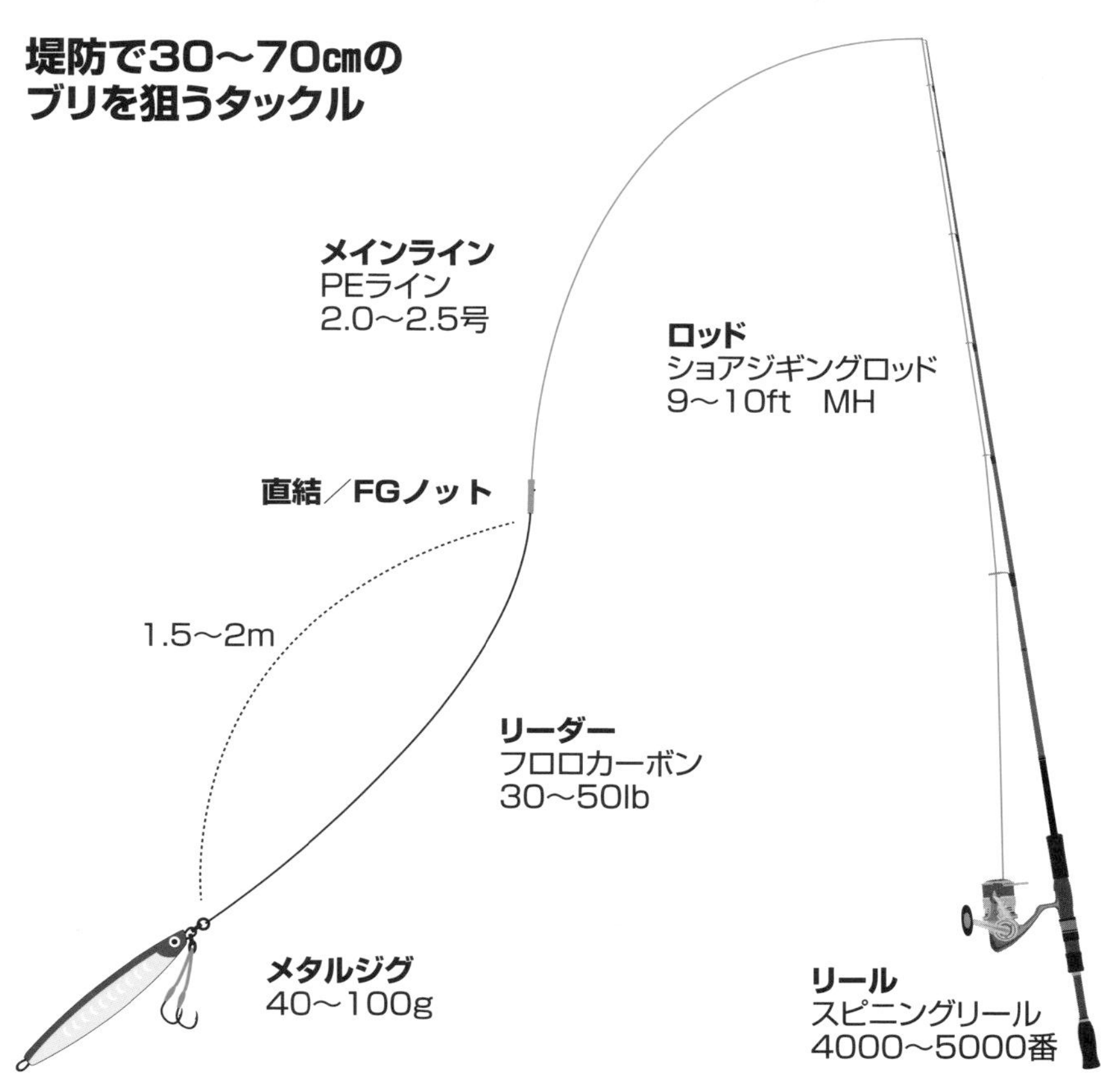

もちろん大事だが、ジャーク後のフォール姿勢がより重要。重心の位置がポイントになる。40〜100gの重心が違うタイプを多彩に揃えておこう。

重心がセンターにあるものは特にアクションを加えず基本のワンピッチ・ワンジャークで狙うのに適している。リア重心タイプはフォールスピードが速く、ロングジャークと組み合わせて同じレンジを引いていく使い方がよい。またキャストしやすく飛距離も伸ばしやすいため広範囲が探れる。フロント重心タイプはテールが軽く小刻みにテール部分を振る動きをするためスイミングで誘うことができる。ローテーション用に持っていてもよいだろう。

カラーは好みで選んでよいが、アタリが出ないときはやはりローテーションが有効。朝夕のまづめ時や曇天時はグロー系、日中はフラッシング系の実績が高い。

カンパチ

関東以南の沿岸、沖合に生息する。ブリの仲間ではヒラマサに次ぐ大型種で、最大で1m90㎝の記録がある。ショアから狙えるのは1m以下がメイン。ブリと同じく出世魚であり、若魚については「ショッコ」、「シオゴ」、「シオ」、「ネイリ」、「ネリゴ」などと地方によってさまざまな呼び名がある。

頭を手前にして上面から見ると眼と背びれの間に浮かぶ八の字模様が特徴的で、〝間八（かんぱち）〟の由来にもなっている。

ポイント

堤防、地磯など潮通しが良く、ある程度水深のある場所ならどこでもポイントになる。サーフでもルアーが届く範囲でドン深になっているような場所なら期待できる。ブリやヒラマサに比べるとストラクチャーに付きやすい。

狙い方とアクション

カンパチはヒラマサやブリと比較してボトム付近の根周りを好む。そのためボトムを中心に探っていく。メタルジグの着底後、3～4回シャクってフリーフォール、またシャクってフォールを繰り返し、あまり上げないようにレンジキープしながら探る。着底後に時間を置くと見切られやすいので、なるべく素早くルアーを立ち上げること。

タックル&メタルジグ

9～10ftのショアジギングロッド

カンパチ
スズキ目アジ科ブリ属

堤防で30～50㎝のカンパチを狙うタックル

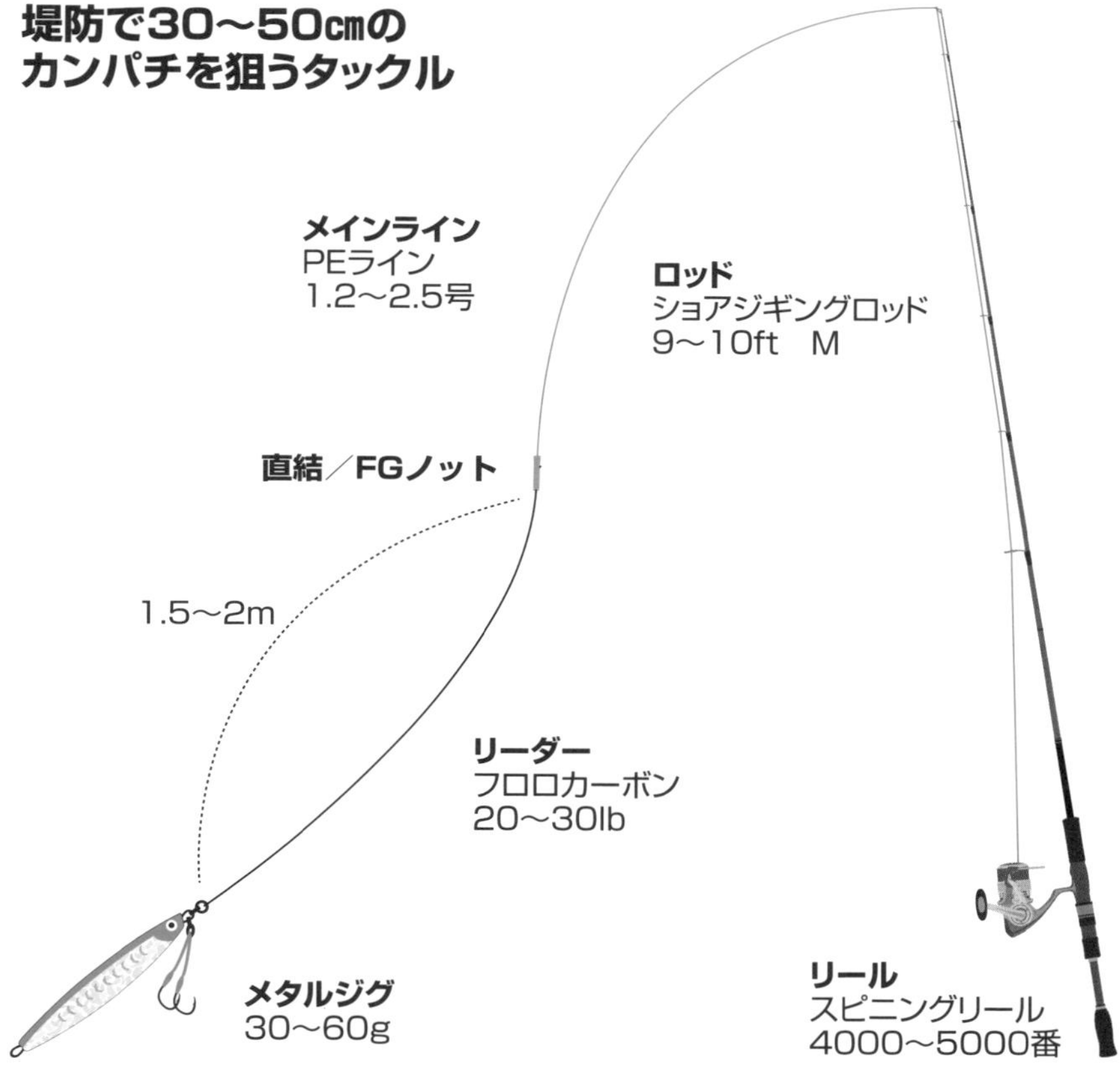

メインライン
PEライン
1.2～2.5号

ロッド
ショアジギングロッド
9～10ft　M

直結／FGノット

1.5～2m

リーダー
フロロカーボン
20～30lb

メタルジグ
30～60g

リール
スピニングリール
4000～5000番

にリールは4000～5000番のハイギアタイプ。小型（50㎝程度まで）ならPEライン1・2～1・5号、リーダーは20～30lb。中型クラス以上には、PEは2号以上、リーダーは30lb以上が必要。

　メタルジグは30～60g程度のベイトの形状やサイズに合ったものがよい。

ヒラマサ

東北以南の沿岸の岩礁帯を中心に生息している。

ブリの仲間の中では最も大きく成長し、成魚の平均は1ｍ前後だが、最大で全長2ｍ50㎝、重量96・8㎏の記録がある。

ブリとよく似ているが、スピードとパワーはケタ違い。

ブリ、カンパチを合わせた青物御三家の中では最高峰に位置する。ブリとの見分け方は上唇の後ろを観察し、直角ならブリ、丸ければヒラマサだ。

ポイント

外洋に面した堤防やサーフ、地磯などで狙えるが、主戦場は沖磯や沖堤防。潮通しの良い場所に大物が回ってくる。

狙い方とアクション

表層からレンジを下げてチェックしていくのがセオリー。活性が高く表層付近でアタるような場合は、無理にメタルジグを使わずダイビングペンシルなどを使用したトップウォーターゲームが有利。反応がない場合はメタルジグでボトムを取ってタダ引きやワンピッチ・ワンジャークでヒットレンジを探る。ブリ狙いよりも少し速めのスピードを心掛けよう。

タックル&メタルジグ

9～10ftのショアジギングロッドにリールは4000～5000番のハイギアタイプ。中型クラスならPEライン2・5～3・0号、リーダーは40～50lb。大型になると、PE

ヒラマサ
スズキ目アジ科ブリ属

沖堤防で50～80㎝の
ヒラマサを狙うタックル

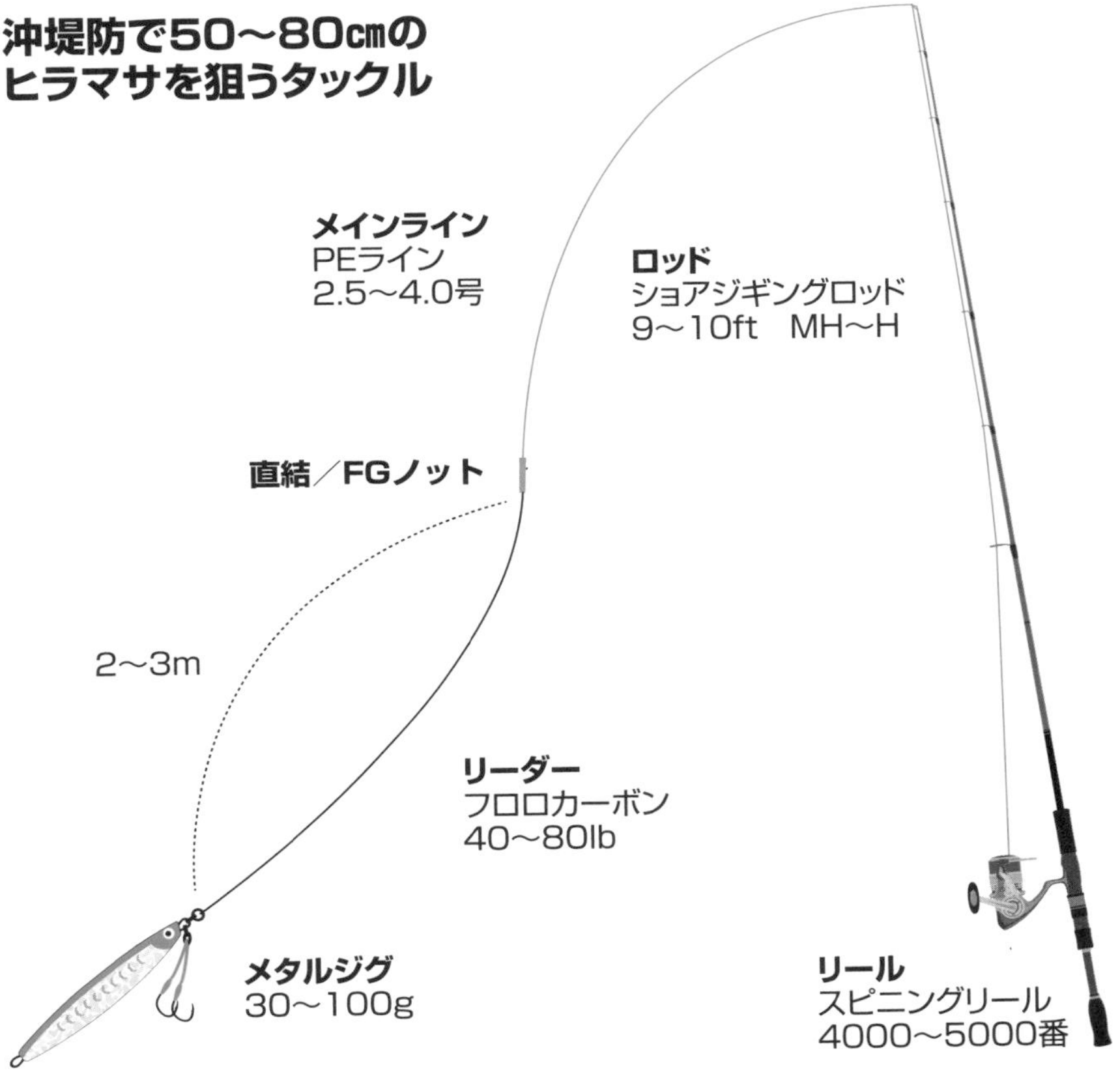

メインライン
PEライン
2.5～4.0号

ロッド
ショアジギングロッド
9～10ft　MH～H

直結／FGノット

2～3m

リーダー
フロロカーボン
40～80lb

メタルジグ
30～100g

リール
スピニングリール
4000～5000番

は4号以上、リーダーは80lb以上が必要。

　メタルジグは30～60gを中心に、100g以上のものもいくつかあるとさまざまな状況に対応できる。引きが強いからフックシステムも強固にしておく必要がある。

ヒラマサは誰しもが憧れるショアジギングの人気ターゲット。その強烈なファイトは、青物の中でも最高位にランクされる。

サワラ

北海道南部以南の沿岸に生息するサバ科の回遊魚。冬は外洋で過ごし、水温の上昇とともに接岸して春から初夏にかけて産卵する。鋭い歯を持つ肉食魚で、カタクチイワシやイカナゴなどの小魚を捕食する。細長い体型をしており、銀色の魚体の側面中心に黒灰色の丸い斑点が不規則に並ぶ。出世魚であり、体長50㎝程度までを「サゴシ」、それ以上をサワラと呼ぶ。若魚には地方によって多くの異名がある。

ポイント

サゴシクラスなら水深が浅いエリアにも回ってくるため堤防やサーフから狙える。

サワラクラスは水深のある潮通しの良い沖磯や沖堤防がよい。

狙い方とアクション

まづめ時など活性が高い時間帯は表層付近にいることが多いので、表層に近いレンジを速めのタダ引きでチェックする。活性が低いときはいったん底まで落としてからタダ引きやワンピッチ・ワンジャークでヒットレンジを探る。サワラは歯が鋭いため、ラインスラックが出るとリーダーを切られてしまうので気を付けよう。

タックル&メタルジグ

大型のサワラを狙うには9～10ftのショアジギングロッドにリールは3500～4000番のハイギアタイプ。PEライン1・5～2・0号に、歯が鋭いサワラには30～40lbのリーダーが必要。

サワラ
スズキ目サバ科サワラ属

堤防で40〜80㎝のサワラを狙うタックル

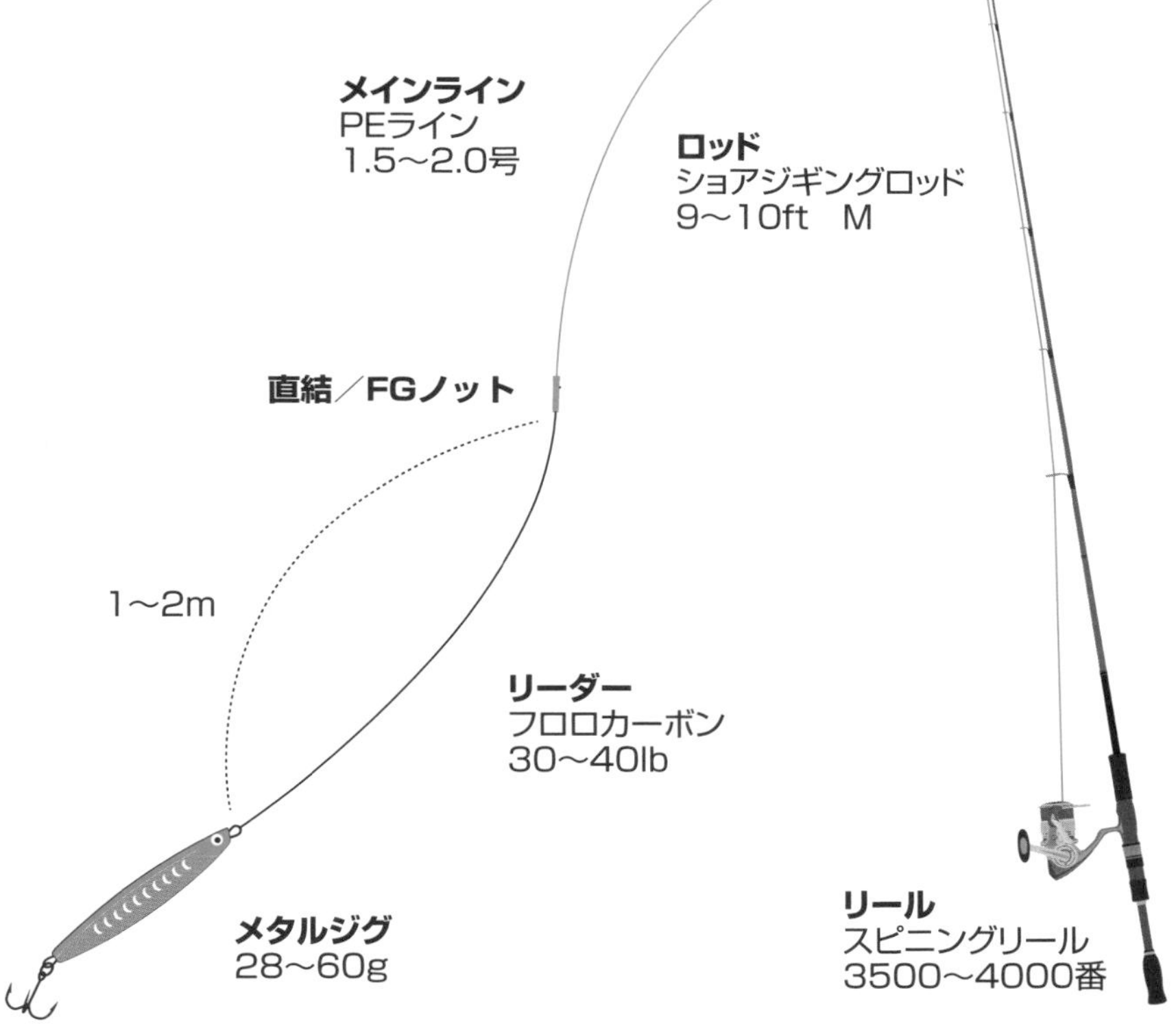

メインライン
PEライン
1.5〜2.0号

ロッド
ショアジギングロッド
9〜10ft　M

直結／FGノット

1〜2m

リーダー
フロロカーボン
30〜40lb

メタルジグ
28〜60g

リール
スピニングリール
3500〜4000番

トレブルフックを装着した28gのジグにヒット。群れで岸壁に接岸してくるサワラは、ショアジギング入門に最適なターゲット。

メタルジグは28〜60g。サワラはベイトの後方から食い付く習性があるので、テールにトレブルフックを付けるのが基本。

カマス

カマス科の魚は世界で21種類が確認されており、日本の沿岸部で釣れるのはアカカマスとヤマトカマス2種類。関東以南から九州まで分布するが、南下するほどアカカマスが多くなる。

ヤマトカマスは35㎝、アカカマスは50㎝程度まで成長する。アカカマスの方が食味が良いため人気が高く、本カマスと呼ばれることもある。ヤマトカマスは身に水分が多いことからミズカマスの異名がある。

両種とも鋭い歯をもち、リーダーを切られることも多い。群れで広範囲を回遊し、泳ぐ速度が速く小魚を主食とする。産卵は夏に行われる。

ポイント

カマスは決まった回遊ルートを持たず、カタクチイワシなどのベイトの動きによって大きく影響される。そのためベイトが回遊しやすい漁港周りや急深のサーフなどがポイントになる。

狙い方とアクション

群れが入ってきているときは高い確率でボイルするのですぐ分かる。こんなときは表層狙いの速めのタダ引きで入れ食いを楽しもう。食いが落ちてきたらメタルジグをローテーションしたり、トゥイッチやフォールを入れてアクションに変化を付けるとまた食い出す。群れが見えないときはボトムからスローで探ってみよう。

タックル&メタルジグ

アジングやメバリングタックル

アカカマス
スズキ目カマス科カマス属

堤防で30㎝前後のカマスを狙うタックル

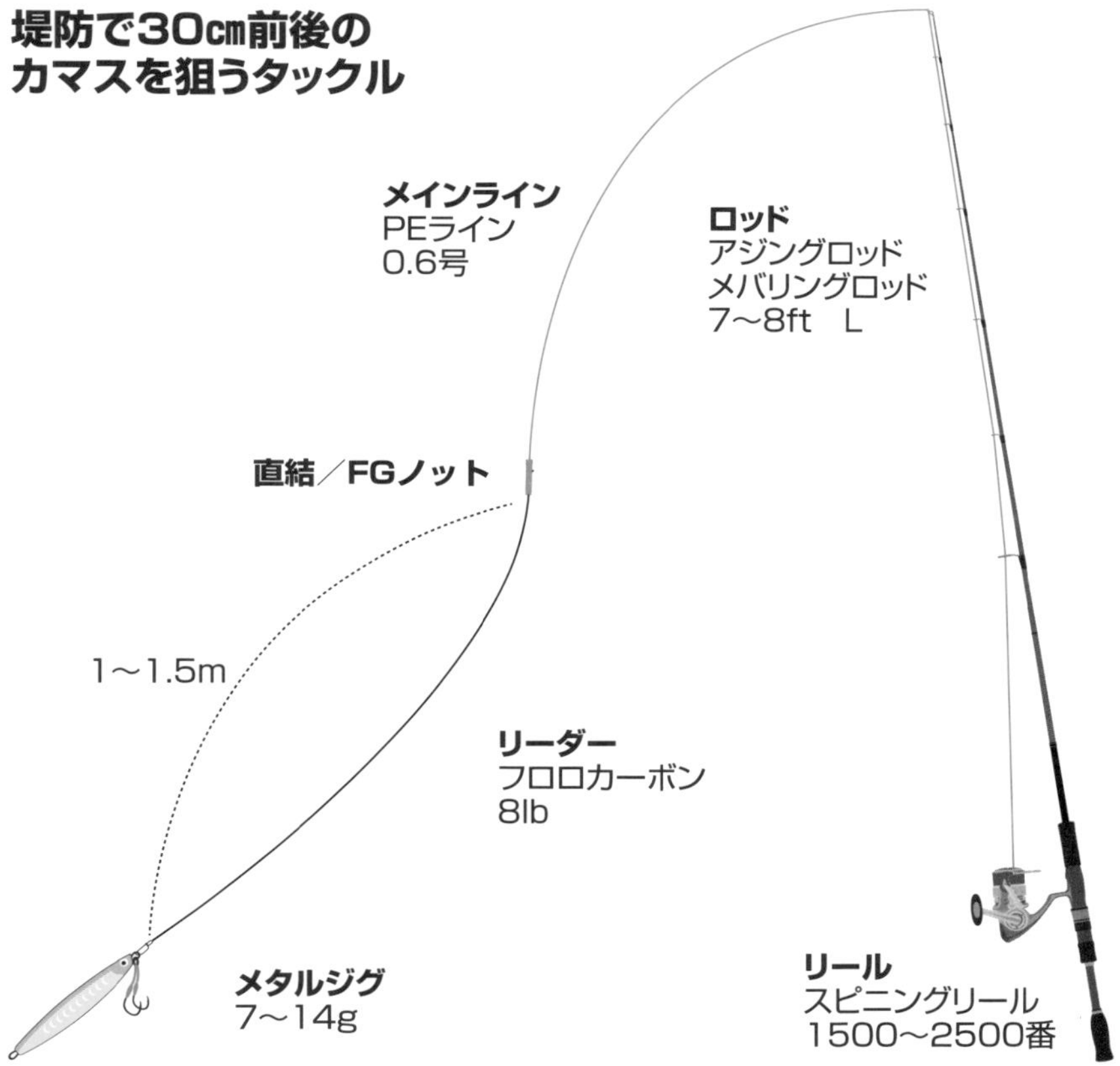

メインライン
PEライン
0.6号

ロッド
アジングロッド
メバリングロッド
7〜8ft　L

直結／FGノット

1〜1.5m

リーダー
フロロカーボン
8lb

メタルジグ
7〜14g

リール
スピニングリール
1500〜2500番

（7ft前後のロッドと2500番のリール）が流用できるが、40㎝級の群れが回遊して来る場合もあるので、大物の実績がある場所では少し強めのタックルを選ぶ。

ラインはナイロン8〜10lbの通し（リーダーなし）か、PE0・6号+リーダー8lb。メタルジグは細身の7〜14gがメイン。

上がヤマトカマスで下がアカカマス。ヤマトカマスは地方によってはアオカマスとも呼ばれる。

サバ

サバ（マサバ）は、世界中の暖海に広く分布し、日本全域で見られる。春から夏にかけて北上し、秋から冬は南下する回遊魚である。海面の表層近くを大群となって回遊し、サビキ釣りやショアジギングのターゲットになる。産卵期は3～8月。50㎝程度まで成長するが、釣れるサイズは30㎝までが多い。

日本近海にはマサバとよく似たゴマサバも生息している。腹に模様が無いのがマサバ、ゴマ模様の斑点があるのがゴマサバである。

ポイント

カタクチイワシなどのベイトを追って回遊するため、漁港周りやサーフなどベイトが回ってくる場所が好ポイントとなる。

釣り方

サバの場合、群れに当たればあまりアクションは関係ない。速めのジャカジャカ巻きで全てのレンジをトレースして探ってみよう。ボイルやベイトの姿が確認できるときは表層から下げていく。目視で確認できない場合はボトムから少しずつレンジを上げて広範囲を探っていこう。

タックル&メタルジグ

8～9ftショアジギングロッドにリールは2500～3000番。意外と引きが強いので軟らか過ぎるロッドはNG。メインラインはPE0・8～1・0号、リーダーはフロロカーボンの12～16lbでよい。メタルジグは14～28gがメイン。ポイン

マサバ
スズキ目サバ科サバ属

堤防で20〜30㎝の サバを狙うタックル

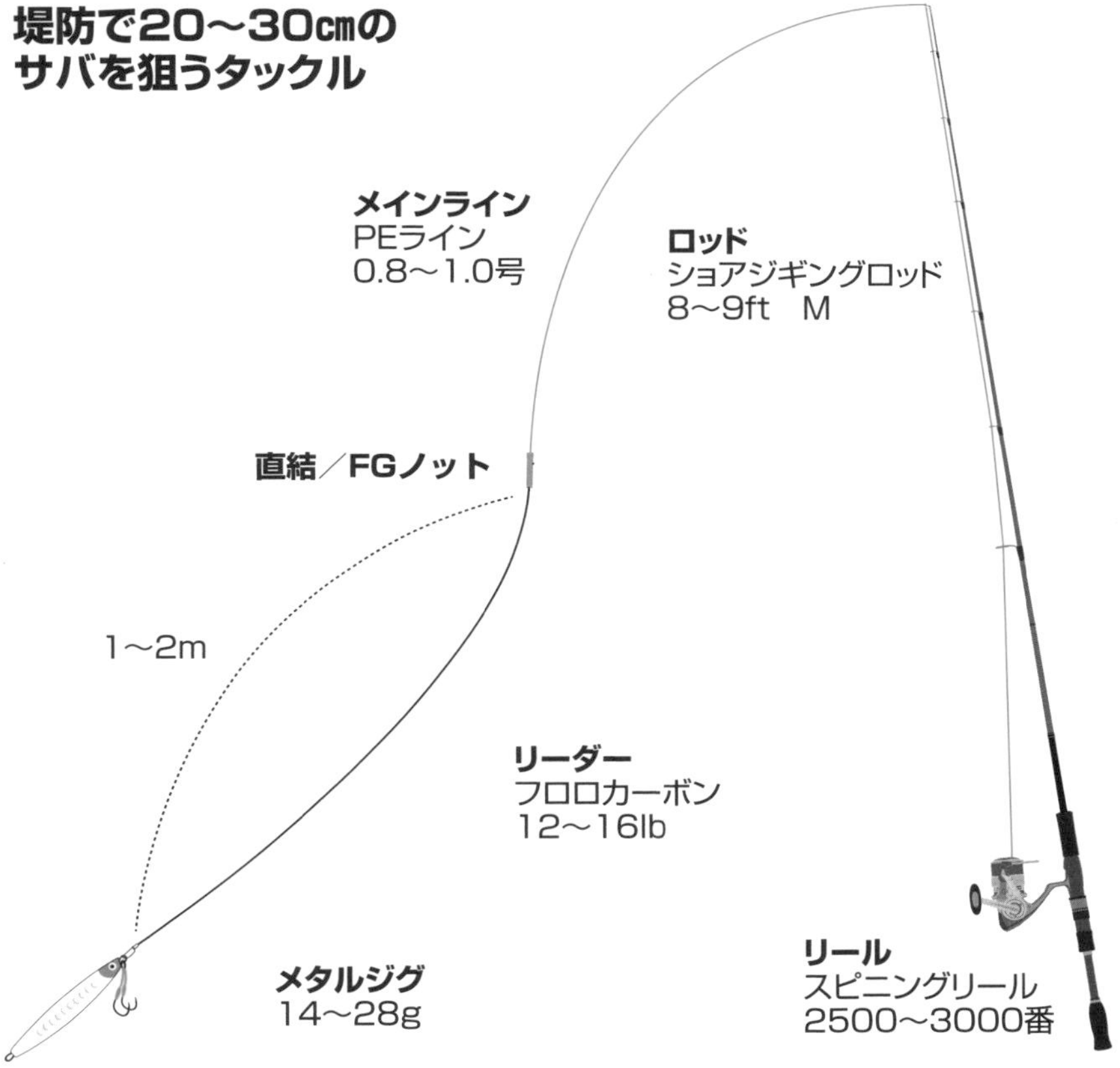

メインライン
PEライン
0.8〜1.0号

ロッド
ショアジギングロッド
8〜9ft　M

直結／FGノット

1〜2m

リーダー
フロロカーボン
12〜16lb

メタルジグ
14〜28g

リール
スピニングリール
2500〜3000番

トが遠い場合はそれ以上も必要になるのでいくつか用意しておこう。速い動きを演出できる細身のメタルジグがおすすめだ。

サバは鮮魚店で見かけることも多い身近な魚だが、ショアジギングで狙うと強い引きに驚かされる。青物用のしっかりしたタックルで挑戦しよう。

ジグは細身のタイプが有効で、重さに関しては14〜28gが使いやすい。

ソウダガツオ（ヒラソウダ・マルソウダ）

ヒラソウダとマルソウダの2種を合わせてソウダガツオと呼ぶ。よく似ているが、断面を見ると、その名の通りヒラソウダは平たく、マルソウダは丸みを帯びている。混合して回遊しているので、どちらかを狙って釣り分けるということはしない。マルソウダは最大50cm、ヒラソウダは60cm程度まで成長するが、釣れるサイズは両種とも40cmまでが多い。

食味に関しては大差ないが、血合いの少ないヒラソウダの方が人気が高い。また両種ともに鮮度が落ちると食中毒の原因となるヒスタミンが発生しやすくなるため注意が必要。

ポイント

急深のサーフの他、堤防、地磯など潮通しの良い場所ならどこでもポイントになる。いずれも水深がある場所がよい。ベイトの動きに大きく左右されるため事前の情報収集が大事だ。

狙い方とアクション

中層の少しボトム寄りを回遊しやすいが、最初は少し速めのジャカジャカ巻きやタダ引きで全てのレンジをトレースして探ってみよう。

あまり大きなジャークやトゥイッチを入れると群れが散ってしまうこともあるので、ボイルが出ていたとしても小さめのアクションを心掛ける。

タックル&メタルジグ

8～9ftのシーバスロッドやショアジギングロッドにリールは

ヒラソウダ
スズキ目サバ科ソウダガツオ属

堤防で30～40㎝の
ソウダガツオを狙うタックル

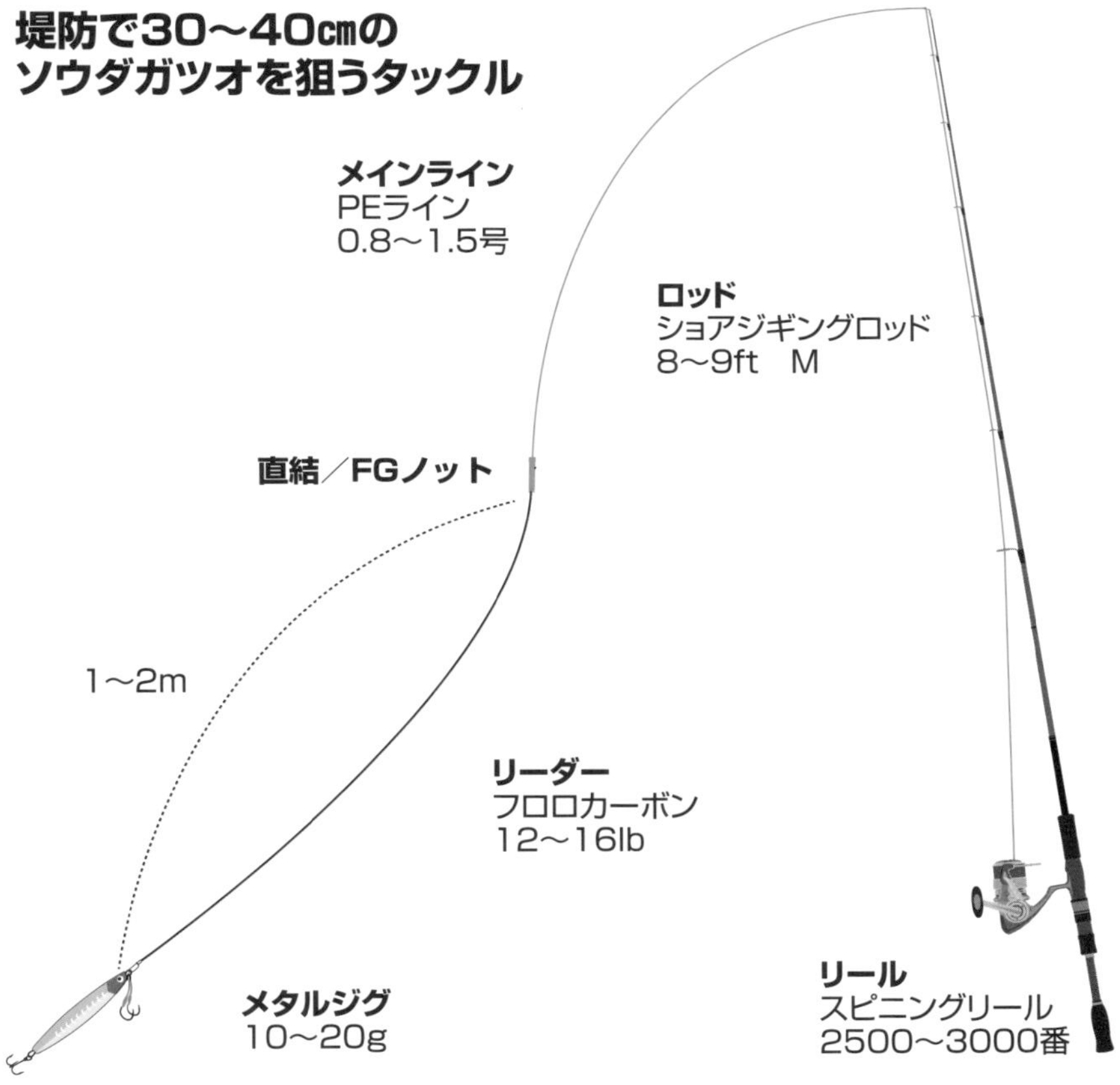

メインライン
PEライン
0.8～1.5号

ロッド
ショアジギングロッド
8～9ft　M

直結／FGノット

1～2m

リーダー
フロロカーボン
12～16lb

メタルジグ
10～20g

リール
スピニングリール
2500～3000番

ソウダガツオにはシルエットが小さめのメタルジグが有効。

2500～3000番。メインラインはPEの0・8～1・5号、リーダーはフロロカーボンの12～16lb。
　タックルはサバと同じもので対応できるが、メタルジグに関しては少し小さめのシルエットのものを好むため10～20gがおすすめ。比重の大きいタングステン素材のメタルジグも有効だ。

メッキ

ギンガメアジ、カスミアジ、ロウニンアジなど、南方系のヒラアジ類の幼魚のことを総称してメッキと呼ぶ。これらの魚は毎年夏から秋にかけて流れ藻などと一緒に黒潮に乗って日本近海に流れ着き、沿岸域に定着する〝季節回遊魚〟である。しかし、もともと南方系のため水温の低下に耐えられず、水温が12℃以下になる2～3月になると元いた場所に帰ることなくほとんどが死んでしまう。そのため〝死滅回遊魚〟と呼ばれることもある。釣れるサイズは大きくてもせいぜい30㎝程度。それでも体の大きさに見合わないパワフルな引きに魅了されるファンは多い。

ポイント

堤防、磯、サーフ、河口などで狙える。シーズンと回遊ルートが決まっていることが多いので実績のあるポイントの情報収集が大事。

狙い方とアクション

メタルジグを止めるとすぐに見切られてしまうので、高速のタダ引きやジャカジャカ巻きで常にハンドルを回し続ける。メッキは遊泳力が高く、かなり速いスピードで巻いても食い付くことができるので、遅過ぎて見切られてしまうよりも速過ぎるくらいがよい。基本的に表層狙いだが、活性が低いときはボトムからチェックしてみよう。

タックル&メタルジグ

極小メタルジグを使うのでアジン

メッキ
スズキ目アジ科ギンガメアジ属

堤防で20～30㎝のメッキを狙うタックル

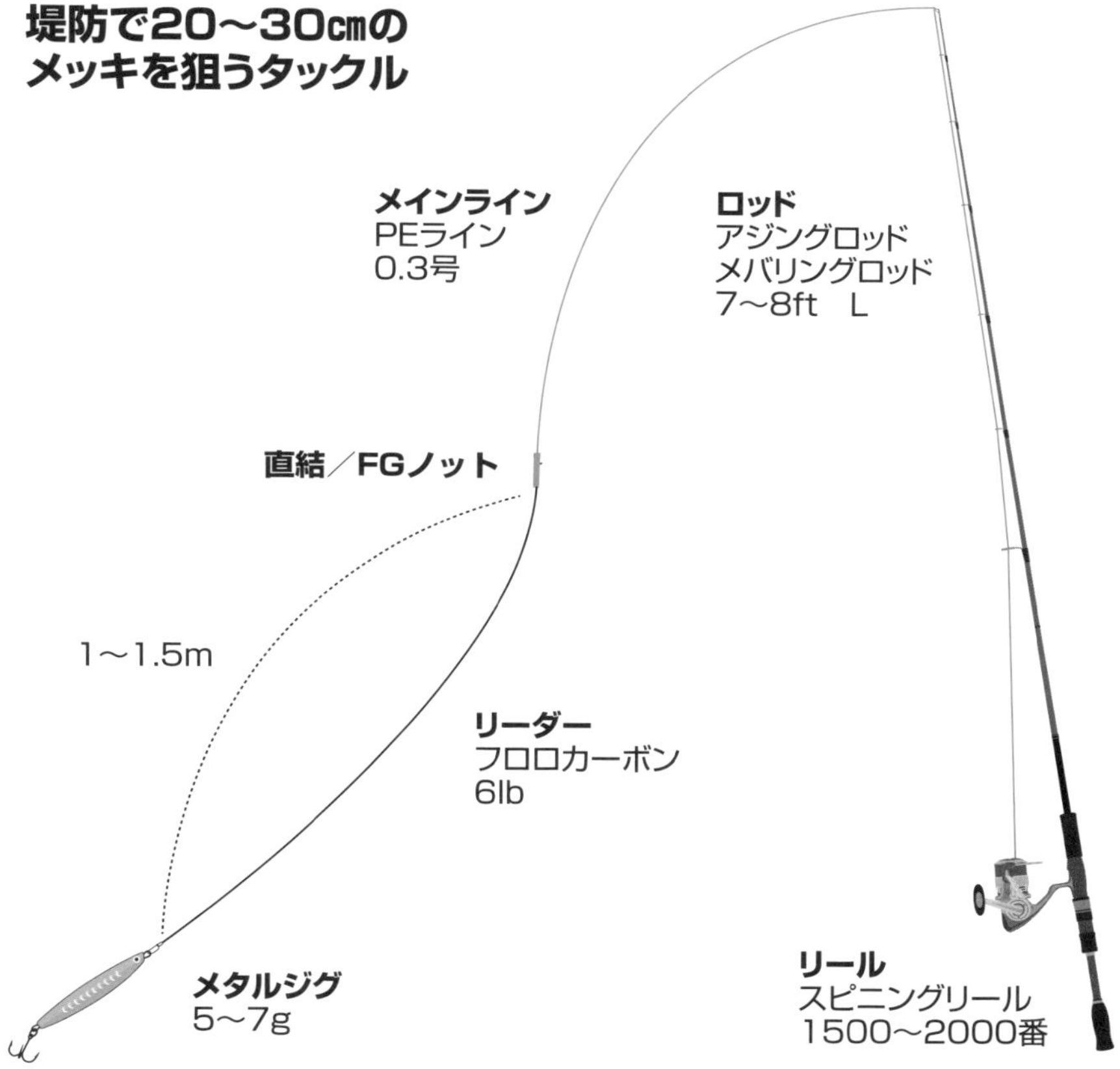

メインライン
PEライン
0.3号

ロッド
アジングロッド
メバリングロッド
7～8ft　L

直結／FGノット

1～1.5m

リーダー
フロロカーボン
6lb

メタルジグ
5～7g

リール
スピニングリール
1500～2000番

グやメバリング用のロッド&リールがおすすめ。ラインはフロロカーボンの3～5lbの通しで十分通用する。PEを使う場合は0・3号にリーダーは6lbを1～1・5m接続する。メタルジグは5～7gがメインで、フックはリアにトレブルフックのみ。アシストフックは必要ない。

極小のメタルジグに積極的なアタックを見せ、ショアジギングの楽しさを実感させてくれるメッキ。

アジ

アジ科の魚は多いが、単にアジと呼ぶ場合はマアジを指すことが多い。マアジは沖縄を除く日本全域の沿岸部を回遊する。最大で50cm以上に成長するが、おかっぱりで狙えるのは30cm前後までが多い。

夜によく釣れることから夜行性と思われがちだが、アジは日中に行動するいわゆる「昼行性」である。アジの捕食は視覚に頼る部分が大きく、視界の利く日中は自由に動き回りエサを捕食する。逆に夜になると視界が悪いためほとんどエサを追わないとされている。

ポイント

漁港の堤防の先端や角など潮通しが良い場所が定番のポイントで、夏場や夜間は漁港内にも入ってくる。ショアジギングの場合は遠投や深場攻略がキーワード。堤防先端からの超遠投が有効だ。

隣接した地磯があれば磯の延長線上など、良型が群れて回遊する場所をメインに狙っていく。

狙い方とアクション

基本のアクションはタダ引きとフォール。アジが泳いでいる遊泳層を見つけるのが重要で、まずはタダ引きで各レンジを探ってみよう。

アジの遊泳層はコロコロと変わりやすいから、釣れなくなったら再度探り直す。

アジはエサを吸い込んで捕食する。バイトが浅くルアーが口へ入らないような状況ではスローな誘いが望ましい。

マアジ
スズキ目アジ科マアジ属

堤防で20〜30㎝の
アジを狙うタックル

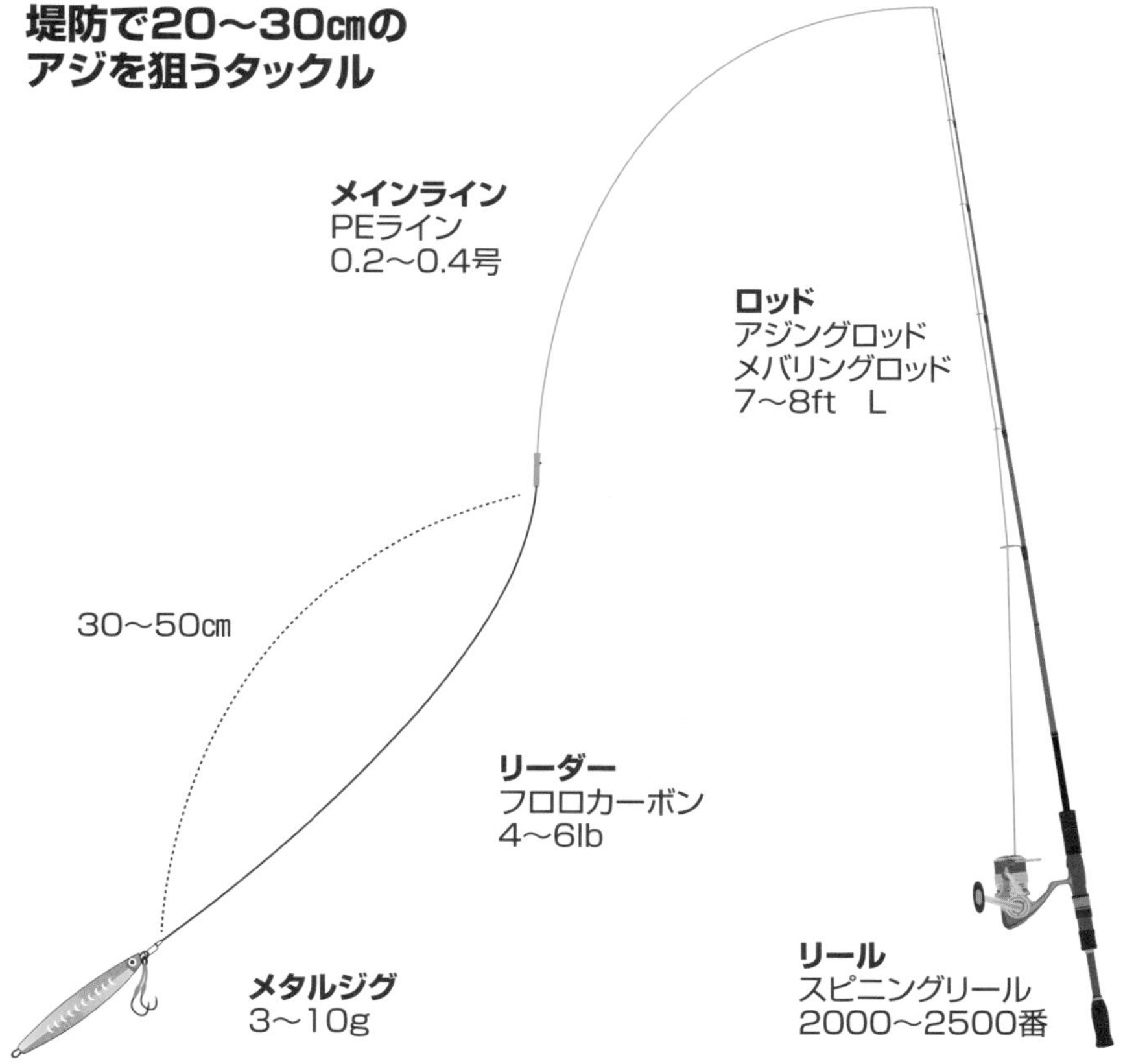

メインライン
PEライン
0.2〜0.4号

ロッド
アジングロッド
メバリングロッド
7〜8ft　L

30〜50㎝

リーダー
フロロカーボン
4〜6lb

メタルジグ
3〜10g

リール
スピニングリール
2000〜2500番

メタルジグにヒットしたアジ。口元を見ると身切れする寸前だった。

タックル&メタルジグ

7〜8ftのアジングロッドやメバリングロッドに2000〜2500番のスピニングリール。ラインはメインラインがPEの0・2〜0・4号にリーダーは4〜6lbを30〜50㎝接続する。メタルジグは3〜10gがメインで、フックはフロントのアシストフックのみ。リアフックは必要ない。

メバル

北は北海道から南は九州北部まで沿岸の岩礁域や藻場に生息する。夜行性で、名前の由来にもなっているように眼が大きく視力が良い。

肉食性で、ムシ類や甲殻類のほか、小魚なども捕食する。

古くから本種のメバル1種のみとされていたが、さまざまな研究の結果2008年の夏、日本魚類学会の機関誌上において、これまで1種とされていたメバルがアカメバル、クロメバル、シロメバルの3種に分けられると発表があった。この3種は見た目はよく似ていても互いに交雑することはなく、つまり完全に独立した種だということである。色が付いた名前で分けられてはいるが、実際には環境によって同じ種でもかなり異なるため見分けが難しいこともある。クロメバルの沖を回遊する群

スズキ目カサゴ亜目メバル科メバル属

アカメバル
一番の特徴はその体色。その名の通り赤みが強い。黄色が強い個体もおり、金色に見えることから金メバルとも呼ばれる。体型は他の2種に比べると体高が低めでスマートである。胸ビレの軟条数が14〜16本。尻ビレが6〜8本。側線有孔鱗数は36〜44。

クロメバル
体色は3種のうちで最も濃く、黒っぽい。生きているときは青みを帯びているのでアオメバルとも呼ばれる。やや南方系で日本海側では能登半島以南、太平洋側では関東以南に分布する。胸ビレの軟条数が15〜17本。尻ビレが7〜8本。側線有孔鱗数は43〜49。

シロメバル
釣り上げた直後は名前の通り全体的に白いが、死んで時間が経つと茶色に変わる。3種のうちでは、どこででも釣れる最も一般的なタイプで内湾を好む。胸ビレの軟条数が16〜17本。尻ビレが6〜9本。側線有孔鱗数は37〜46。

れは背が青く彩られサイズも大きいものが多いため「ブルーバック」とも呼ばれアングラーに人気が高い。

メバルは卵を胎内で孵化させ、ある程度育ててから仔魚を産む「卵胎生」である。地域によって個体差はあるが、大体10月ごろから産卵に備えて体力を付けるため荒食いを始める。沿岸域に接岸し、ルアーにも反応しやすくなる。11月ごろから交尾のシーズンに入り、12～1月に受精する。1～2月に産卵を終えた個体は体力を使い切って疲れており、岩の隙間や藻場で動かずじっとしている。ルアーへもあまり反応しない。3～4月になると徐々に回復して捕食をはじめ、ルアーにも反応しはじめる。5～6月は産卵から完全回復し、一年で最も狙いやすい時期となる。その後水温の上昇とともに沖合の深場へと移動。産卵シーズンまで沖で過ごすため、この時期は船釣りの対象魚となる。

ポイント

ジグヘッドリグなどを使用するメバリングでは、波静かな夜間の満潮付近というのが大きなキーワードになっているが、メタルジグを使えばデイゲームでも高確率で釣果が見込めるようになる。狙い撃つのはストラクチャーに身を寄せる個体。ジグヘッドでは届かない距離や水深をメインに手早く効率的に探っていく。漁港や堤防では沖の沈み瀬や藻場、テトラがポイント。メバルは岩礁帯を好むから地磯もエリア内になる。遠浅の場所でも遠投することで狙うことが可能だ。

日中のメバルは藻場やテトラの付近に潜んでいる。ショアジギングで狙う場合も、ストラクチャーを意識して狙いたい。

狙い方とアクション

基本はタダ引きでよいが、時折食わせの間を与えてやるとなおよい。スローリトリーブの中に一瞬だけスピードを上げてまたスピードを落としたり、単純にストップを織り交ぜるだけでも効果がある。

メバルのいるレンジが分からない場合、リフト&フォールで縦に広く探るのも効果的。着水後、狙いのレンジまで沈めたらロッドをアオってリフトさせ、糸フケを取りながらテンションフォール。この繰り返しである。フォール中に食ってくることが多いので、ティップやラインのわずかな動きを逃さないように集中しよう。

サイトフィッシング（見えている魚を狙うこと）の場合、メバルがいるレンジよりも少し上でクイックなアクションでルアーを操作すると、メバルが反射的にバイトしてくる。操作はロッドを軽くその場でトゥイッチさせるだけだ。いきなりメバルの層を探るのではなく、上層から狙うのがコツ。活性が高いメバルは積極的にルアーを追い、そのうち飛び付いてくる。食わない場合は時折短いフォールやストップを織り交ぜよう。

この狙い方はメバルが見えていない足元や、遠くの藻場や沈み瀬周辺でも効果的なので試してみよう。遠くを狙う場合はキャスト後ルアーをいったん着底させ、1~2mほど浮かせてからトゥイッチで誘うとよい。

タックル&メタルジグ

アジングやメバリング用のロッド&リールがおすすめ。ロッドティップはソリッドよりも張りのあるチューブラーの方が適している。ソリッドでもできないことはないが、細かなロッドアクションが付けにくい。ラインはフロロカーボンまたはナイロンの3~5lbの通し、またはPEライ

港湾エリアのナイトゲーム。常夜灯の光を利用して活性の高いメバルから狙おう。

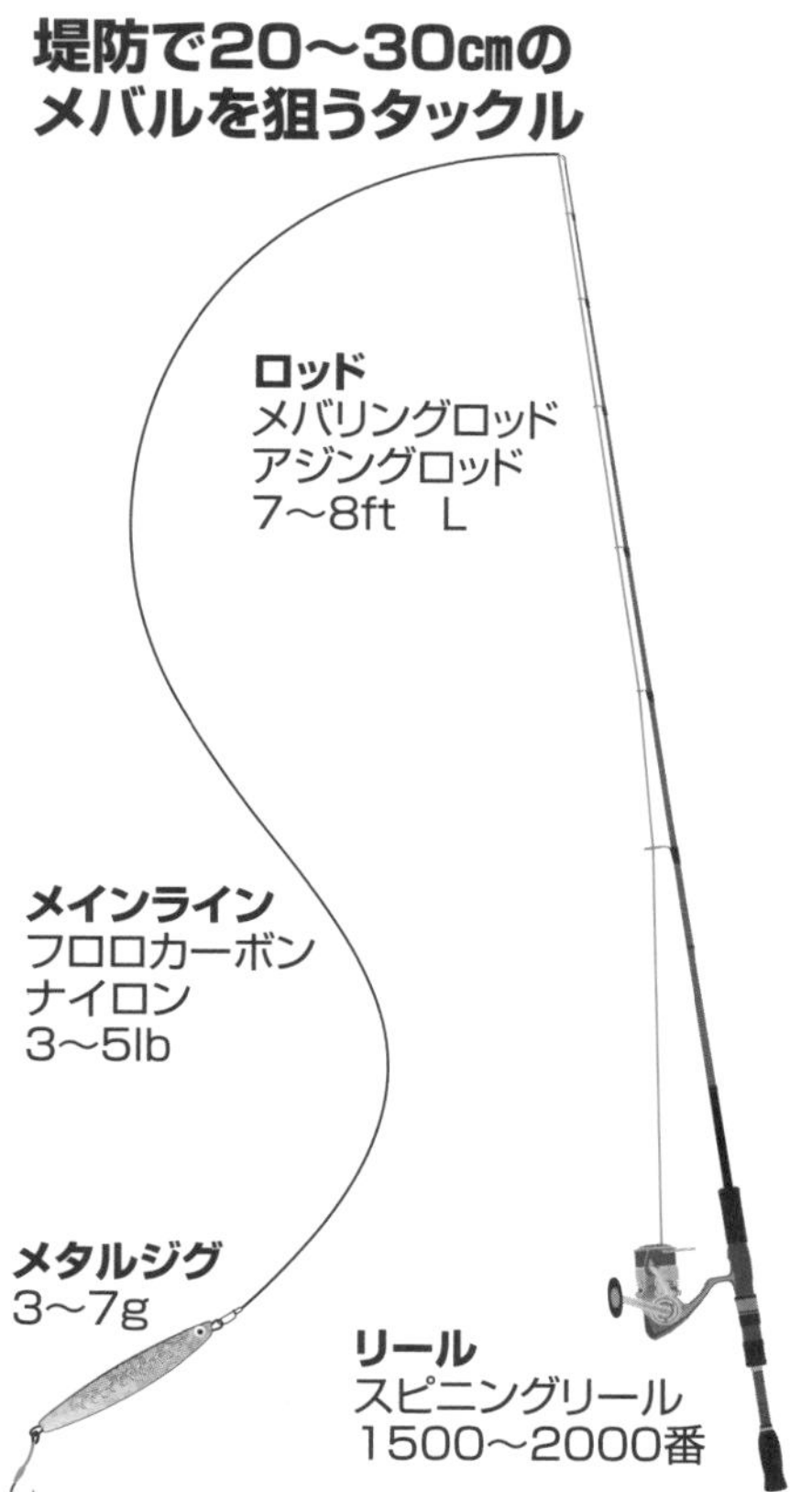

ン0・3〜0・6号にリーダーは3〜6lbを1〜1・5m接続する。

メタルジグは3〜7gがメイン。水深が2〜3mのシャローエリアであれば、3〜5g程度。逆に水深が深く潮の流れが速いエリアであれば10g程度まで用意しておいた方がよい。

また飛距離やレンジに合わせた重量の設定はもちろんだが、メタルジグのバランスでも使い分けが可能だ。

タダ引きで使用する場合はメタルジグの後ろが膨らんだ「リアバランスタイプ」を使う。これならタダ引きでもメタルジグがヒラヒラとアクションするから特にテクニックは不要だ。

少しアピール力を抑えたいときは「センターバランスタイプ」。ボディの中心に重心があるため、スイム姿勢が水平になりやすく安定したアクションでメバルを食わせる。

逆にフラッシングなどアピール力で食わせたいときは「フロントバランスタイプ」が有効。堤防の際や藻場など足元でリアクションバイトを狙ったり、フォールで食わせたいときに威力を発揮する。

フックのセッティングはストラクチャー周辺をメインに狙うから、根掛かりを軽減させるため、シングルフックがおすすめ。またメバルはルアーの後方からついばむように食ってくるため、基本はリアにフックをセッティングする。

シーバス

漁港の周辺や河口部を生息域とするシーバス。市街地周辺でも80㎝オーバーを期待できる。

日本各地の沿岸から南シナ海にかけて分布。シーズンにより、磯から港湾部、河川域とさまざまな場所に生息する。特に春から秋はエサを求めて汽水域（河川の水と海水が混じり合う場所）に集まりやすく、ほぼ淡水となる中流域まで遡ってくることもある。

ルアーマンからは海のブラックバスという意味でシーバスと呼ばれ、ソルトルアーでは言わずと知れた王道ターゲットである。

日本近海では、本種のスズキ以外に、主に岩礁帯を好んで生息する「ヒラスズキ」、養殖のために中国から輸入され野生化した「タイリクスズキ」などの近縁種がいる。

これら別種と区別する意味で本種のスズキのことを「マルスズキ」や「マル」と呼ぶ場合もある。成長するにしたがって呼び名が変わる出世魚としても知られている。最大で120㎝を超えるまで成長するが、釣れるサイズは80㎝程度までが多い。

スズキ
スズキ目スズキ科スズキ属

岸壁ジギング

通常はプラグなどを使って狙うシーバスだが、岸壁から狙うならメタルジグを使う〝岸壁ジギング〟という釣り方が効果的だ。

その名が示す通り堤防や港湾の岸壁がフィールド。日中に岸壁沿いにメタルジグを落としてシャクり、ストラクチャーやシェード（日陰）に着くシーバスをリアクションで食わせるシンプルなメソッドである。一年中狙えるが最も盛り上がるのは7～8月の真夏。水温が上がるにつれて岸壁に付着したイガイ（カラスガイ）の層にプランクトンが着き、それを狙ってシーバスが集まってくる。ナイトゲームが主流のシーバスゲームにおいて、それを上回るほどの釣果を日中に上げることもあり、人気が高く、専用のメタルジグなども発売されている。

貝類が付着する岸壁の足元も狙い目。シーバスはシェード（日影）部分に潜んでいる。

ポイント選び

岸壁ジギングはメタルジグを足元に落とす釣りなので、真っすぐに落とし込める岸壁ならどこでもポイントになる。川の護岸のように傾斜しているような場所では難しい。

当然ベイトの動きにも注目しなければならない。ベイトが集まりやすいポイント＝潮の流れに変化がある場所である。障害物周りやケーソンの継ぎ目、堤防の先端部などが代表的だ。

テトラ周りも魚は集まりやすいが、根掛かりが多発するのとテンポ良くランガンしていくのが困難であるため、この釣り方には不向きなポイントといえる。

安定した人気を誇るシーバスゲームは専用ロッドの種類も豊富。岸壁ジギング用には7ftクラスのベイトロッドを選ぼう。

タックル&メタルジグ

真下に落とすわけだから遠投のための長いロッドも糸巻き量の多い大型リールも必要ない。感度と操作性に優れる7ft前後のシーバス用ベイトロッド&リールが最適である。

アタリに対する感知性能・即応性は劣るが、軟らかめのシーバスロッドに2500~3000番クラスのスピニングでも対応できるだろう。

いずれにしても飛距離を必要としないため、PEラインの優位性はそれほどない。むしろ根ズレしやすいためデメリットの方が大きいといえる。

メインラインには、フロロカーボンの12~16lbを選択。フロロを使う場合、リーダーは基本的になくてもよいが、障害物が多いときなどは、少し太めのフロロラインを2~3m結ぶとよい。

メタルジグは、きっちり底が取れるウエイトのものを選ぶ必要がある。水深や流れの強さにもよるが、28~60gを使うのが一般的。

フォールアクションを重視する岸壁ジギングでは、フラッシングしながらジグザグ軌道でスライドフォールする平型のセンターバランスタイプのメタルジグがおすすめだ。その際、メタルジグのフロント側からもリア側からもバイトしてくることがあるからシングルアシストフックをフロントとリアに付ける。このとき注意したいのがアシストフックの長さ。どちらの根付けも長いとフックが絡まるので、フック同士が干渉しない長さに調整しよう。

カラーは、日中の釣りがメインなのでホログラムなどフラッシング効果の高いものを数種類揃えておき、ローテーションして使っていく。

狙い方とアクション

横流れのときは潮上から投入し、まず底をしっかり取る。着底し、ラインがフケたらすぐにリールを巻いて小刻みにシャクりながらリフト。このとき、動きが読めないイレギュラーアクションを演出するのがミソ。意図的にギクシャクとリールの回転を変えながらシャクった方がヒット率は高い。

水面までシャクったらフォールさせる。余計なテンションを掛けたりせず、必ずフリーで落とすこと。フォール中にアタってくることが多い。

アタリがあったら即フッキング。注意すべきはイガイやカキ殻などでのラインブレイク。それを防ぐためにまずは魚を壁際から遠ざける。足元で掛かるため素早く上げてくると、シーバスは元気なままなのでエラ洗いで簡単に逃げられてしまう。大型の感触を感じたらラインを出して沖に走らせ、何度も突っ込ませて体力を奪おう。

また同じ場所で粘るより移動した方が確実に釣果を伸ばせる。アタリがなければためらうことなく移動しよう。

とはいえ、2～3m横にズレるのでは意味がない。一度に10m以上は移動してとにかく広範囲を攻めること。同じポイントを攻めるにしてもある程度時間を空けた方がよい。

岸壁で40～80㎝のシーバスを狙うタックル

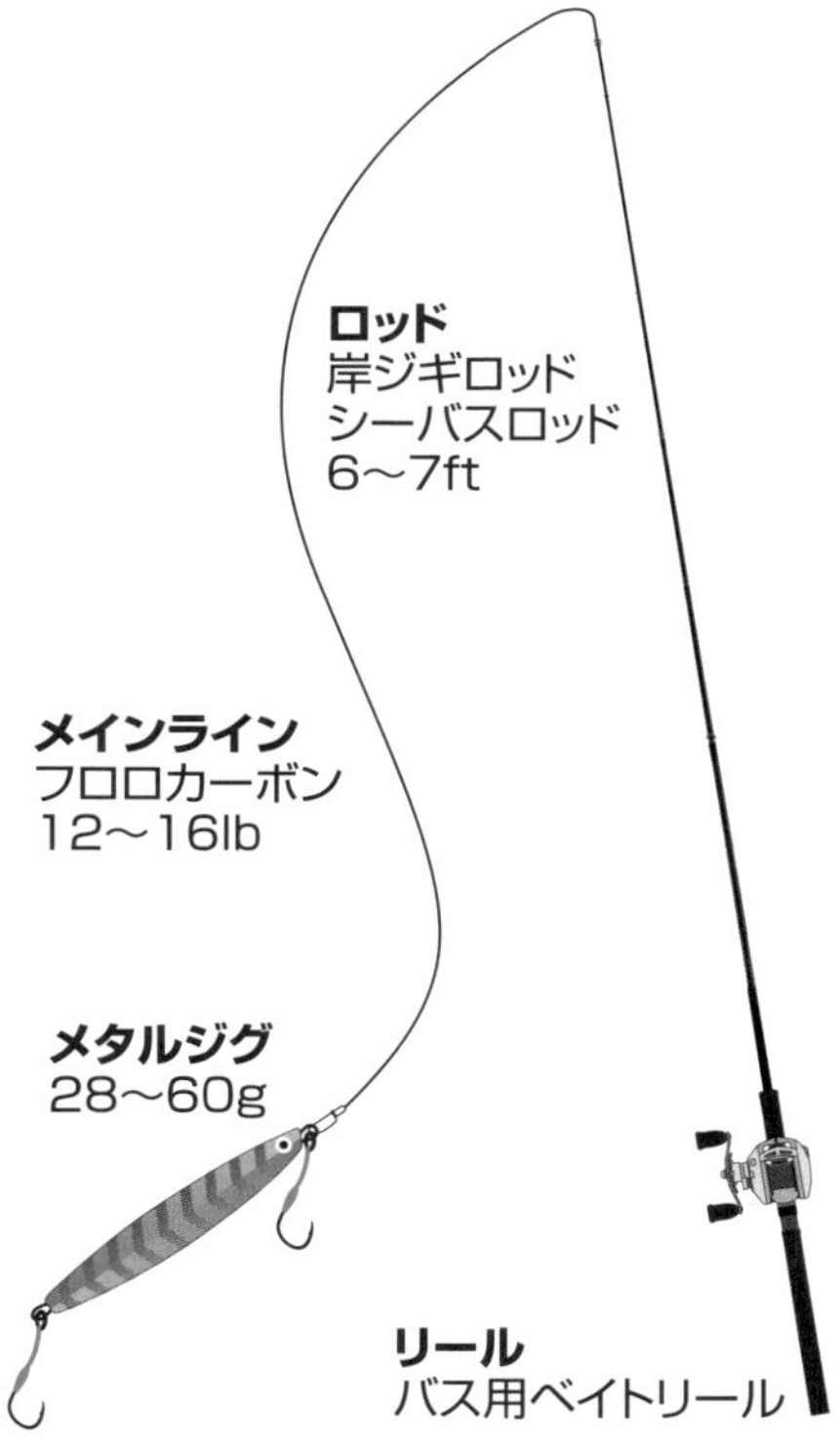

ロッド
岸ジギロッド
シーバスロッド
6～7ft

メインライン
フロロカーボン
12～16lb

メタルジグ
28～60g

リール
バス用ベイトリール

ボトムゲーム

岸壁ジギング以外の方法で有効なのがボトム狙い。メタルジグは軽くリフト&フォールするだけでアピールできるからボトムをじっくり攻めることが可能だ。

釣り方は、底を叩くようにボトムでリフト&フォールをしながら広範囲を探る。海底にあるストラクチャーの際に潜む個体はダメージを受けて沈降してきた小魚や甲殻類、ムシを意識していることが多いといわれているので、ゆっくりかつナチュラルにフォールするメタルジグが効く。

カラーはリアル系をはじめ、カニやエビをイミテートした赤金、ダークブラウン、ダークブルーなど暗めのカラーも効果的。

タチウオ

鋭い歯と銀色に輝く細長い体が特徴的なタチウオは、貪欲にエサを追う攻撃性と全身をクネらせて抵抗する強烈な引き味が魅力。

北海道以南に分布し、水深50～100m前後の深場で小魚を追って回遊しているため、オフショアのターゲットとして知られているが、産卵期の夏から晩秋にかけて沿岸域へ近付くためおかっぱりでも狙えるようになる。

タチウオのサイズは他の魚のように全長で表すことは少なく、タチウオの体高（幅）が指何本分あるかという表現方法を用いるのが一般的。釣れたタチウオに手を添えて、指3本分程度の幅があるなら「指3本」、それより少し大きいようなら「指3本半」などと表す。指2本程度の小さなものは「ベルトサイズ」と呼ばれることもある。

最大で指10本（長さ1・7m、重量5kg程度）まで成長するが、オフショアで時折上がる程度で、このサイズがショアで出ることはほとんどなく、ショアジギングでは指4本(長さ1m程度)までがターゲット。

メインベイトはアジやイワシなどの小魚。地域や時期によってパターンが異なり、回遊したエリアに溜まっているアジ、イワシ、キビナゴ、小イカなどに付く。

ベイトの塊を群れで襲うケースが多く、ときには水面を割って小魚を追い回す。なお、捕食する際は鋭い歯で獲物にダメージを与えて動けなくしてからゆっくり食う。そのため、キビキビとアクションするルアーに激しくアタックしてくるが、なかなか乗りにくい。

タチウオ
スズキ目タチウオ科タチウオ属

ベストシーズン

地域差もあるが、タチウオのベストシーズンは晩夏から冬にかけて。この時期になると水深50ｍ以上ある深場から産卵のため浅場へと移動してくるため堤防からでも狙えるようになる。

ただし、シラスやサヨリ、アジなどのベイトとなる魚の回遊が絶対条件で、いくら実績のある釣り場でも回遊がなければ期待は薄い。

狙い目の時間帯

タチウオは夜行性が強く、日中は沖の深場に潜み、太陽が傾き周囲が薄暗くなり始めたころからベイトを追って海面付近まで浮上してくる。したがって、夕まづめ前後から釣れはじめ、完全に暗くなるまで時合が続くパターンが多い。

以上のような理由から狙うのは夜が中心となるが、日中にまったく釣れないわけではない。狙い方によっては日中も十分ターゲットとなる。

またショアジギングの利点の一つとして他のルアーよりも遠投できる点が挙げられる。これにより浮上する前の深場に潜むタチウオもターゲットにできるため、他のルアーやエサ釣りに比べ釣れる時間が幾分早くなる。

メタルジグを使うナイトゲームの代表格であるタチウオ。ジグを泳がせるレンジをキープすることで数釣りが楽しめる。

ポイント

タチウオは基本的に水深がある ポイントを狙う。沖まで張り出した堤防や急深のサーフが代表的な釣り場だ。底質は砂地の場所を好むとされている。

活性が高いときは水深5m以浅のシャローエリアにも入ってくるため、足元が浅くてもルアーが届く範囲にブレイクがあれば好ポイントとなる。

ベイトフィッシュが集まりやすく溜まりやすいことも条件の一つ。小さな漁港よりも大型船が出入りするような規模の大きい港湾がよい。流れは激流よりも比較的潮が緩いところに溜まりやすい。回遊性が強いとはいえ、青物ほど遊泳力に優れているわけではないため、港湾内など流れが穏やかな場所に留まっている場合が多い。

常夜灯周りは光にプランクトンとともに小魚が集まり、それを捕食するためにタチウオが寄るため、一級ポイントとなる。

時期にズレはあるが、高い確率で毎年同じ場所に回遊してくる。釣れた場所と時期を覚えておくと勝率アップに繋がるはずだ。

狙い方とアクション

タチウオは、捕食が上手ではなく、あまり速いスピードでルアーを動かすと乗りが悪くなる。

ポイントの少し先へキャストし、任意のレンジまで落としてデッドスローで引いてくるのが食わせるテクニック。

活性が低いときは鋭いシャクリでリアクションバイトを狙ってみよう。一旦ボトムに落としてシャクリながら中層まで巻き上げ、食わせの間を作るためにフォールさせる。こ

タチウオを専門に狙うジグには化学発光体やラトルスティックを装着できるスリットがある。

のフォールのときにアタってくることが多い。いずれにしても食わせの間を作るのが重要である。

　次に、時間帯による攻め方の違いを解説しよう。前述したように、タチウオは日中深場にいるため、ポイントを直撃するためにはボトムを取る必要がある。ルアーを遠投し、ボトムまで沈め、シャクリとフォールをボトム～ミドルレンジの範囲で繰り返す。アタリがあればそのレンジを入念に探るのが効果的である。

　徐々に日が落ちて夕まづめ時に突入したらレンジを少し上げてワンピッチ・ワンジャークで探っていく。暗くなるにつれてレンジを上げていこう。タチウオが高活性であればあるほど浅いレンジでヒットしてくる。

　どのような場所、状況でもタチウオを釣る際はヒットレンジをいかに探り当てられるかにかかっている。一定のレンジを引くことを心掛け、ヒットレンジが判明したら同じように攻められるようにしよう。

堤防で指3～4本のタチウオを狙うタックル

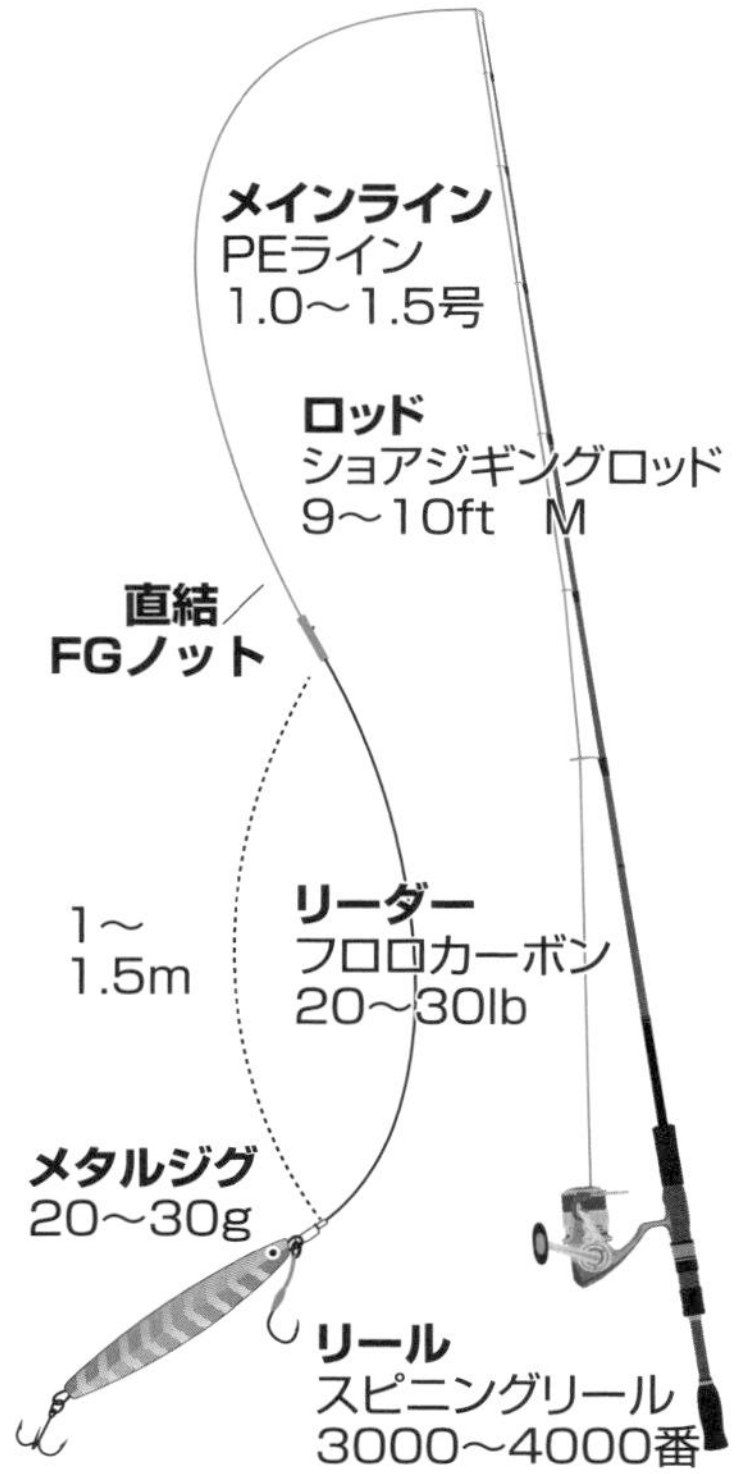

メインライン
PEライン
1.0～1.5号

ロッド
ショアジギングロッド
9～10ft　M

直結／FGノット

1～1.5m

リーダー
フロロカーボン
20～30lb

メタルジグ
20～30g

リール
スピニングリール
3000～4000番

タックル&メタルジグ

　9～10ftのショアジギングロッドにリールは3000～4000番。メインラインはPE1・0～1・5号、リーダーはフロロカーボンの20～30lbを接続する。

　トップから中層を中心に攻めるため、メタルジグは、あまり重いものは使用しない。

　重くても30g程度までだ。カラーはフラッシング効果の高いものやグロー系がよい。

　タチウオはルアーの胴部分に食い付くことが多く、メタルジグの中央部にフックが付いたタチウオ専用メタルジグが使いやすく実績も高い。普通のメタルジグの場合は、フロントにアシストフックを装着してフックが腹部に来るようにする。タチウオの鋭い歯を考慮してワイヤー仕様のタチウオ専用フックがよい。リアのトレブルフックも必須だ。

マダイ

マダイは北海道や沖縄の一部を除く日本列島全域に分布し、沿岸域から水深200mくらいまでの岩礁域、砂泥底をすみかとする魚である。

日本では古くから、食味が良く鮮やかな赤い体色や〝めでたい〟との語呂合わせから縁起の良い魚と考えられ、神事や祝い事に欠かせない魚として重宝されてきた。

最大で120cm程度まで成長するが、ショアジギングでは70cm程度までがターゲットになる。

ポイント

普段は沖の深場に生息するため、オフショアがメインフィールドだが、春になると産卵のために浅場へ乗っ込んでくるのでショアジギングのターゲットになる。

潮通しが良く水深が10m以上ある磯場や、岩礁帯が絡む急深のサーフ、沖堤防などがポイント。完全な岩場や砂地ではなく、それらが混在するような場所が狙い目だ。

狙い方とアクション

活性が高いときは表層に近いレンジでもアタるが、基本的にリフト&フォールでボトムを中心に狙う。

ボトムコンタクト後はすぐに底を切り、数回シャクって中層までタダ引きでジグを巻き上げ、ボトムまでフォールさせるを繰り返す。

フォール中に食ってくることが多いのでアタリを取れるようにラインは張っておく。

活性が高いときはシャクリと同時にアタることもある。

マダイ
スズキ目タイ科マダイ属

堤防で30〜50㎝のマダイを狙うタックル

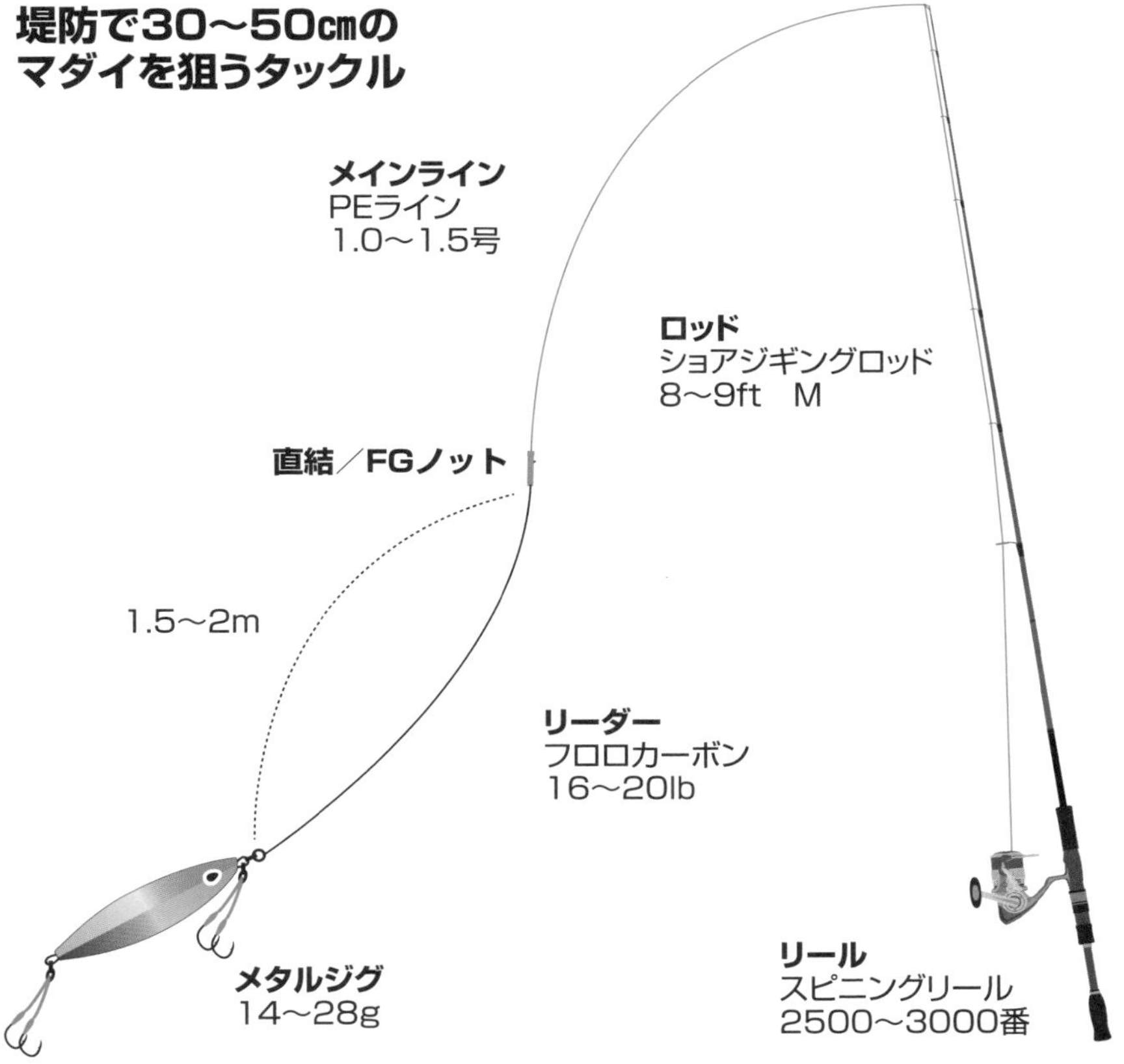

メインライン
PEライン
1.0〜1.5号

ロッド
ショアジギングロッド
8〜9ft　M

直結／FGノット

1.5〜2m

リーダー
フロロカーボン
16〜20lb

メタルジグ
14〜28g

リール
スピニングリール
2500〜3000番

タックル&メタルジグ

8〜9ftのショアジギングロッドにリールは2500〜3000番。メインラインはPEラインの1・0〜1・5号、リーダーは16〜20lbがメインで60㎝級の実績がある場所では25〜30lbを接続する。

メタルジグはフォールでアピールできるように14〜28gのヒラヒラとゆっくり落ちるリーフタイプやファットタイプがよい。

マダイがジグに食ってくるなんて数年前まであまり知られていなかった。これもメタルジグの奥深さだ。

ヒラメ

北海道オホーツク海から九州南岸のほぼ日本全国に分布する。水深100m以浅の砂泥底に生息し、魚類や甲殻類、イカなどを捕食する。カレイと同様に体が側扁し、片側に両目が付いている。体長1m、重量10kgを超えるものもあり、カレイ・ヒラメの仲間ではオヒョウに次ぐ大きさである。

ポイント

底が砂地のサーフや堤防。海水浴場のような遠浅の砂浜でも問題ない。マゴチと生態が似ているように思われがちだが、マゴチがやや砂泥質を好むのに対し、ヒラメは根やゴロタを好み、泥は嫌う傾向がある。

河口などの汽水域にも生息する。雨後にベイトが流されてきて濁りが落ち着いたタイミングが狙い目だ。

狙い方とアクション

ヒラメのヒットレンジはボトムより少し上、1m程度の範囲を探るのが基本。海底にいるヒラメに上から見せるイメージだ。アクションはタダ引きであまり速いと追い切れないのでスローリトリーブを心掛ける。アタリがないときはリフト&フォールで誘うのも有効。フォールで食ってくることが多い。

タックル&メタルジグ

9~11ftのショアジギングロッドにリールは3500~5000番。メタルジグのみではなくミノーなども併用するならヒラメ専用ロッドが

ヒラメ
カレイ目ヒラメ科ヒラメ属

サーフで40〜60㎝のヒラメを狙うタックル

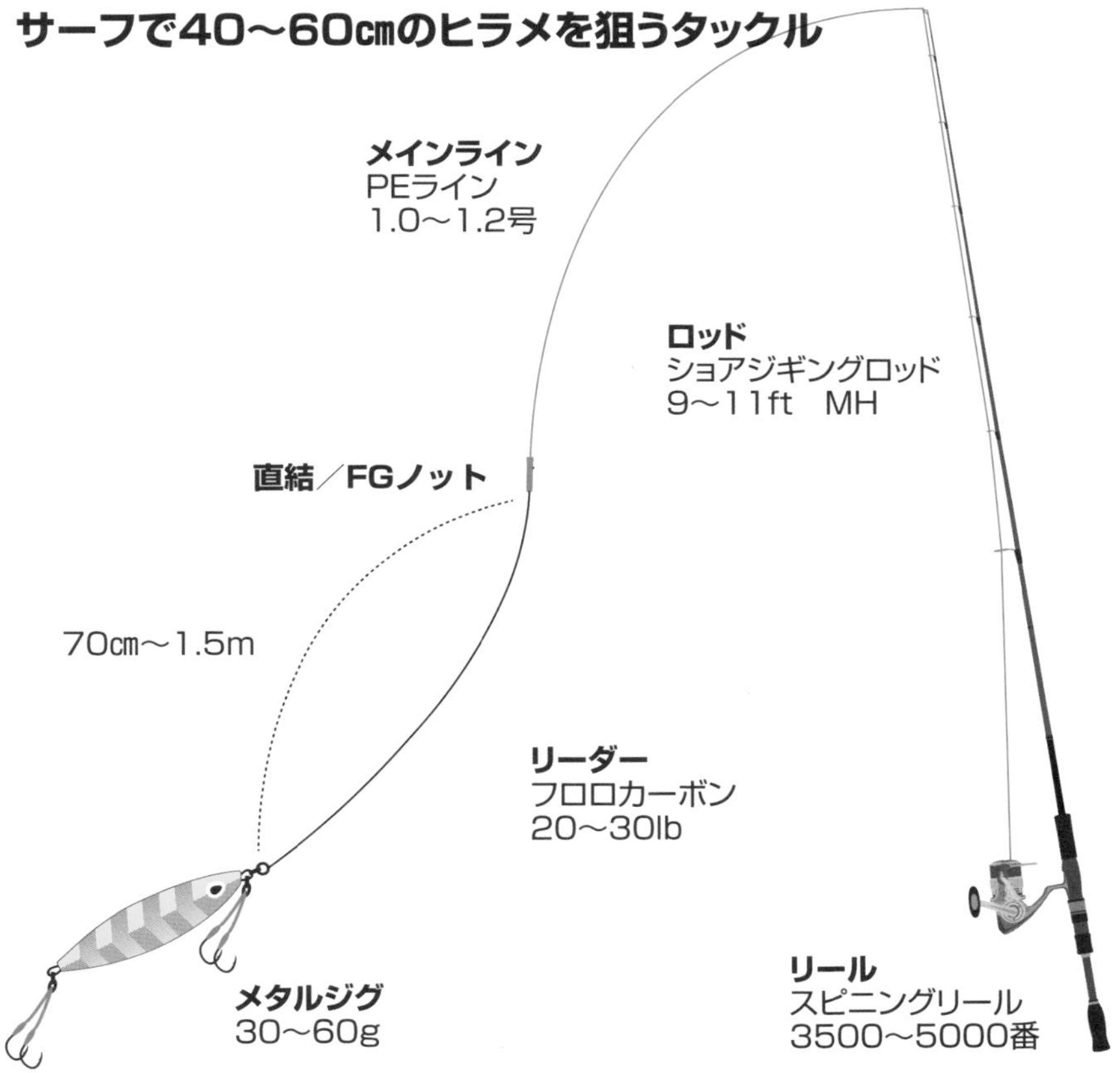

メインライン
PEライン
1.0〜1.2号

ロッド
ショアジギングロッド
9〜11ft　MH

直結／FGノット

70㎝〜1.5m

リーダー
フロロカーボン
20〜30lb

メタルジグ
30〜60g

リール
スピニングリール
3500〜5000番

使いやすい。メインラインはＰＥの1・0〜1・2号、リーダーはフロロカーボンの20〜30lbを接続する。メタルジグは30ｇ前後をメインに遠投が必要な場合は60ｇ程度まで。スローフォールを演出できるリーフタイプやファットタイプがおすすめだ。カラーはゴールドやシルバーなど光を反射するものがよい。

ベイトが通過するポイントではヒラメが表層まで浮上してアタックしてくることがある。

カサゴ

北海道〜九州各地に分布。関西ではガシラ、九州ではアラカブと呼ばれる。ゴカイやワームに貪欲に食い付くため初心者にも人気の高いターゲットである。よく釣れるサイズは20〜25cmだが、最大で35cmを超える。食性はエビ、カニなどの甲殻類がメイン。昼夜を問わず捕食するが、夜間の方が活発にエサを追う。環境に合わせて体色が変わり、深場のものは赤く、浅場のものは黒褐色になる。

ポイント

岩礁帯が絡む堤防、地磯など。日中は岩の隙間やテトラポッドの間に隠れてジッとしているため、それらの際ギリギリを攻めるとよい。夜間は活発に動き出すため、日中のポイントに加え、堤防の足元、漁港の船道やカケアガリなども好ポイントになる。

タックル&メタルジグ

7〜8ftのロックフィッシュロッドやシーバスロッドにリールは2000〜2500番。メインラインはPEラインの0・6〜1・0

狙い方とアクション

カサゴに限らずロックフィッシュはボトムを意識する。基本的にはキャスト後に着底させたら根掛かりを防ぐためにすぐに跳ね上げる。あとは速めに数回リトリーブしてフォールを繰り返すとよい。アタリはフォール時に出ることが多い。

カサゴ
カサゴ目フサカサゴ科
カサゴ属

堤防で20〜30㎝の カサゴを狙うタックル

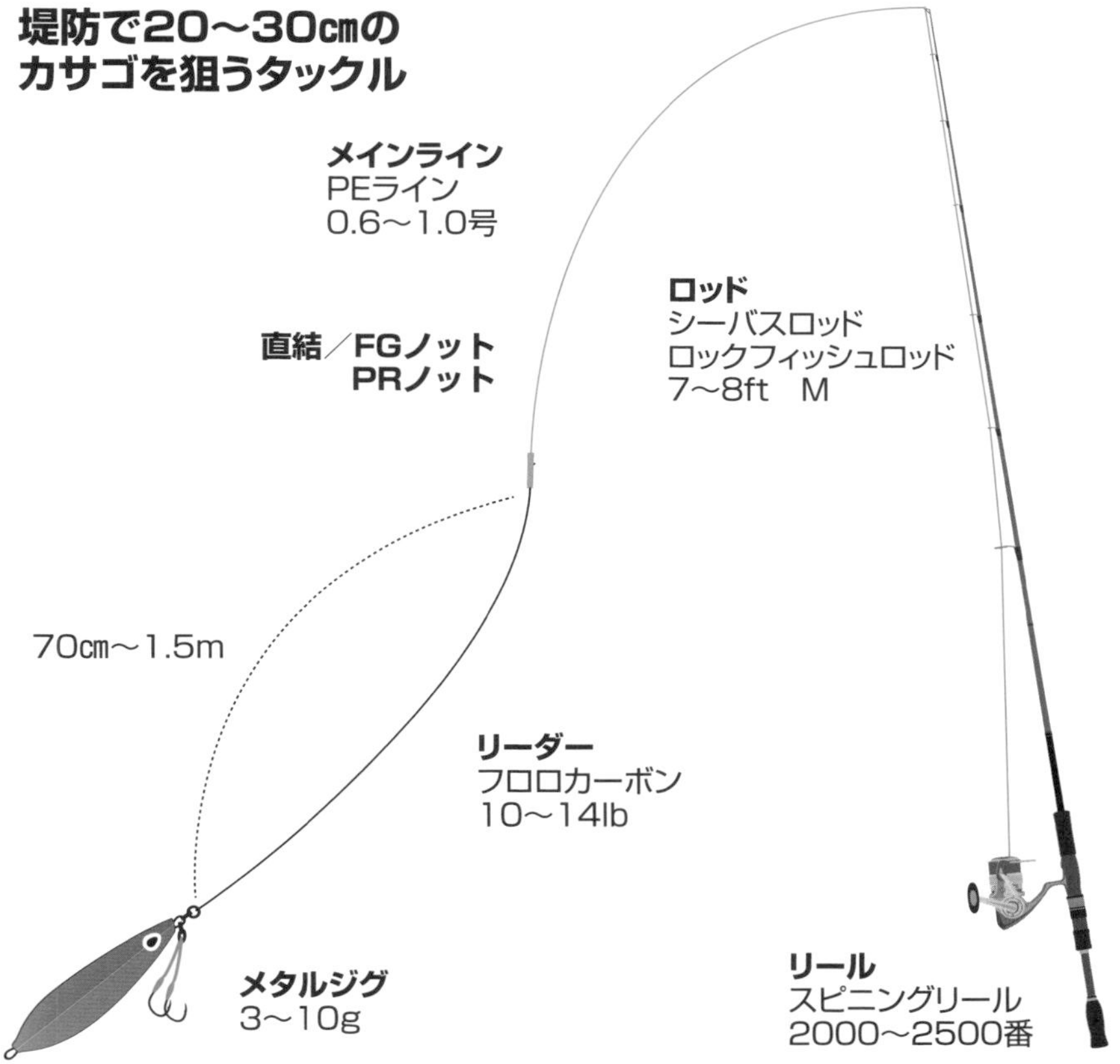

メインライン
PEライン
0.6〜1.0号

直結／FGノット
PRノット

ロッド
シーバスロッド
ロックフィッシュロッド
7〜8ft　M

70㎝〜1.5m

リーダー
フロロカーボン
10〜14lb

メタルジグ
3〜10g

リール
スピニングリール
2000〜2500番

カサゴは根に張り付くのでヒットした瞬間、一気に引き剥がすパワーが必要となる。

号、リーダーはフロロカーボンの10〜14lb。

メタルジグは3〜10g。足元を狙う場合3g程度で十分だが、水深が深いポイントでは5g以上を使った方がボトムタッチが分かりやすい。

ムラソイ・タケノコメバル

ムラソイは青森から九州北部の沿岸域に分布するソイ類の一種。カサゴによく似ているが、カサゴが赤味を帯びた体色であるのに対し、ムラソイは暗く濃い褐色ベースに腹側に斑紋が広がっている。タケノコメバルは北海道南部～九州に分布する。メバルの名が付いているが実際はソイの仲間。体色は黄褐色ベースに茶色の斑紋が全体を覆っており、〝ベッコウゾイ〟の異名もある。

両者は性質が似ており、同じ場所で釣れることも多い。釣れるサイズは20～30cmが多く、最大で40cmオーバーも狙える。

ポイント

岩礁帯、藻場、ゴロタ浜などがメインのポイント。それらが絡む堤防でも狙える。他の根魚と同様に基本的にボトムに潜むが、夜になると捕食のために徐々に浮上する。

狙い方とアクション

カサゴと同様に基本はボトム狙い。いったんボトムまで落としたらすぐに底を切って、あとはスローでタダ引きが基本。アタリがないときはロッドを操作してメタルジグをピョンピョンと飛び跳ねて動かすようなアクション（ボトムバンプ）も有効だ。アタリがあったら根に潜られないように引き剥がし、ラインを緩めないようにゴリ巻きする。

タックル&メタルジグ

7～8ftのロックフィッシュロッ

ムラソイ
スズキ目メバル科メバル属

タケノコメバル
スズキ目メバル科メバル属

地磯で20〜30㎝の
ムラソイ・タケノコメバルを
狙うタックル

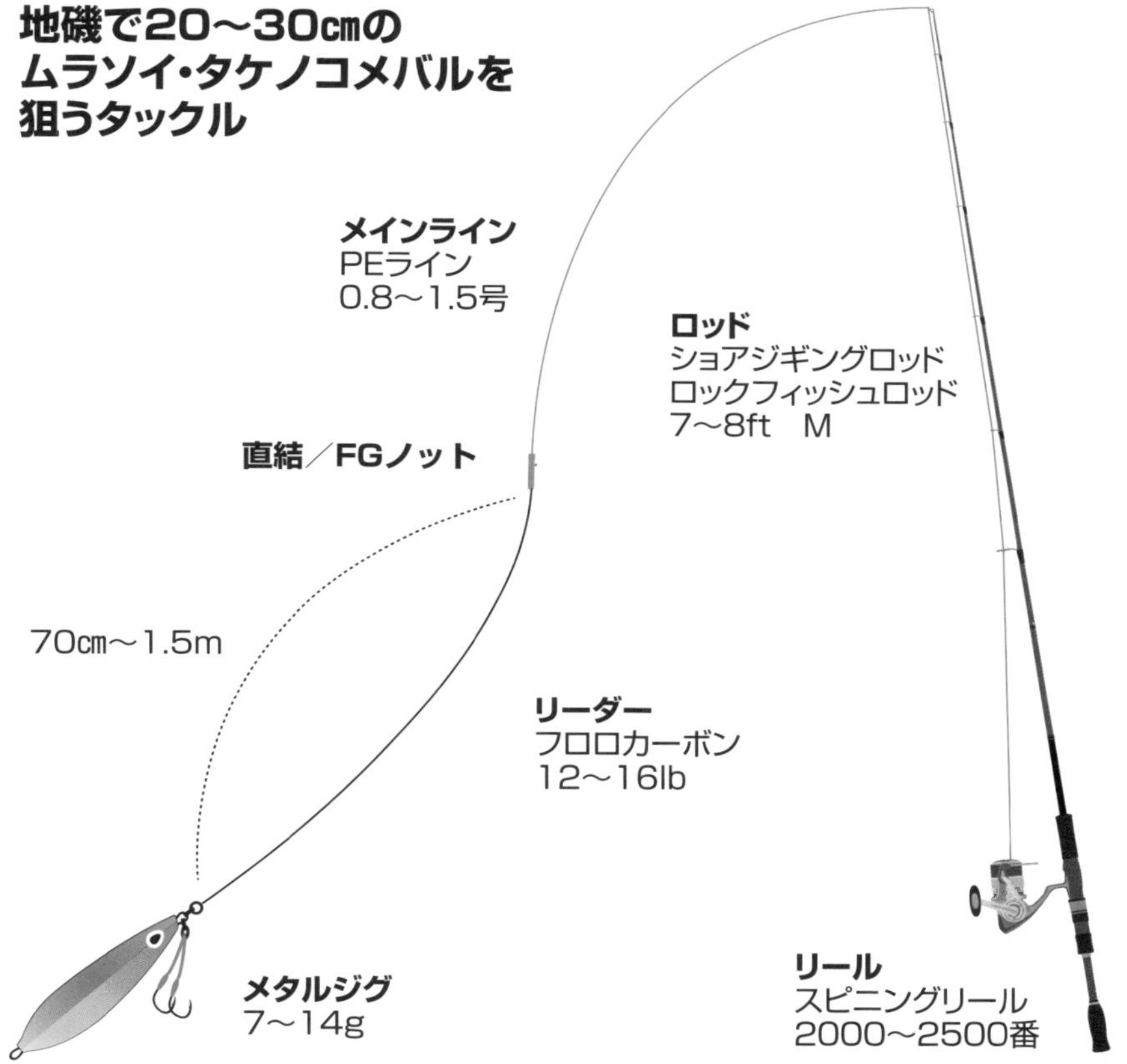

メインライン
PEライン
0.8〜1.5号

ロッド
ショアジギングロッド
ロックフィッシュロッド
7〜8ft　M

直結／FGノット

70㎝〜1.5m

リーダー
フロロカーボン
12〜16lb

メタルジグ
7〜14g

リール
スピニングリール
2000〜2500番

ドに2000〜2500番のスピニングリールまたは100〜200番のベイトキャスティングリール。メインラインはPEの0・8〜1・5号、リーダーはフロロカーボンの12〜16lb。メタルジグはターゲットのサイズが30cm程度までなら7〜14gくらいがよいだろう。

根の荒い海底に潜んでいるので、ヒットしたら基本ゴリ巻きで引き寄せる。

オオモンハタ

相模湾以南の太平洋側、九州西部以西に分布。沿岸の浅場から水深200mまでの岩礁域やサンゴ礁域に生息する。ハタ類の中でも味が良く、またゲーム性も高いため、人気のターゲットである。最大50cmほどに成長する。体色は褐色または緑がかっており、体全体に暗色の斑が密生している。よく似たホウセキハタと比べると斑点が大きく、そのことが名前の由来にもなっている。他のハタ類に比べると魚食性が強く、貪欲にベイトを追って表層まで上がってくることもある。

ポイント

岬状に張り出した磯や沖堤防など、潮通しが良く、ベイトが豊富なポイントが狙い目。ゴロタ浜などの浅場にも入ってくることがある。

狙い方とアクション

オオモンハタはロックフィッシュに分類されてはいるが、カサゴなどの典型的な根魚とは習性が大きく異なり、中層を回遊する傾向が強く、ボトムを意識するよりも中層をスイムさせるアクションに反応がよい。中層のタダ引きやリフト&フォールで常にメタルジグを動かして誘う。

タックル&メタルジグ

8~9ftのショアジギングロッドやロックフィッシュロッドにリールは2500~3000番のハイギアタイプ。メインラインはPEラインの1・2~1・5号、リーダーはフ

オオモンハタ
スズキ目ハタ科マハタ属

沖磯で30〜40cmの
オオモンハタを狙うタックル

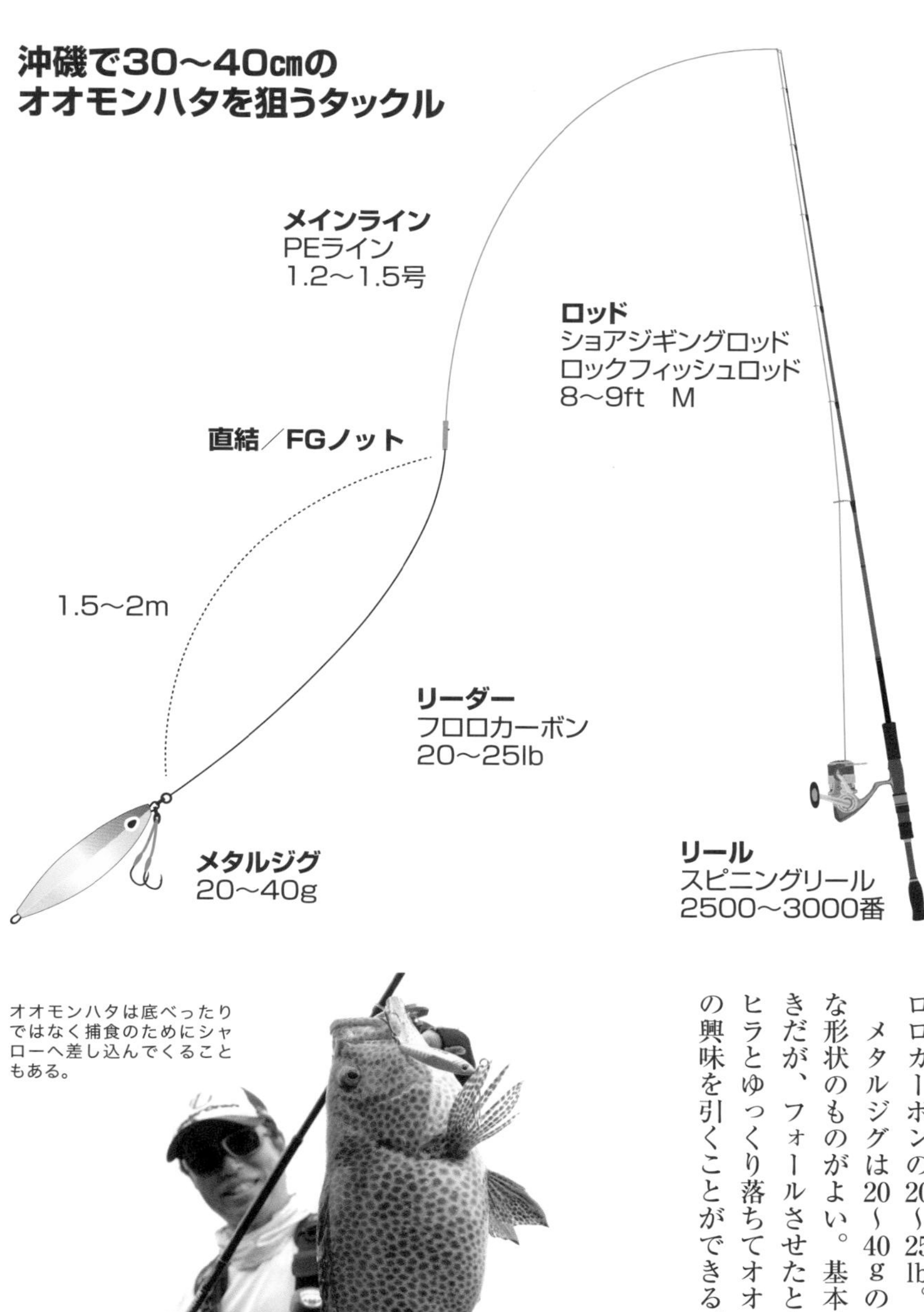

ロロカーボンの20〜25lb。

メタルジグは20〜40gのフラットな形状のものがよい。基本はタダ引きだが、フォールさせたときもヒラヒラとゆっくり落ちてオオモンハタの興味を引くことができる。

オオモンハタは底べったりではなく捕食のためにシャローへ差し込んでくることもある。

アカハタ

相模湾以南の太平洋側、山口県以西の岩礁域やサンゴ礁域に分布。沿岸の浅場から水深150m程度の深場まで生息する。

最大で40cmほどとハタ類の中では小型。体色はその名の通り赤く、体側に濃い赤褐色の横縞が5~6本ある。背ビレのトゲの先が黒いのが特徴的。他のハタ類は主に夜行性だが、本種は日中でも遊泳する。産卵期は4~7月。メスから2~3年で成熟し、オスに性転換する。

ポイント

荒い根周りを好むため、水深があり潮通しの良い地磯や沖磯、大小の岩が点在するゴロタ浜などがメインフィールドになる。浅場は小型が多く、大型化すると潮がよく動きエサが豊富な磯へと移動するので、サイズ狙いなら磯を選択しよう。

狙い方とアクション

基本的に底付近でジッとしているのでボトム付近を中心に狙う。一旦ボトムまで落としたらすぐにメタルジグを跳ね上げ、スローピッチでフォールの時間を長く取りながら探っていく。

タックル&メタルジグ

8~9ftのショアジギングロッドやロックフィッシュロッドに2500~3000番のスピニングリールまたは100~200番のベイトキャスティングリール。メインラインはPEの1・0~1・5号、

アカハタ
スズキ目ハタ科マハタ属

沖磯で30〜40㎝のアカハタを狙うタックル

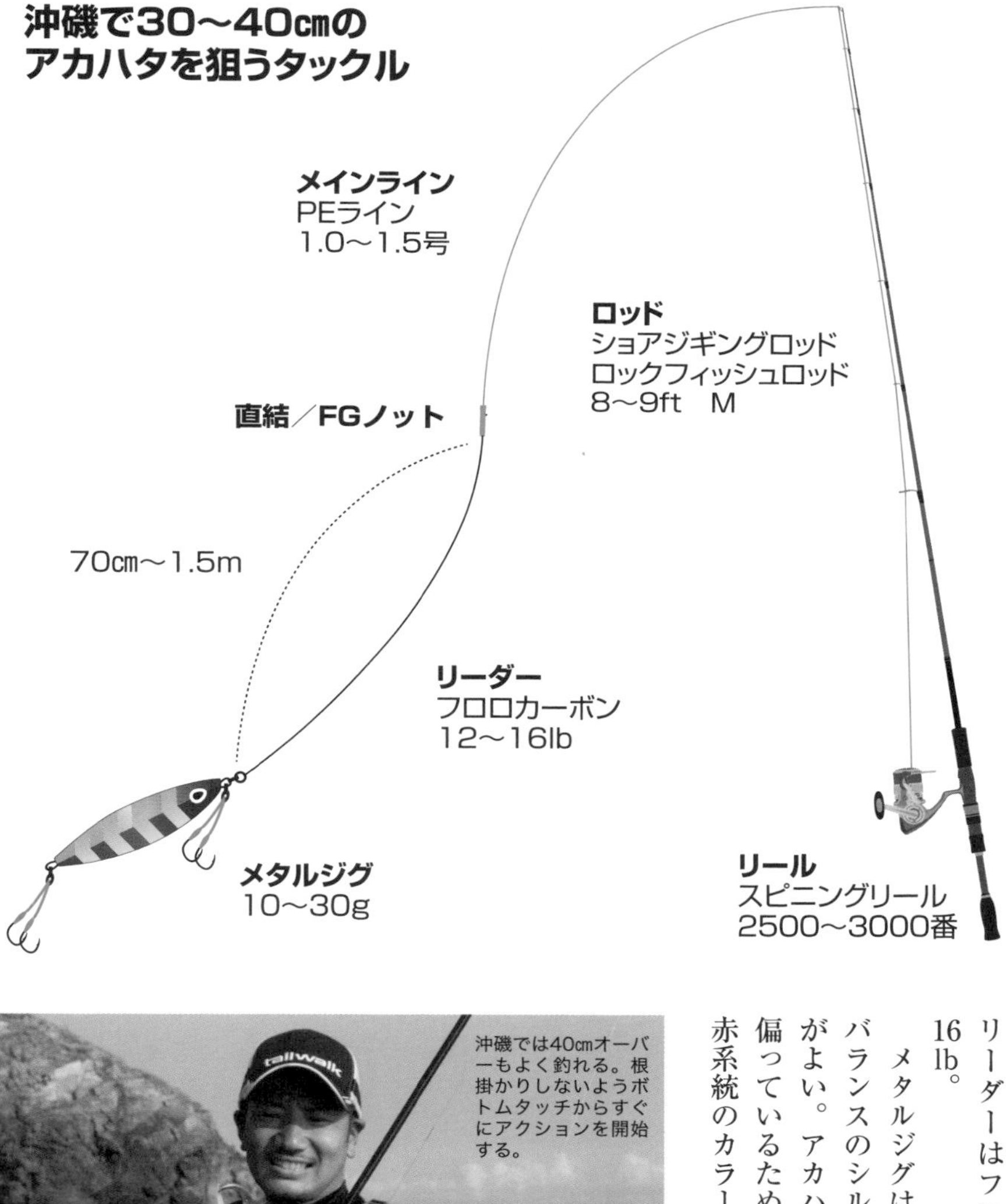
メインライン
PEライン
1.0〜1.5号
ロッド
ショアジギングロッド
ロックフィッシュロッド
8〜9ft　M
直結／FGノット
70㎝〜1.5m
リーダー
フロロカーボン
12〜16lb
メタルジグ
10〜30g
リール
スピニングリール
2500〜3000番

tailwalk

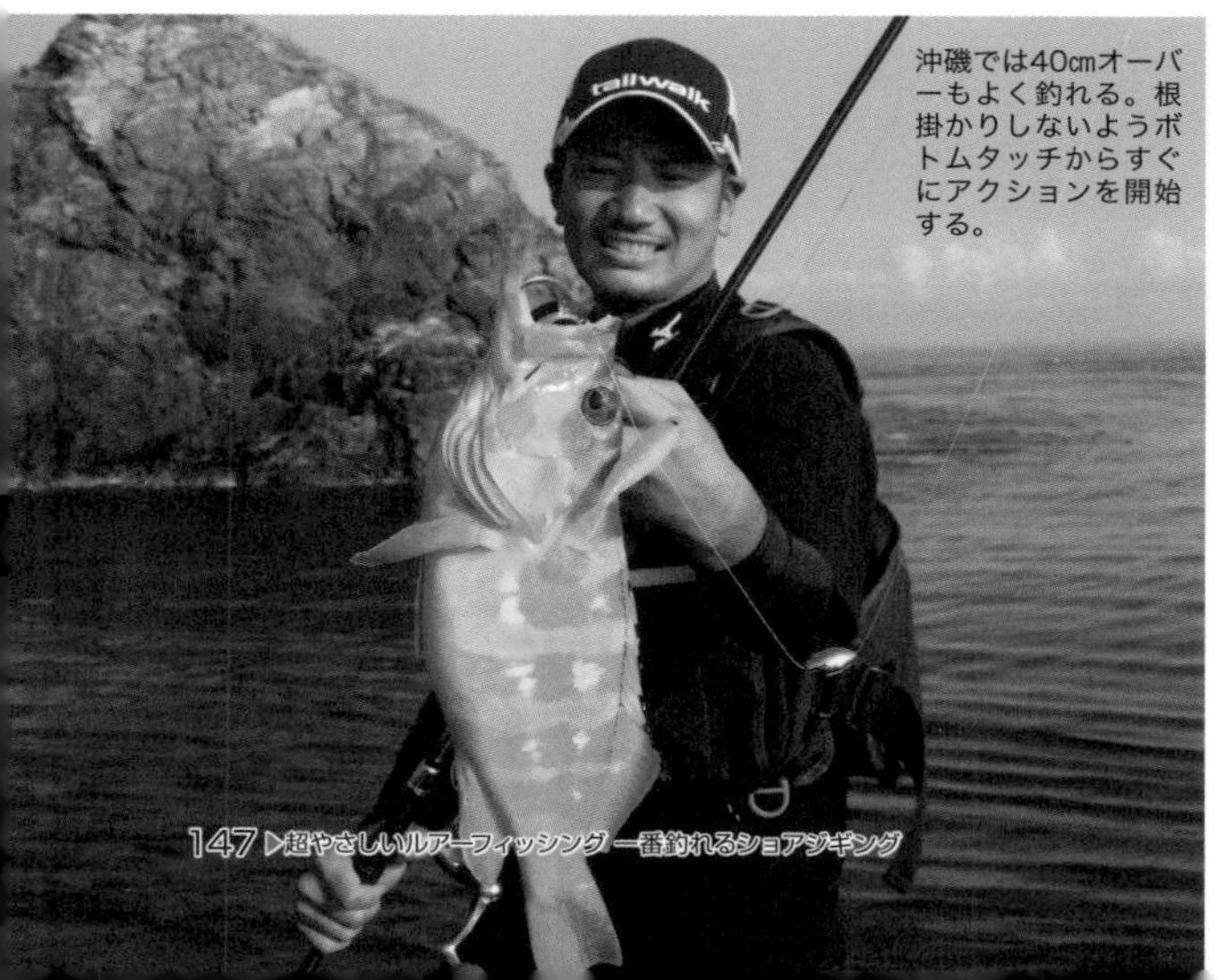

沖磯では40㎝オーバーもよく釣れる。根掛かりしないようボトムタッチからすぐにアクションを開始する。

リーダーはフロロカーボンの12〜16lb。

　メタルジグは10〜30gでセンターバランスのシルエットの大きなものがよい。アカハタの食性は甲殻類に偏っているため、エビやカニに似た赤系統のカラーは外せない。

COLUMN 魚の持ち帰り方

釣った魚は、30分以内に自宅に持ち帰って捌くか、冷蔵庫で保存できればそのまま持ち帰ることもできる。だが、通常は釣れたら保冷されたクーラーボックスへ保管しておくか、帰るまで現場で生かしておく。

生かしておく方法は、魚を大型のスナップに繋いで海中に入れておくストリンガー、海水を入れた容器(バッカン)にエアポンプを取り付けるライブウェル、網の中に魚を入れるスカリなどを使う。

しかし、すぐに弱ってしまい生かしておけない魚種もいるから、魚を持って帰る場合はやはり保冷できるクーラーボックスが必要だ。必要なクーラーボックスのサイズは対象となる魚のサイズに比例するので、ここでは説明を省く。

誰でも食べ物は美味しいものを口に入れたい。釣れた魚の味が不評だと嫌なものだ。その中で大切なのが生臭くならないように気を付けることだ。生臭さ=血であることが多いから、魚を持ち帰るときはできるだけ血抜きを行ってから、クーラーボックスで保管しよう。血抜きで大切なのは、魚が生きているうちに素早く行うこと。死んでからでも行えるが、血が抜ける量が大きく違ってくる。もちろん、いきなり血を抜くのではなく、必ず絞めてから行うこと。絞め、血抜きが終わったら、クーラーボックスへ入れるわけであるが、ここでも氷との位置に注意する。

クーラーボックスに入れる氷の役目は、クーラーボックス全体の温度を低温にするために入れているから、魚に氷を触れさせる必要はない。逆に魚が直接氷に触れると身焼けする場合があるから注意(例外もある)。だから、クーラーボックスに入れる場合、一番下に氷、次にタオル、その上に魚という風にする。本来なら冷気は下にいくため、氷が一番上が魚を冷やすのにいいが、狭いクーラーボックス内では難しい。また氷をそのまま入れる場合は、徐々に解けて水になる。その水が魚に触れると悪影響となるのを防ぐためだ。美味しく食べるためには、絞める、血を抜く、冷やして持ち帰る。まずはこの3点が大切だ。

脳天締めと血抜き

ココ

①締める場所は目玉とエラ前にある線が交わる付近に、少し凹んだ部分(こめかみ)がある。そこをピックかナイフで刺すと脳を直撃して魚が締まる。魚が痙攣するか大きく口を開けると締まった合図。

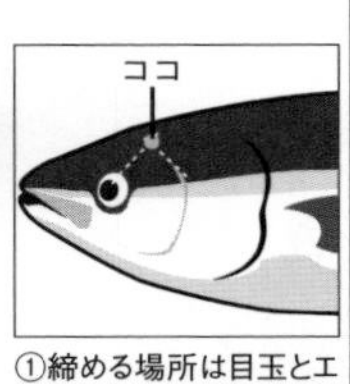

②エラを切る。ナイフで刺し通して両方共半分くらい切り離すとよい。

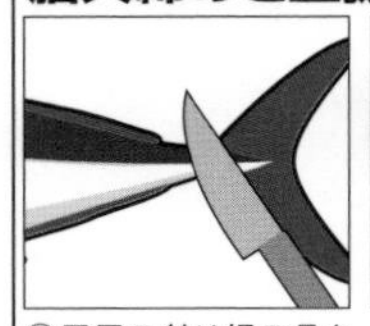

③尻尾の付け根の骨を切断する

④海水に浸けて血を流す。タイドプールや水くみバケツ、バッカンで行う。大きな魚でも5分くらいで大丈夫。尻尾を持って魚を揺らすようにしながら流すと抜けやすい。

知ることで釣果も上向く
<応用編>

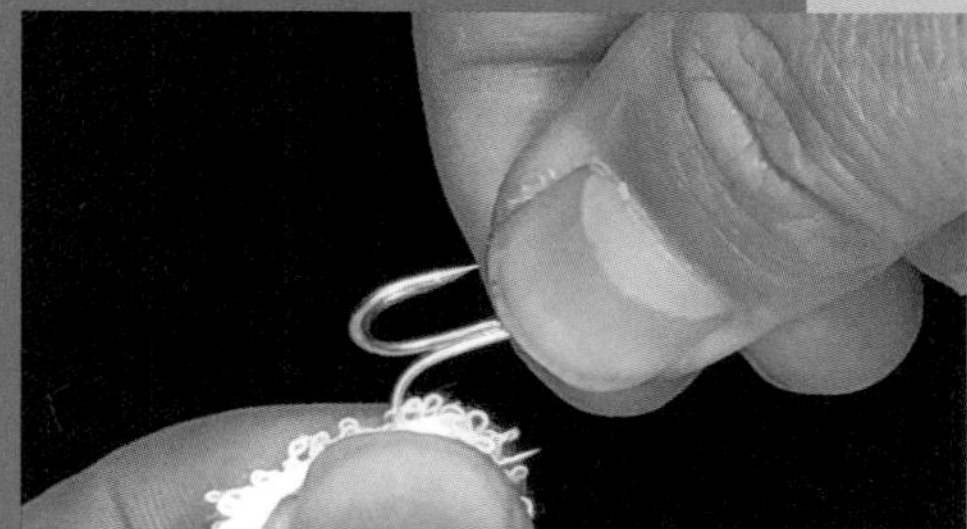

アシストフックを使いこなそう

アシストフックはルアーの長さによっても違う

一種類のアシストフックで、全てのメタルジグに使えるわけではない。重量が同じメタルジグでも形状や長さが違えばそれに合わせたセッティングが必要だ。バランスの悪いアシストフックは、メタルジグやリーダーに絡んだり、イレギュラーなアクションをしてしまうことも。釣果に影響することだから、バランスを考えてセッティングする必要がある。

アシストラインの長さ

フックに結んである糸をアシストラインという。短か過ぎると魚が暴れた際にメタルジグが強く振れてしまい、フックが外れてしまいやすくなる。長いと振り幅が大きくなるから、メタルジグから離れ魚がメタルジグを噛んだときにフックが遠く掛かりにくくなる。またリーダーにも絡みやすい。以上のことから、アシストラインの長さは、セットするメタルジグの半分以下が理想だ。

フックは大きめにする

狙う魚ごとにフックのサイズを決めるのが釣りでは一般的であるが、個人の考えによりまちまちで、大きいフックを好む釣り人、小さい方を好む釣り人と分かれる。

魚種ごとではなく、使用するメタルジグに対してのフック選択法は、メタルジグの幅に対してフックのゲイプ（幅）が狭いと、フックがメタルジグに挟まってしまうことがあるので、小さめのフックを使う場合は注意が必要。理想のサイズは、メタルジグの幅よりも少し大きめのゲイプだ。

装飾を施す

メタルジグの軽量タイプでは、アシストフックに装飾が施されているものが市販品でも多く見かける。これは、ジャコフックやカブラなどといわれ、フックに魚皮やキラキラした素材を取り付けたものだ。メリットは、アピール力の強化や魚がアタックする目印（バイトマーカー）となることもあるが、水の抵抗を受けやすくなっているから、吸い込み系のバイトだと口に入りやすくなったり、抵抗を大きく受けることから、フォールをゆっくりしたり、メタルジグのフォール姿勢を制御することも可能だ。もちろん、アピール力を増やすための効果は抜群だ。

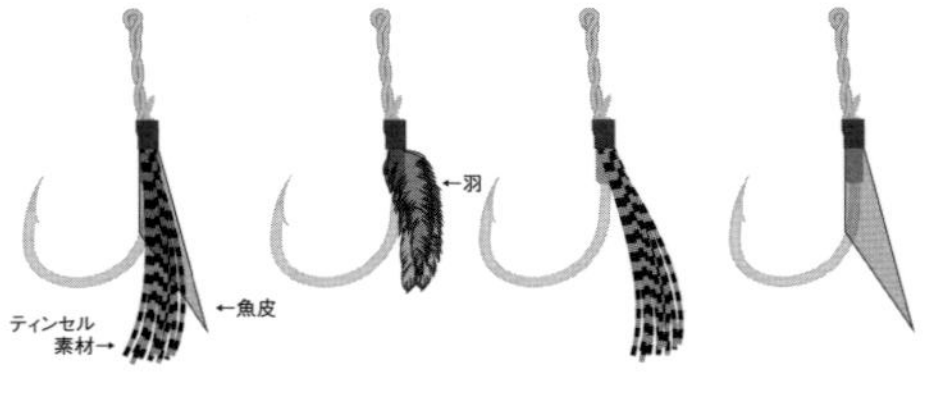

ティンセル素材→
←魚皮
←羽

魚皮とティンセルやフェザーをセットして二つの効果を持たせたもの。アピール力も大きくなる。

フェザー（羽）を使ったフック。ジギングではあまり使われないがトレブルフックなどにセットされる。

ティンセルのみのパターン。ルアー用アシストフックにセットされる場合は、このパターンが多い。

魚皮やオーロラシートのみで構成されたスタンダード型。サビキバリもこの組み合わせが多い。

フックの装着パターン

フロントとリアの役割

ショアジギングではトレブルフックとシングルフックを使い分ける。慣れた人ほどトレブルフックを避けるのは手返しが悪くなることを知っているからだ。またシングルフックに替えたからといって極端に掛かりが悪くなるわけではない。どちらかというと、トレブルフックの方が刺さる確率が高いということだ。

　フロントフックは、頭を目掛けて食ってくる魚に有効。リアフックは、ルアーに追尾して食ってくる魚に有効といわれている。本来ならフロントにもリアにも掛かり優先のフックをセットするのが理想であるが、根掛かりを避けるためにリアフックを装着しなかったり、フォール時のバランスを考えてフロント側に重量のあるフックをセットするなどして工夫している。

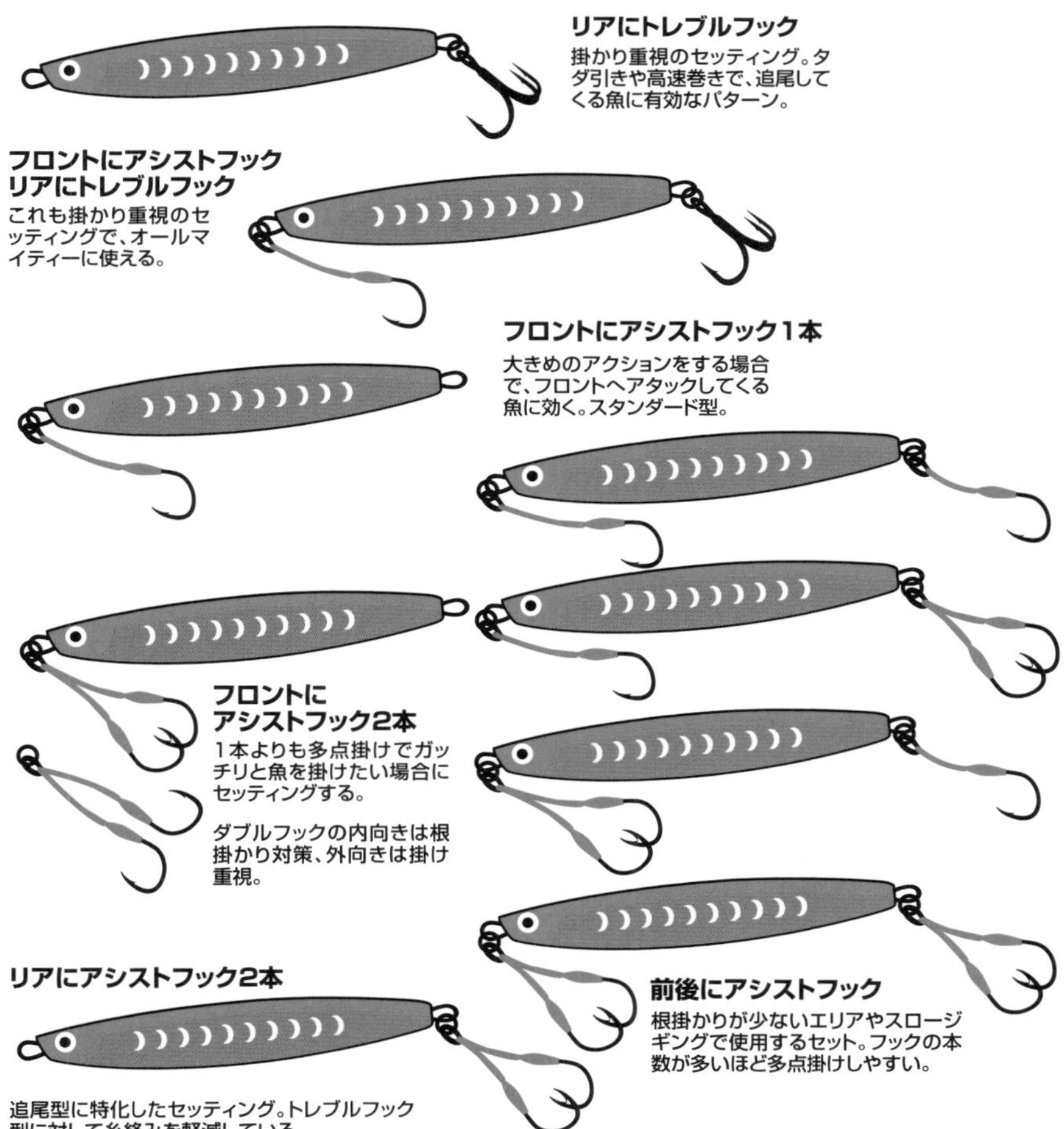

プライヤーの使い方

ショアジギングでは多機能型のプライヤーを使う人が多い。その中でも必要となる機能が……

○スプリットリングを外す機能
○魚からフックを外すペンチ機能

この二つに集約される。

まず、スプリットリングを外す機能で重要なのが、プライヤーの強度。小さなスプリットリングならいいが、大きくて強度があるものを開く場合、プライヤーの強度が不足していると先端が曲がってしまいうまく開けない場合がある。60gくらいまでのメタルジグにセットされているスプリットリングなら問題ないが、それ以上のメタルジグを使う場合は購入するプライヤーの強度に注意しよう。薄型タイプやアルミ製は控えた方が良さそうだ。

次にフックを外す場合の注意点。釣れた魚を手で持つか、フィッシュグリップで掴むかしてからフックを外すが、このときに魚が暴れてフックが手に刺さってしまう事故が結構起きている。これをできるだけ回避するためには、ロングノーズのプライヤーが有効だ。ただし、アジなど比較的小さな魚に対してノーズが長いものは逆に使いづらくなってしまうから、口が大きな魚に対してのみ有効となる。特にルアーを魚が丸ごと飲み込んだときのフック外し時に危険度が増すから、食べるために持ち帰るのであれば、無理にフックを外さず、リーダーから切るようにして、ルアーから外さない方が無難だ。安全優先が第一だ。

ノーマルタイプ

ロングノーズタイプ

スプリットリング外し
先端が曲がった独特の形状。

ペンチ
ものを挟むための部分。

スリーブ(クリップ)潰し
ワイヤースリーブなどをセットする機能。

ガン玉(スプリットショット)外し
ガン玉を外す機能。

ラインカッター
PEラインやカーボン&ナイロンラインをカットするためのハサミ。

ストッパー
プライヤーの開きを止めるもの。

プライヤーはいくつもあった方が便利だが、フィールドに持っていくものは必要なものに絞りたい。またサビにくい素材でできているが、放置するとサビが出やすいので、たまに洗浄&注油しよう。

体や衣類にフックが刺さったら

体にフックが刺さった場合

フックの先端が指に刺さったくらいならすぐに抜くことができるが、フックのバーブ（カエシ）まで皮膚よりも下の身に入ってしまうと抜くのが困難になる。バーブは魚にフックが刺さっても抜けないようにするための機能であるから、人間も同様である。

そんなときはまず、ライン類を緩めてテンションが掛からないようにし、落ち着いて刺さり具合を確認して対処することが大切だ。

フックが比較的細くバーブが低い（小さい）場合は、強めに引く力を入れれば抜けないこともないが、大きな傷口をつくってしまうといけないから、自分では抜かないようにしよう。

バーブまで刺さってしまった場合、ルアーに繋がっているラインを切り、それ以上傷口を広げないためにもルアーを動かさないようにする。その後病院に行って処置をしてもらう。

処置の内容は医師により違うこともあるが、基本は麻酔をして、フックをペンチなどでカットし、フックを刺さる方向に通して抜く。

麻酔をするから痛みはなく、傷も最小限に抑えることができる。

刺さってからの一時は痛みをあまり感じないが、徐々に痛みは増すので早めに病院へ行くようにすること。釣行時にはいつも保険証を持ち歩くことをおすすめする。

衣類にフックが刺さった場合

フックを衣類に引っ掛けることはそれほど多くはないが、着用している衣類の素材により頻繁に引っ掛けてしまうことがある。

特にフィッシンググローブがそうで、毛が長いものや柔らかい素材はちょっと触っただけでも引っ掛かってしまう。

また面ファスナー（マジックテープやベルクロ）も掛かりやすく特にループ面に入り込むと厄介だ。

釣りをする際はフックの掛かりにくいものを選ぶようにしよう。

絶対ではないが、かなりの確率で抜くことができる。ただし、素材によってはほつれてしまうこともあるから、衣類を破損したくない場合はフックをカットして刺し通した方がよいだろう。

①撮影のため、タオルにトレブルフックを刺してみた。普通に引っ張っても抜けない。

②フックが刺さった部分のできるだけ近くの布をつまむ。

③フックを指の方に押し下げ、フックのカーブを沿うように抜く方向へ動かす。

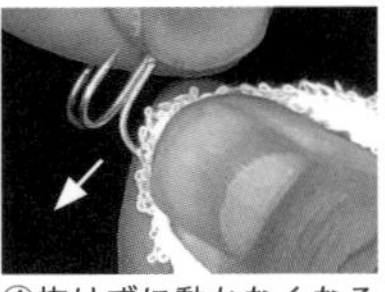
④抜けずに動かなくなるところまで押してみる。

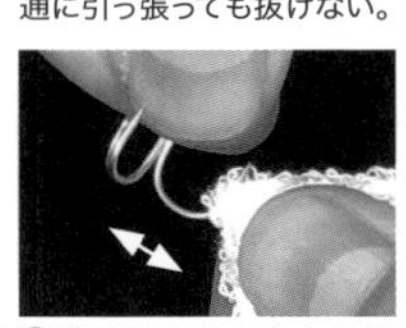
⑤動かなくなったところで、穴を広げるように上に引く。

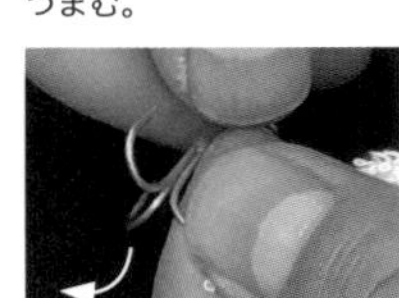
⑥下げると同時に③のように抜く方向へ進める。

⑦⑤と⑥を数回繰り返すことで楽に抜ける。

メタルジグの素材と補修

メタルジグの素材

一般的なメタルジグの素材は鉛で、他にはタングステン製、鉄製、アルミニウム製、錫製のメタルジグが存在する。レアメタルであるタングステンはもちろん、アルミニウムも鉛と比較すると高価な金属だが、敢えて高価な素材を使用してメタルジグを製作する理由は、それぞれの金属の比重の違いにある。

鉛の比重（11・4）を基準に、それよりも比重が大きい金属が、TGの略称で呼ばれることも多いタングステン（比重19・3）。一方、錫（比重7・4）、鉄（比重7・8）、アルミニウム（比重2・7）は鉛よりも比重が小さい。

同じ体積のジグを作る場合、比重が大きい素材を使えばより重量のあるジグを、比重が小さい素材を使えばより軽いジグを作れるため、メタルジグの製作者がイメージした理想のアクションを実現する上で鉛以外の素材が選択されることになる。

タングステンジグ

ショアジギングで注目の素材は、より小さなシルエットで飛距離を稼ぐことができる高比重のタングステン。ターゲットが沖にいて、しかも捕食しているベイトのサイズが小さい場合は、タングステンジグで好結果を得られるはずだ。

▶鉄：ネイチャーボーイズ／スピンライダー 63g105㎜

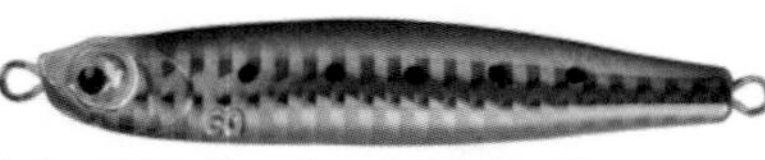

▶鉛：マリア／ムーチョ・ルチア 60g80㎜

▶タングステン：ダイワ／TGベイト 60g68㎜

また沈下スピードが速いタングステンジグは、前述したとおり着底を感知しやすいというメリットがあり、フォールによるリアクションバイトを期待できる。その他では着水音が小さいため、狙ったポイントの魚を驚かせない点でも有利なので、ナブラ撃ちにも効果的。

タングステンジグは高価なだけに、根掛かりしそうな場所でボトムを探るのは勇気がいるが、根魚狙いでも実績は高い。鉛の1・7倍という重さから得られるメリットに、価格を上回る効果を期待したいところだ。

メタルジグの補修

購入時は光沢があり色鮮やかなメタルジグだが、何度も使用しているうちに塗装が剥げることがある。これは海底の根に触れたり、地面に置いたりすることでジグの表面が傷ついてしまうことが原因。塗装が多少剥げてもすぐに釣果が落ちることはないが、塗装の剥がれは徐々に広がっていき、見た目が悪いと気になってしまうものだ。

　こうした塗装の劣化を防ぐためには、あらかじめコーティングを行ってメタルジグの塗装を強化することがおすすめ。

　ルアーのコーティング剤としてはウレタンコート剤が一般的で、瓶の中のコーティング剤にジグを吊り下げて漬ける「ドブ漬け」という手法を使えばムラなく仕上げることができる。ルアー専用のウレタンコートに漬けては乾かしという作業を5～6回繰り返し、厚めにコートしておけば耐久性は格段にアップする。

ジグの塗装強化や補修に活躍してくれる、ルアー用のウレタンコーティング剤。

ジグのリフレッシュ

　塗装が傷んでしまったジグをお手軽にリフレッシュするなら、多彩なカラーが準備されている釣具用ホログラムシートが重宝する。自由な発想でシートを貼ったら、前述したコーティング作業を行えば完成。より愛着を感じられるジグへと生まれ変わる。

　お試しでジグの補修をするのなら、100円ショップのアイテムも利用できる。まず準備するのはジグの表面をきれいな銀色にするために使用するアルミテープ。これは台所用品として販売されているもので、ジグの形に合わせて貼り付けて使用する。シワにならないようきれいに圧着すれば銀色のベースが完成するので、あとは好みで塗装を施せばよい。ジグの表面を手軽にコートするなら、女性にはおなじみのマニキュアのトップコートが流用できる。

ジグが変形したら

　鉛製のメタルジグは（特にボディが薄いタイプだと）強い衝撃によりボディが曲がってしまうことがあり、ラインを結ぶアイも意外と変形しやすい。いずれの箇所の変形もアクションに影響が出る恐れがあるが、変形のせいで全く釣れなくなるというものではなく、その曲がりが爆釣に繋がる絶妙なアクションを生む可能性もあるのが面白い。あくまでも本来の形状に戻したいなら、万力やペンチを利用して慎重に修正しよう。

ホログラムのほか、夜光やアワビなどがラインアップされた釣具用のホログラムシート。

100円ショップで入手できるアルミテープやトップコートといった素材もジグの補修に利用できる。

スナップを活用する

スナップで手返しアップ

ルアーフィッシングで釣果を上げるためには、積極的にルアーをローテーションすることが肝心。ただし、ジグにリーダーを直結しているとルアー交換のたびにリーダーを切る必要があり、リーダーが次第に短くなってしまう。

そのため、リーダーを切らずに素早くルアーを付け替えることができるスナップを活用したいと考えるのだが、大型の青物も視野に入る釣行ではスナップの強度が問題となる。金属疲労によるスナップの破損でせっかくの釣果を逃さないためにも、ショアジギングで使用するスナップはソルトウォーター用として販売されているスナップの中から、対象魚に応じた適切なサイズを選びたい。

一般的なスナップには強度を重視したクロスロックタイプと、ルアーの付け替えがより簡単に行えるクイックスナップがあり、小型軽量なクイックスナップの方がルアーのアクションに影響を与えにくいとされている。

スナップのデメリット

ベテランのアングラーにはスナップの変形や開きによるルアーのロストや、スナップにフックが絡んでしまうトラブルを避けるため、またジグのフォールバランスが崩れることを敬遠してスナップ否定派が多いことも事実で、このようなアングラーはリーダーをスプリットリングに結ぶか、ローリングスイベルを介して接続している。ローリングスイベルをスプリットリングに取り付けるためにはスプリットリングプライヤーが必要だが、強度面でも信頼できる接続方法といえるだろう。

スナップが開くトラブルを最小限にするためにはジグやアシストフックのセット方法が肝心で、スナップにアシストフックを取り付けるのはNG。スプリットリングにアシストフックを取り付けた状態で、スナップはスプリットリングに取り付ける。

いずれにしても、スナップを利用するのは30ｇ程度までの小型のジグを使う場合にとどめるのが無難で、１キャストごとにスナップが開いていないか確認をするようにしたい。ナブラが湧いているようなケースでは、いちいちスナップの確認などできないと思われるのなら、スナップを使用することは見直したい。使いやすいスプリットリングプライヤーを活用し、手際良くルアーチェンジをすることがショアジギングの基本といえるだろう。

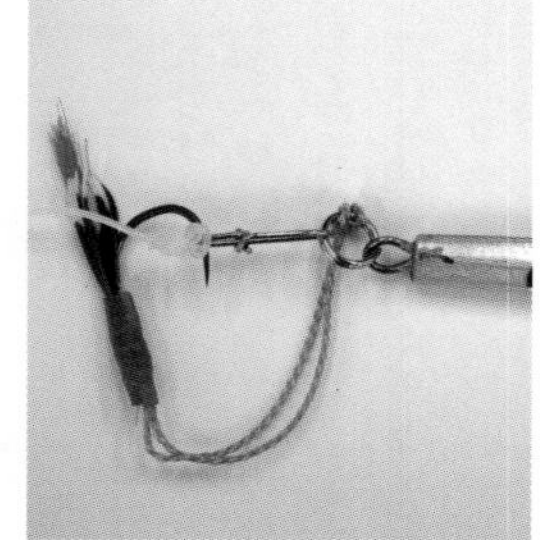

アシストフックのラインの長さによってはスナップに絡むこともあるので要注意。

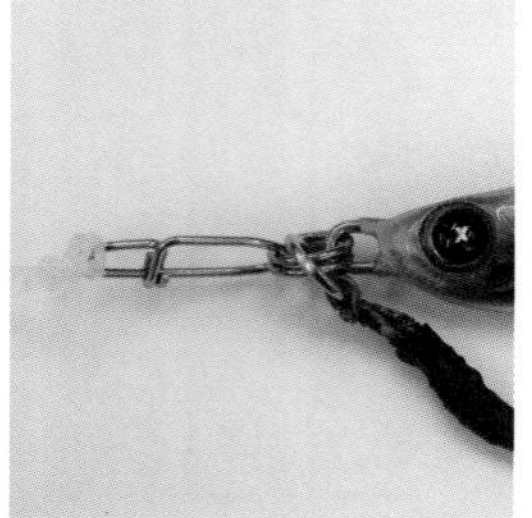

スナップはスプリットリングにセットするのが正解。

ジグサビキで効率良く釣ろう

ジグサビキとは

　サビキバリとメタルジグを組み合わせたものを指す（ジギングサビキ、カマスサビキ）。サビキバリとはアミや小魚などを模したスキンや魚皮を装着したハリで、アジやサバ、イワシなどを狙う際に使用されるもの。ジグサビキではこれを流用する場合もあるが、ジグサビキ専用の仕掛けも市販されている。

　ジグサビキで釣れる魚はサビキ釣りの対象魚＋ジギングの対象魚で、アジから根魚、大型の青物までと幅が広い。それに加えて、カマスのように群れでフィーディングするフィッシュイーターを狙うと、一度に2尾、3尾と掛かることも珍しくない。

　ジグサビキ仕掛けは各社から市販されているが、基本的にはリーダー（ハリス）部分に結ばれた数本の幹糸の先にサビキバリがセットされていて、リーダーの先端部にメタルジグが取り付けられるというもの（仕掛け図参照）。

　ジグサビキに使用するジグはサビキ仕掛けのオモリ代わりのようなもので、タックルに適合するものであれば基本的に何でもOK。小型のジグを使ってライトゲーム的に漁港内を狙うこともできるし、30g程度の重量があるジグを使って広範囲を攻めてもよい。

　タックルは普段使っているものを流用できるが、市販のジグサビキ仕掛けは長さが1mほどあるので、ロッドは8ftよりも10ftの方が遠投しやすい。口切れしやすいアジをメインに狙うなら、全体的に柔らかいロッドが適している。

ジグサビキのテクニック

　ジグサビキのアクションは、レンジをキープするイメージのタダ引きか、リフトアンドフォールが基本。ナブラが湧いているのを発見したらその先へジグサビキを投入し、表層を引いてくるとヒットする可能性が高いだろう。

　フォールの速度に関してはジグが重いほど速くなるので、中層でのミスバイトが多いようならジグを軽くするとヒットに繋がる。根掛かる場所でリフトアンドフォールを行う場合は、カウントダウンしながらテンションフォールさせ、着底させせなくてもよい。

サビキにセットするジグの重さはお好みでOK。21～28gのジグがあれば、沖のナブラを撃つこともできる。

リーダー
フロロカーボン
2～4号
(8～16lb)

ロッド
ショアジギングロッド
8.6～10ft
M、MH

サビキバリ
9～12号

幹糸
5～7号
(20～14lb)

ハリス
3～5号

直結

リール
スピニングリール
2500～3000番

メタルジグ
5～30g

憧れのビッグターゲット

ショアジギングで狙える大物

ルアーにヒットする魚は、アジやメバルといったライトなターゲットから、数百kgにまで成長するクロマグロまで多種多様だが、ビッグなターゲットも視野に入れられるのがショアジギングの魅力。ヒラマサ、カンパチといった青物はもちろん、マダイやヒラメ、根魚の特大級もショアジギングで期待できる。

GT（ロウニンアジ）や巨大カンパチ、イソマグロといったビッグなターゲットに憧れて離島や海外へ遠征釣行を繰り返しているアングラーも珍しくないように、レコードの更新を目指せることもショアジギングの楽しさ。目標が高ければ高いほど、夢中になれるだろう。

エサ釣りのターゲットとして人気が高く、一般的には高級魚として知られるクエも、各地の磯で実績が上がっているショアスロージギングの対象魚。中型クラス以上のクエを狙うなら、5号のPEラインと100lb以上のリーダーが扱えるパワフルなタックルでなければ太刀打ちできないが、ショアジギングという釣りを極めていくとこのような難敵が待ち受けている。

大型狙いの心構え

磯場で超大型のターゲットを狙う場合、特に気を付けるべきは安全面。ロッドごと海に引きずり込まれる恐れもあるので、単独釣行はNG。釣り場の

釣り人からはジャイアントトレバリー、通称GTと呼ばれるロウニンアジ。180㎝にも達する憧れのターゲット。

ヒラマサ狙いのタックル。PEライン4号、リーダー80lbで大型に挑む。

クエ（モロコ、アラ）は磯場に潜むモンスター。全長100㎝以上、体重30kg以上の大物に成長する。

ヒラメの大型はザブトン級と呼ばれ、釣り人にとっては特別な存在。

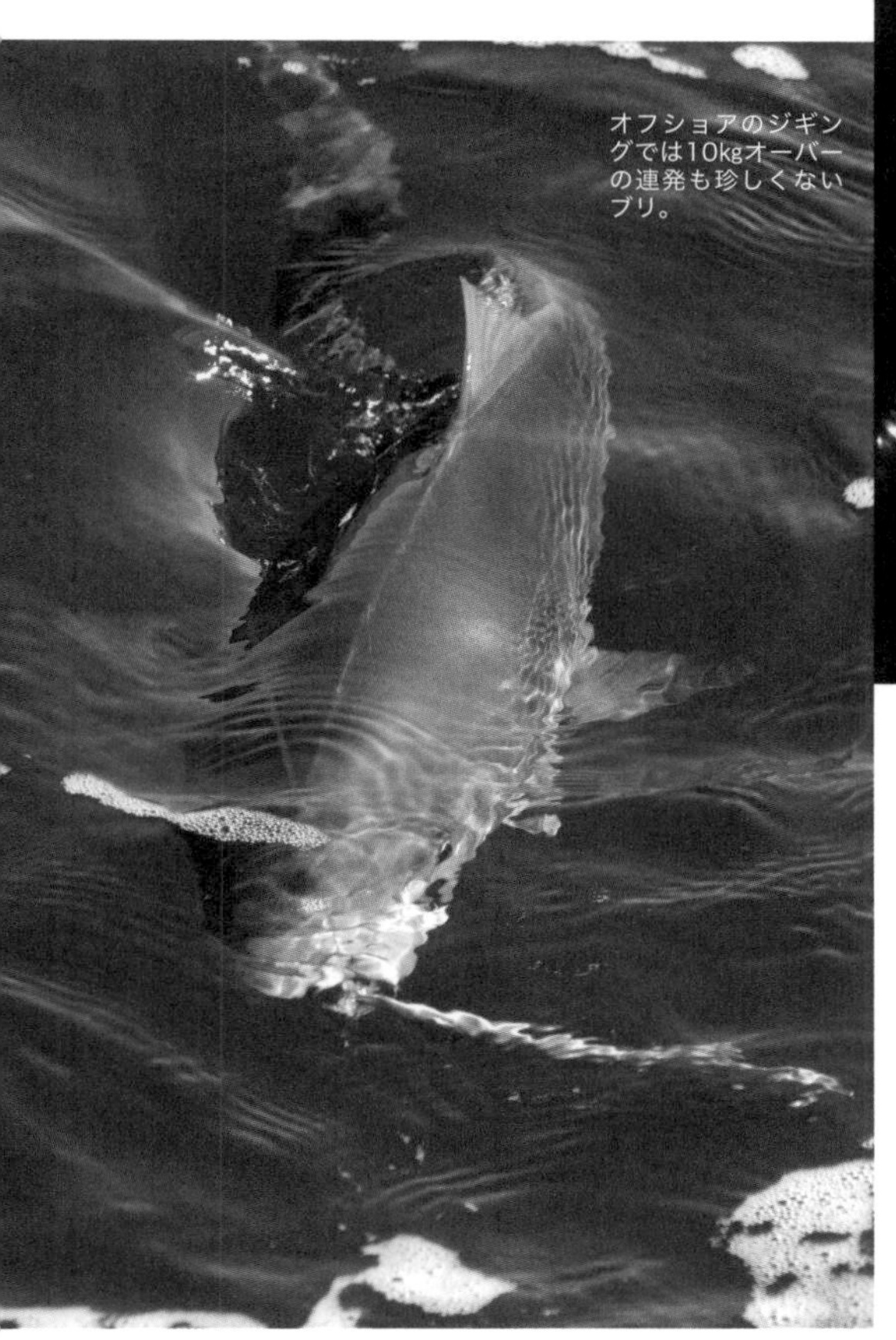
オフショアのジギングでは10kgオーバーの連発も珍しくないブリ。

状況によってはロープやハーケンが必要なこともあり、緊張感を持たなければならない。

身近な波止にも回ってくるシイラやブリも、大型になると一筋縄ではいかない。ショアジギングではメーター級のシイラや10kgオーバーのブリがヒットする可能性があるが、確実に取り込みができるよう、堅牢なギャフや大型のランディングネットを準備したうえでジグを投げよう。

大型魚は取り込みに成功した後も油断禁物で、手がつけられないほど暴れることがある。鋭いフックによる事故を防ぐためには、帽子、グローブ、偏光グラスを装着すること。

フックを外すためのプライヤーは必携で、締めるためのナイフも忘れずに用意しよう。身近な波止から思わぬ大物が期待できるショアジギング。次の1投で巡ってくるかもしれない千載一遇のチャンスを逃さないために、常に万全の態勢で臨もう。

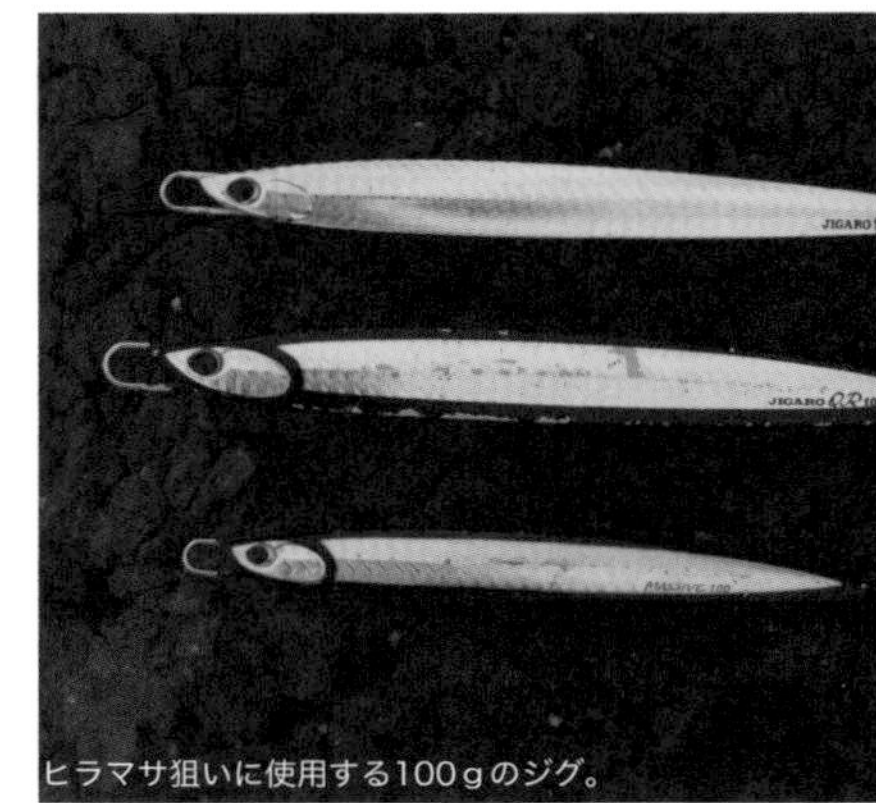
ヒラマサ狙いに使用する100gのジグ。

釣果に差を付けるブレードチューン

ブレードチューンに挑戦

手持ちのジグのアピール度を簡単にグレードアップできるのがブレードチューン。ブレードの役割として最も期待されるのがフラッシング効果（キラキラと光る効果）で、ジグに装着したブレードはフォール中もリトリーブ中も回転して光を反射し、ノーマル状態よりも確実にアピールしてくれる。さらにブレードが水を掻き回すことで生じる波動が魚の側線を刺激し、リアクションバイトを誘発してくれるだろう。

ブレードには柳の葉のような形状をしたウイローリーフと、スプーンのような形状のコロラドの2種類があり、ウイローリーフは軽い引き抵抗でフラッシング効果が大、コロラドは水掴みが良く波動によるアピールを得意とする。どちらのブレードを装着するかは、特徴を理解したうえで検討したい。

市販されているブレードをみると、ブレードにスイベルがセットされたタイプ、アシストフックとブレードがセットで販売されるタイプ、トレブルフックの軸にゴム管を利用して取り付けるタイプなどがあり、自分の使用目的に合ったタイプを選ぶことができる。ブレード単体での販売もあるので、自分なりのセッティングを試してみるのも面白いだろう。

セットするうえでの注意点はブレードにフックが干渉しないようにすること。アシストフックとブレードを組み合わせたい場合は、強度に優れた親子サルカンを活用するとよい。

ブレードチューンを施したジグの使い方

ブレードによるアピールが最も有効なターゲットはハタ類などの根魚で、フラットフィッシュ、シーバス、青物などの反応も良好。ブレードチューンを施したジグはタダ引きでも十分にアピールしてくれるので、サーチベイト的な使い方にも適している。

ブレードを装着したジグはノーマル状態よりも引き抵抗が増し、フォールのスピードも幾分スローになる。ブレードが水を受けることでフォールの姿勢もノーマル状態のときとは異なってくる。例えばセンターバランスのジグのテール側にブレードを装着すると、フロント側から沈むようになるが、このことは一概に悪いこととはいえず、フォール姿勢を矯正するためにブレードを装着するという手もある。

手軽に試すことができて効果も高いブレードチューンで、お気に入りのジグをグレードアップしてみよう。

ゴールデンタイムとは

朝まづめ、夕まづめを狙え

　フルキャストを繰り返すショアジギングは1投ごとに疲労が蓄積していく釣り。体力には個人差があるとはいえ、できれば釣果を得られる可能性の高いタイミングである「ゴールデンタイム」を集中して攻めたいものだ。

　フレッシュウォーターも含めて、釣りのチャンスタイムとして広く認識されている時間帯は、日の出前後の「朝まづめと」、日暮れ前後の「夕まづめ」。「まづめ」の語源は「間詰め」という説と、漁師が「まじめ」と言っていたのが訛ったという説があるが、昔から漁に適した時間帯と認識されていたことは間違いない。

魚の活性が上がる朝まづめと夕まづめは１日の中でも最大のチャンス。

　まづめ時は、昼行性の魚も夜行性の魚も活発に動く時間帯で、朝まづめは夜間に岸に寄ってきた魚が狙え、夕まづめは警戒心を解いた魚たちがルアーに好反応を見せてくれる。岸寄りの浅いレンジでヒットする可能性が高まるので、まさにゴールデンタイムといえるだろう。

　暗い時間帯は動物性プランクトンが表層に浮くので、朝まづめを狙う場合は暗いうちから、夕まづめを狙う場合は暗くなるまでを集中して釣るとよい。ただし、ヘッドライトを装着するなど安全面には十分注意しよう。

カギを握るのは潮

　ベイトの動きは潮の流れに関連し、潮の流れる方向や速さが変わることでチャンスタイムが訪れる。そのため全く状況が分からない釣り場であっても、潮止まりの前後1時間は集中して狙うようにしたい。また河口に近い釣り場では上げ潮のタイミングで河川の上流側に海水が入るので、汽水域を狙うなら干潮時刻をチェックしておくとよいだろう。

　海中の地形によっては上げ潮でよく釣れるポイントと、下げ潮でよく釣れるポイントとハッキリ明暗が分かれることもあるので、同じ釣り場に何度も通ってみることも重要。データ収集を積み重ねていくことで「明日の午前中は上げ潮だから、あの釣り場で勝負！」といった判断ができる。

　大型船が出ていった直後とか、養魚場でエサを与える時間帯とか、温排水が流れ込んでいるときなど、自分だけのゴールデンタイムを見つけることができれば、ゲームはもっと楽しくなる。アタリが遠のいて休憩をしているときも、沖でナブラが立っていないか、鳥が騒いでいないか、良い潮目が射程圏内に入っていないかなど、好機到来のサインを見逃さないようにしよう。

ウエーダーの種類と選び方

ウエーダーの形状

ウエーダーと呼ばれる長靴を履いて水の中に立ち込むことをウエーディングという。ウエーディングのメリットは攻略できるエリアが広がることで、ショアジギングにおいては河口やサーフといった水深が浅いポイントや、波が足元を洗う磯場で着用されることが多い。

ウエーダーを形状で分類すると、胸部までを覆うチェストハイウエーダー、腰までを覆うウエストハイウエーダー、股下（太もも全体）を覆うヒップウエーダーの3種類。それぞれにブーツとウエーダーが一体となったものと、ウエーディングシューズ（ウエーディング専用のシューズ）をウエーダーの上から履くストッキングタイプがある。

ストッキングタイプのウエーダーは足首の自由度が高いため長い距離を歩いても疲労度が少ない反面、着脱に関してはブーツ一体型よりも手間が掛かることは否めないだろう。

ウエーダーやウエーディングシューズのソールはゴム底のラジアルタイプ、フェルト、フェルトスパイクの3タイプで、ショアジギングでは一般的な形状であるラジアルが選ばれることが多い。しかし、濡れた岩場を歩く場合はフェルトスパイクの方が滑りにくいので、想定する釣り場に合ったタイプを選ぼう。フェルトタイプで気を付けたいのは、ソールが水を含むと乾燥に時間がかかること。

ウエーダーの注意事項

ウエーダーの中に水が入ると、その重さで身動きが取れなくなる。最悪の場合、溺死に繋がることを肝に銘じておこう。浸水を防ぐためには深さに応じたウエーダーを着用することが肝心で、波がない場合であってもヒップウエーダーは膝よりも浅い場所で、ウエストハイウエーダーは股下程度の水深まで、チェストハイウエーダーは腰より浅い場所で使用すること。

ウエーディングを行う際はライフジャケットを着用し、安全面には十分に配慮することは言うまでもなく、波が荒い磯場ではウェットスーツの方が安全だ。

ウエーダーの性能を長くキープするためには、日の当たる場所での保管は避けること。折り曲げた状態で保管をすると、曲がり癖が付いたり折り曲げていた部分から劣化が進みやすい。

長靴の感覚で着用できるヒップウエーダーは、膝より浅い場所で使用する。

ストッキングタイプのウエストハイウエーダー。

ブーツ一体型のチェストハイウエーダー。

フェルトソールのウエーディングシューズ。ストッキングタイプのウエーダーの上に履く。

ウエーダーの素材

ウエーダーの素材にはナイロン（PVC）、ゴアテックスに代表される透湿防水素材、ウエットスーツにも使用されているネオプレーンの3種類があり、それぞれの素材に一長一短がある。

ナイロン製のウエーダーは安価で丈夫だが蒸れやすいのが難点で、透湿防水素材のウエーダーは高価だが蒸れにくいので快適に釣りを楽しめる。ネオプレーン製のウエーダーは冬場でも高い保温効果を期待できる反面、熱がこもるので夏場の使用には不向きといえそうだ。

ネットとギャフの使い方

ランディングネット

ヒットした大物を確実に取り込むためにランディングネットは必需品。ソルトルアーフィッシングではオーバルタイプのランディングネット（ランディングフレーム＋ネット）が人気で、タモジョイント（フレックスアーム）を介して仕舞寸法が短いランディングシャフト（ランディングポール）と組み合わせれば、コンパクトに持ち運べるランディングツールができ上がる。

ショアジギングではポイントを次々と探っていくことから、前述した組み合わせのネットを身に着けるためのタモホルダーがあると便利。それらすべてがセットになった商品もあるが、好みのアイテムを単品で揃えていくこともできる。

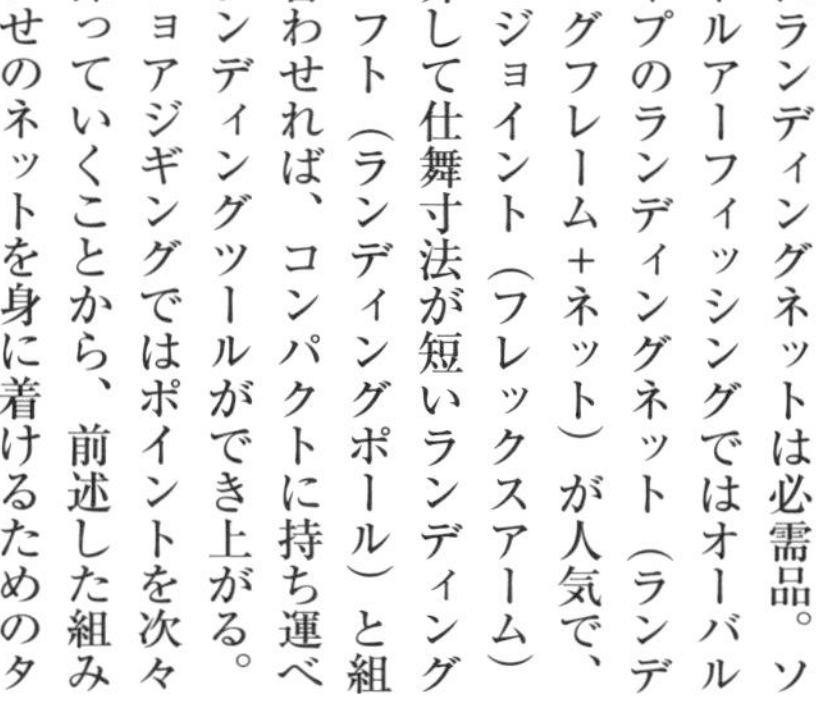

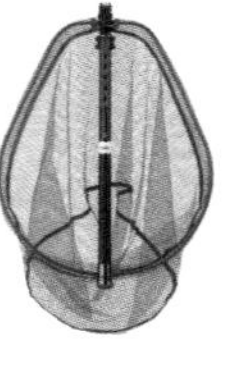

ランディングネットはコンパクトに持ち運べるタイプが人気。

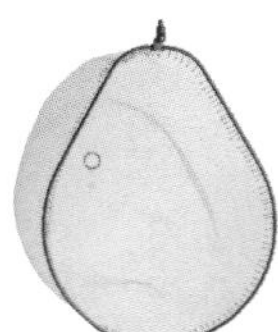

オーバルタイプのランディングネット。

仕舞寸法が短いランディングシャフト。

ランディングのコツ

取り込みを成功させるための第一段階は、あらかじめ取り込みに適した足場が低い場所を見つけておくことで、どうしても足場が高い場所から取り込まなければならないならランディングシャフトを伸ばして使う。ランディングシャフトを伸ばすタイミングは魚を取り込む寸前で、伸ばすのが早過ぎると魚とのやり取りの妨げとなってしまうので注意すること。

取り込みはロッドの操作により魚の頭をネットの方へ誘導してくるのがコツで、ネットで魚を追うパターンはNG。ネットに魚が入ったらシャフトを縮めて魚を引き上げる。この際、ロッドを股間に挟めば両手でシャフトの操作ができる。

対大物用のギャフ

魚体に突き刺して取り込むギャフは、シイラやヒラマサといったタモ枠に収まり切れないターゲットの取り込みに使用される。ギャフをランディングシャフトにセットすることもできるが、しっかりとしたロープをギャフ本体に結んでロープで魚を引き上げよう。エラの周辺を狙うのがギャフを掛けるコツ。

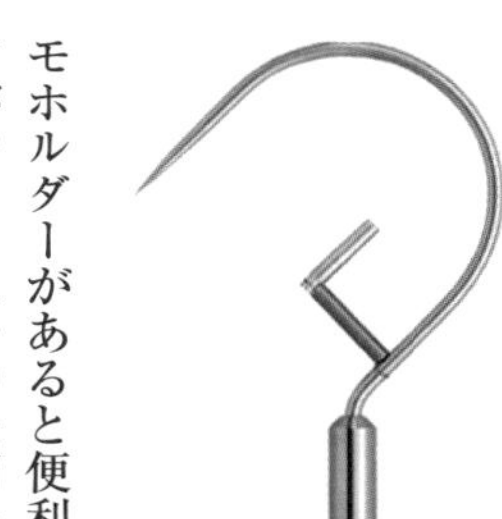

磯のように足場の低い場所で大物を取り込むためのギャフ。

釣り具の交換とメンテナンス

交換が必要なもの

釣り具にはメンテナンスや使い方次第で劣化してしまうため交換しないといけない消耗品がある。例えば、ラインは劣化して切れるまで使うことも可能だが、大物を掛けた際に切られてしまうことがある。また釣行中にラインが切れてしまい、替えのラインがなくすぐに帰らなければいけない可能性だってある。だからラインは切れる前に、フックはサビて折れる前に交換する必要がある。

とはいえ、ルアーフィッシングではそれほど多くの道具を使わないから交換が必要な釣り具は少ない。ルアーは別として主に定期交換が必要なものはラインとフックくらいだ。強いて挙げるなら磯靴の靴底、フィッシンググローブ、ライトの電池だろうか、それほどアイテムは少ないが、やはりルアーのロストが一番多くなる。

これだけ交換品が少ないからか、ラインやフックをいつまで経っても交換しない人が少なくない。もちろん、使用頻度にもよるから定期交換といっても誰もが同じ周期でやるわけではない。見た目や使い心地で交換すればよい。

メンテナンス

メンテナンスの最大の目的は、釣り中のトラブルを避けるためだ。快適な釣りを楽しむためにも最低限のメンテナンスは行おう。一般的には釣行前に釣り具をチェックする人が多いのだが、釣行後のメンテナンスが大切で、それを行っている人の方が圧倒的にトラブルが少なく道具の持ちも良い。

海で釣りをする場合、釣り具の最大の敵は塩分。金属をサビさせたり、結晶となって傷を負わせる。釣行後に塩分の除去を行うだけで道具は長持ちするから、怠ることなく実施しよう。

これは金属部分の全てに当てはまることで、ルアーやフックはもちろん、衣類やバッグ類のジッパーも同じだ。忘れてならないのがロッドガイドとリール各部。ここも放置しておくとガイドがサビて折れたり、リールの塗装が浮き上がったりしてしまう。

塩を除去するメンテナンスとして手っ取り早いのが水道水での水洗い。ルアー類とロッドはシャワーで水を掛けて自然乾燥させるだけでも大丈夫だ。リールについては丸洗い機種なら同様に、そうでないものは濡れタオルなどで拭き取る。

多くの時間海水に浸かっているリールスプールに巻かれたラインは、海水が付着したままにしておくと、塩分が結晶化してラインに傷が付く原因となったり、染料が溶け出してライン同士がくっ付いてしまうこともある。リールスプールをリールから外し、流水でラインの表面に付いた海水を洗い流して日陰で乾燥させよう。

メタルジグの洗浄

単純に水洗いするだけでＯＫ。水を多く入れたバケツなどに漬け込んでも洗浄できる。メタルジグはコーティング、フックはメッキ処理されているので、海水付着ぐらいならすぐに洗い流せる。

フックの交換

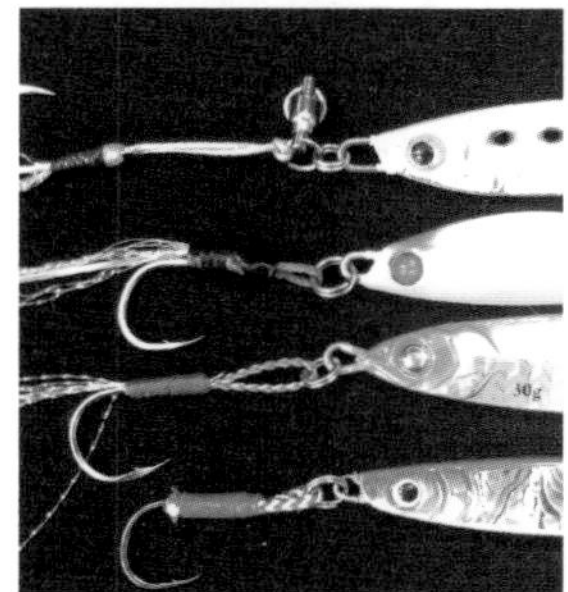

リング類がサビている場合は交換すること。オープナーが無いときはフックの先などでも開けられる。

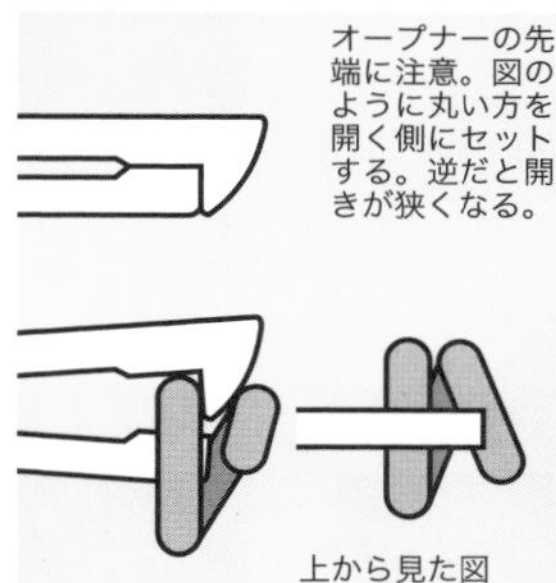

オープナーの先端に注意。図のように丸い方を開く側にセットする。逆だと開きが狭くなる。
上から見た図

スプリットリングオープナーの使い方は図の通り。先端部分で開いて固定し、フックを抜き差しする。

フックの接続部は、ほとんどがスプリットリングで繋がれている。開閉はスプリットリングオープナーを使うと楽。

ラインの洗浄

リールのドラグノブを回してスプールを外してから流水で洗い流す。スプールの内側はグリスが塗られているので、できるだけ水が掛からないようにする。グリスが切れていれば塗布する。

ロッド洗浄・拭き取り

特にティップガイドに海水が付着しやすいので丁寧に洗浄しておこう。各ガイドやブランクスも拭いておく。最後に乾いたタオルで水分を拭き取るとさらに良い。

PEラインの交換

新品のライン
↓

↑
20回以上釣行した後のライン

PEラインは見た目にも毛羽立ってきたり、糸が平べったくなってくるから劣化したことが分かりやすい。また残りのラインが少なくなるほどキャストしにくくなるので、スプールの1/3以上は保ちたい。

リーダーの交換

最低でも対象とする魚よりも長い状態でリーダーは使いたい。

リーダーにフロロカーボンラインを使っている場合は、釣行ごとに毎回交換する人は少ない。ショアジギングでの交換目安は5回程度の使用。もしくは自分の理想の長さよりも短くなったら交換する。

メタルジグの補修

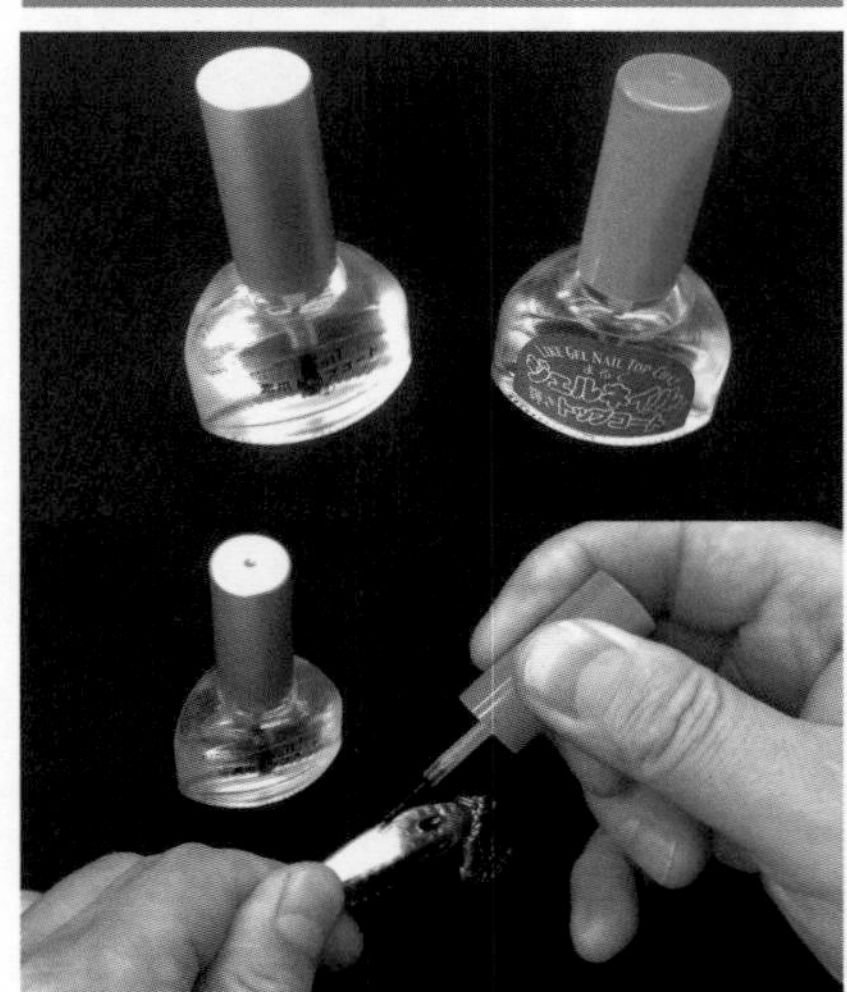

少々塗装が剥げても気にする必要はないが、傷として凹みがある場合はルアーのアクションに影響してしまうので、リペアしておこう。また曲がりがないかなどもチェックし、初期状態を保つのも大切だ。

リールの洗浄

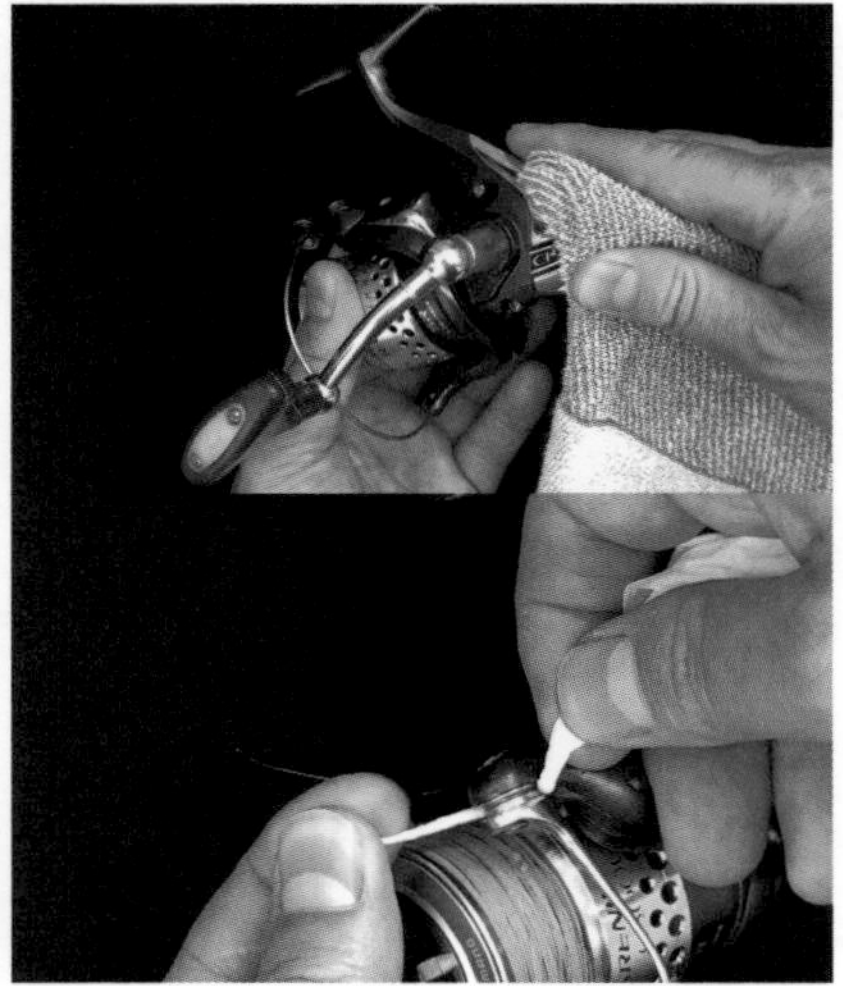

丸洗い可・不可は機種により違うので取扱説明書で確認する。可の機種ならそのまま流水で洗う。不可機種は拭いて清掃する。どちらの機種もラインローラーが一番汚れているので念入りに洗うこと。

車に水を積んでおく

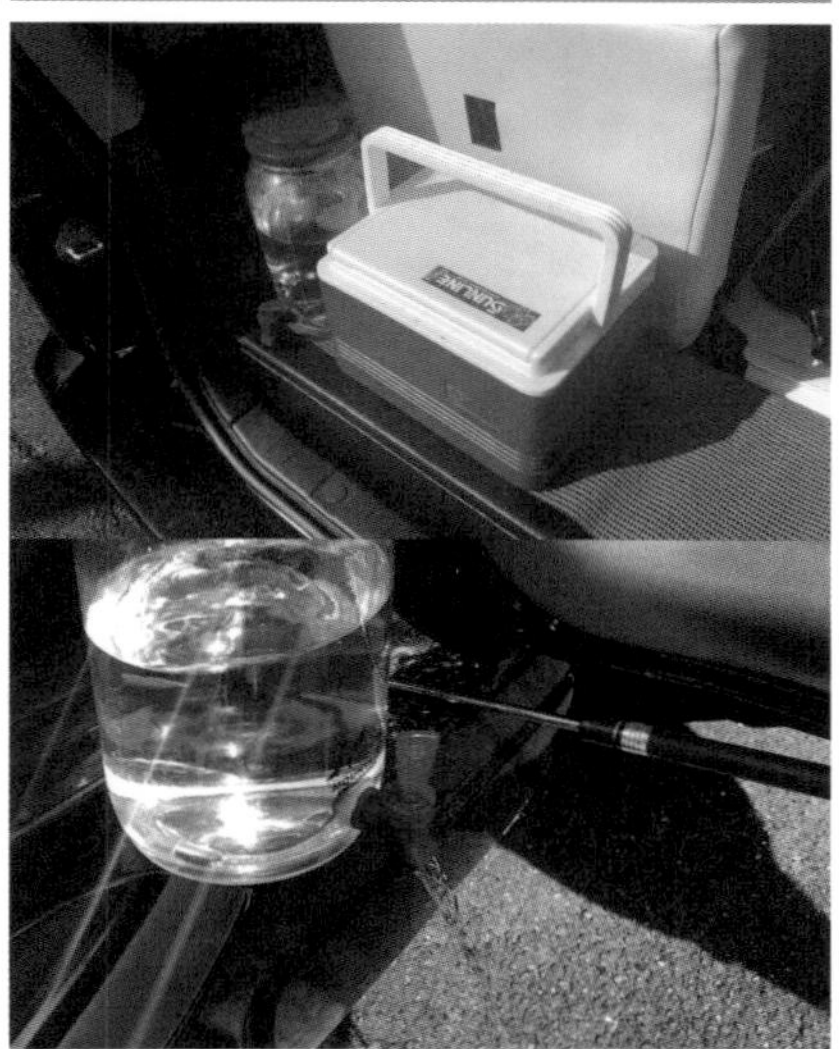

車で釣りに行く場合は、車中に水を入れた容器を積んでおくと便利。釣行後にその場で水洗いできるから忘れることもない。特に帰ってすぐに寝たいナイトゲーム時に重宝する。

固着したチャック

洗ったりしないバッグ類のチャックが一番に固着しやすい。熱湯をかけて塩分を溶かすとよい。現場では水をかけるが、なければ海水をかけて一時的に動くようにする。固着防止には専用スプレーがおすすめ。

ウエーダーの補修

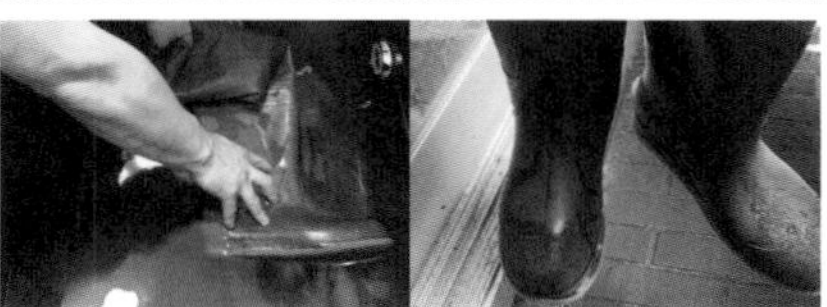

いつのまにか穴が空いていることが多いウエーダー。大きく破れた場合は分かりやすいが、小さいのは見つけるのに苦労する。お風呂に水を溜めるか、逆にウエーダーに水を入れて漏れを確認する。

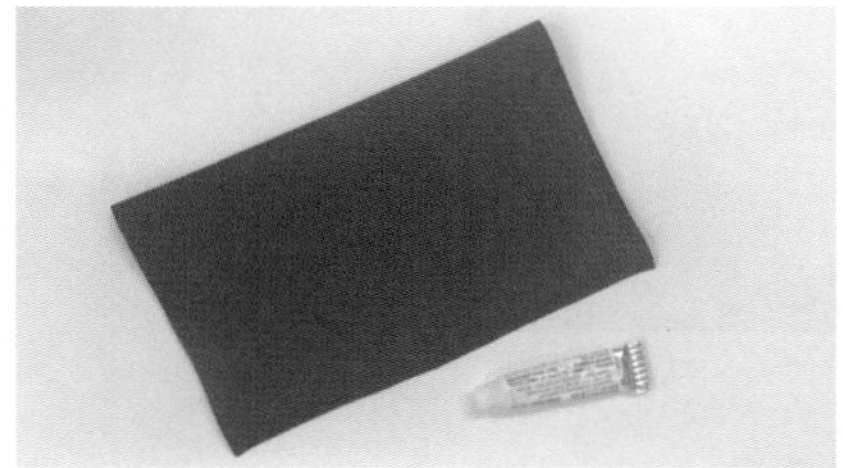

ウエーダーには補修キットが付属している場合が多いから、購入時になくさないように保管しておこう。補修は内側から行う。なお、ボンドは1年以上過ぎると接着強度を保っていないこともあるので注意。ボンドのみ販売している。

磯靴のリペア

磯靴を購入する際は、靴底が交換できるタイプがおすすめ。靴底はフェルトスパイクが適応範囲が広いが、コンクリートやFRP、タイルの上では逆にスパイクが滑りやすいので注意。

ライフジャケットはどれを選ぶ？

着用義務

どこの釣り場でもライフジャケットを装着している釣り人が増えてきた。「着用は釣り人の義務だ」といわれているが、法的に決められているのは船を利用する場合になる。しかし、自分の命、そして同行者や家族の命を守るためのものなので必ず着用してほしい。

左の表が法的に定められた内容だ。簡単に説明すると、船釣りでは、国土交通省が試験を行って安全基準への適合を確認したライフジャケットを着用する必要があり、その印はライフジャケットのどこかに桜マーク（型式承認試験及び検定への合格の印）があるものだ。ただし、船を利用して磯などへ渡る際には型式承認か否かは定められていない。法律としては堤防ではライフジャケットを着用しなくても問題ないが、着用する人が多くなっていることを認識し、必ず着用して釣りを楽しもう。

ライフジャケットのタイプ

タイプとは形状のことではなく表②に記された通り。だから、桜マークが記されていても、タイプが適合していなければ使用できる条件が変わってしまうことに注意しよう。例えば、タイプGを着用して、湾外の沖で船釣りをしてはいけないなどだ。だから購入の際には、桜マークとタイプを確認する必要がある。桜マーク付きのタイプAを購入しておけばどこでも通用するから安心だ。ちなみに国土交通省では「膨脹式」「呼気併用式」「膨脹式及び呼気併用式以外のもの」の3種類に分けられる。

これが桜マークと呼ばれる印とタグ。これがあれば何でも良いというわけではないので注意。タイプ別に使える範囲があるから、きちんと理解しておこう。また遊漁船では船長のルールが優先されるから、どのタイプを着なければならないかは船長の判断に委ねられる。予約時に必ず確認しておこう。

水難事故を防止する救命器具は楽しい釣りをサポートする必須アイテムだ。ジャケットの裏側に桜マークがあるかよく確認しよう。

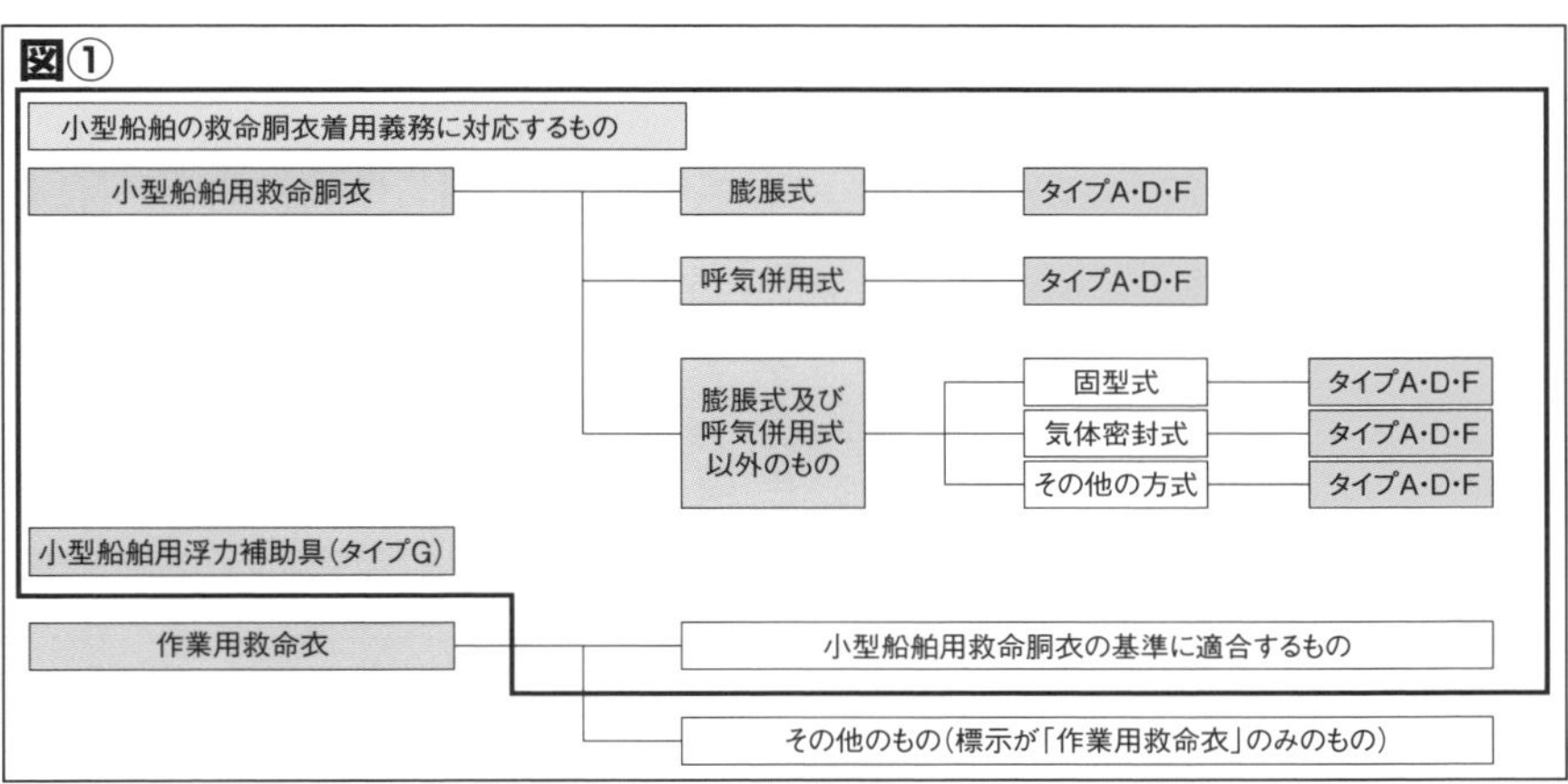

表②/各タイプの要件及び使用可能な船舶

タイプA	小型船舶用救命胴衣のすべての試験を実施したもの。
	すべての小型船舶で使用可能。
タイプD	小型船舶用救命胴衣の試験のうち、外観色の試験を省略したもの。
	陸岸から近い水域のみを航行する旅客船・漁船以外の小型船舶で使用可能。
タイプF	小型船舶用救命胴衣の試験のうち、外観色、笛、反射材の試験を省略したもの。
	陸岸から近い水域のみを航行する不沈性能、緊急エンジン停止スイッチ、ホーンを有した小型船舶(水上バイク等)でかつ旅客船・漁船以外のもので使用可能。
タイプG	小型船舶用浮力補助具の基準を満たしているもの。 小型船舶用救命胴衣の試験から、外観色、笛、反射材の試験を無くし、着用しやすいように浮力の基準を緩和している。
	湾内や河川のみを航行する不沈性能、緊急エンジン停止スイッチ、ホーンを有した小型船舶(水上バイク等)でかつ旅客船・漁船以外のもので使用可能。

詳細については国土交通省のホームページを確認ください。

ライフジャケットの種類

一般的に販売されているライフジャケットは、浮力体が入っている「固形式」と、エアボンベを利用して膨らませる「膨張式」がある。それに加えて、着用形式に種類があり……

○固型式

チョッキ式、首掛け式、ジャンパー式、小児用。

○膨張式

首掛け式、ポーチ式、ベルト式、ジャンパー式。気体密封式、ハイブリッド式。

などに細分化されている。

では、ショアジギングではどれが一番適しているかであるが、ロッドアクションが主体となるショアジギングでは、できるだけ動きを妨げないものが使いやすい。

堤防で一番人気なのがベルト式だ。腰に巻くタイプだから動きやすいのが利点。かさばらないから持ち運びもしやすい。

最近では自動膨張式が好まれている。ただし、ボンベには期限があるので定期交換が必要だ。

自動膨張式は水に浸かると膨張する仕組みになっているが、かなりの降雨でも膨らむことはない。しかし、海水に浸かると想像よりもすぐに反応するから、海水がかかるような場所ではかえって使いにくくなる。例えば、サーフや河口で釣る場合は手動式がおすすめだ。

ウエーディングをする場合も海水に浸かることが前提だから自動膨張式は好ましくないが、タックルバッグを持ったままのウエーディングは大変危険だから、ポケットが多くあって道具が入れられるジャンパー式がウエーディングでは好まれる。

またテトラや地磯では転倒時にクッションで守ってくれるから、固形式のジャンパー式のライフジャケットが使いやすい。

首掛け式。肩掛け式とも呼ばれる。船釣りで好まれるタイプ。膨張式で、自動膨張式と手動膨張式がある。

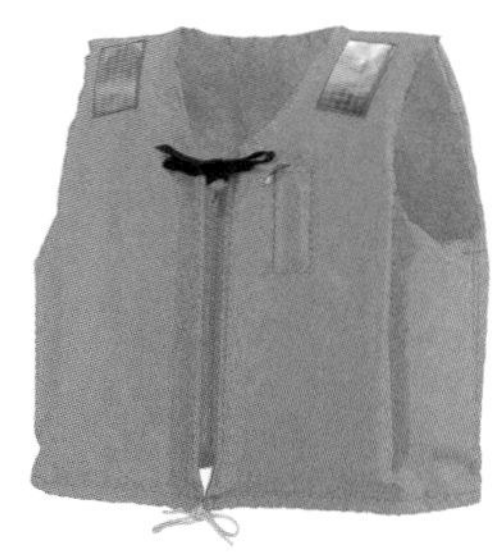

チョッキ式。作業などで主に使用されるタイプ。釣り公園や釣り堀の貸出用にも使われる。

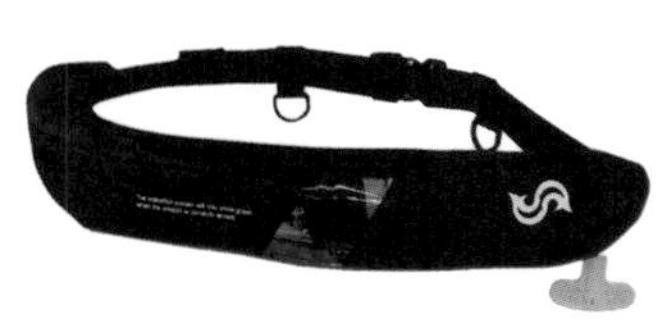

ベルト式。堤防のルアー釣りで最も好まれるタイプ。膨張は自動と手動がある。堤防なら自動膨張式がおすすめ。

ジャンパー式。一般的にはジャケットタイプと呼ばれ、写真のようなものは主に磯釣りで好まれる。

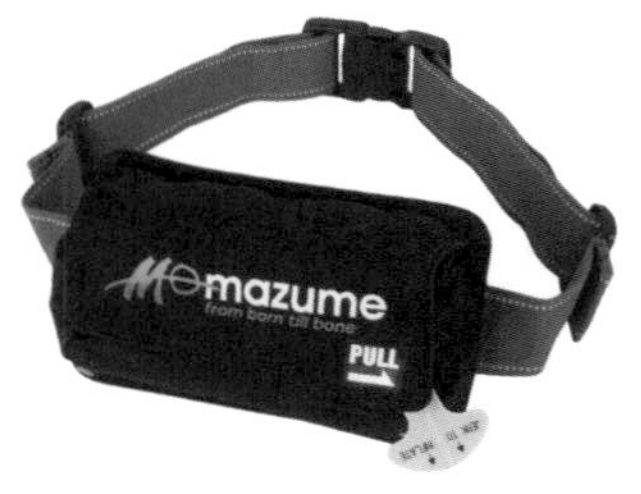

ポーチ式。膨らむと浮き輪がポーチから出てくる。これも堤防のルアー釣りで好まれるタイプ。

これもジャケットタイプ。一般的にはゲームベストと呼ばれ、ルアー釣りで好まれる、ポケットが大きいもの。

ジギングの分類

ショアジギングはキャストからスタートする。狙いのターゲットは意外に近くにいることもある。

〝ジグ〟とは金属の塊(かたまり)のことを指し、金属が使われたルアー全般のことをそう呼んでいた。ジグにはスピンテールジグやラバージグなどいくつか種類があり、メタルジグもその中の一つである。

もともとはそれらジグ全般を使って魚を釣ることを〝ジギング〟と呼んでいたが、メタルジグの人気が高まるにつれ、いつしか〝ジギング＝メタルジグを使う釣り〟へと変わっていった。

また同じメタルジグでもその形状や重量の違いによってターゲットや狙うエリアをある程度絞り込むことができるようになり、それに伴い最適なタックルの選び方や釣り方を選択する必要性が生じた。

そのため、近年は漠然とした〝ジギング〟ではなく、より細分化して具体的に特徴を表した分類法に移行しつつある。

ショアとオフショア

ショア(ｓｈｏｒｅ)は岸や陸という意味。オフショア(ｏｆｆｓｈｏｒｅ)には沖合や〝沖に向かって〟という意味がある。つまりショアジギングとは岸からのジギング、オフショアジギングとは沖合の（船からの）ジギングのことを表す。

前述したように、そもそもジギングとはメタルジグを含むジグ全般を使う釣り方全般のことを指していた。しかし、オフショアのジギング人気の高まりとともにジギング＝オフショアジギングと認識されるようになったため、単に〝ジギング〟と呼ぶ場合はオフショアジギングのことを指す場合が多い。

ショアジギング

ショアからメタルジグをキャストして狙うスタイルをすべてひっくるめてショアジギングと呼ぶが、使うタックルやターゲットによって、ライトショアジギングやスーパーライトショアジギングと区別され、単にショアジギングと呼ぶ場合は比較的ヘビーなタックルやメタルジグを使用したゲームのことを指すことが多い。

ターゲットは青物（ブリ、ヒラマサ、カンパチなど）の他、マグロ（クロマグロ、キハダ）などの中～大型魚、サワラ（サゴシ）、カマス、シイラ、カツオなど。さらに、マダイや大型のハタ類（マハタ・キジハタ・アカハタなど）も狙う。状況やエリアによって60～80gをメインに使用し、状況やエリアによって１００g以上のメタルジグが活躍する場面もある。

船や磯だけではなく、堤防からでも青物が釣れる。このことを知っていると釣りの幅が広がる。

狙う魚の習性やその日の条件によって有効なルアーが決まってくる。

ライトショアジギング

20～50ｇの比較的軽めのメタルジグを堤防やサーフから投げて小～中型の青物などを狙う釣りのことをライトショアジギングという。

対象魚は、サバやカツオをはじめ、60㎝以下のブリ（イナダ、ツバス、ヤズ）、カンパチ（ショゴ、ネリゴ）、サワラ（サゴシ）、シイラ（ペンペン）やヒラマサ（ヒラゴ）といった青物の若魚だ。そのほかシーバス、フラットフィッシュ（ヒラメ、マゴチ）、タチウオなど沿岸部を回遊するフィッシュイーターはほぼ全て狙える。

いずれもカタクチイワシなどの小魚をメインベイトとするため、ルアーは小さめのシルエットのメタルジグが主となる。長さは9㎝以下が主流である。

スーパーライトショアジギング

15ｇほどまでの軽量メタルジグを使い、アジやメバルなど比較的小型の魚を狙う釣りのことをスーパーライトショアジギングやウルトラライトショアジギングという。このジャンルではジグヘッドリグなどを使用したワームゲームが人気だが、メタルジグを使えば、ジグヘッドでは届かないようなエリアを攻めることが可能。アタックしてくる魚のサイズはジグヘッドリグよりも大きく、エキサイティングなゲーム性も魅力となっている。

ターゲットはアジ・メバル以外にも、サバ、カマス、メッキ、サゴシ、ロックフィッシュなど。青物やヒラメの幼魚などもアタリ、よりいろいろな魚が同時に狙える。

スロージギング・ショアスロー

スロージギングとはジギングの操作法のことで、オフショアで人気を博した釣法である。一般的なジギングでは速いアクションで魚を誘うのに対して、スロージギングは水圧を

使用タックルの目安

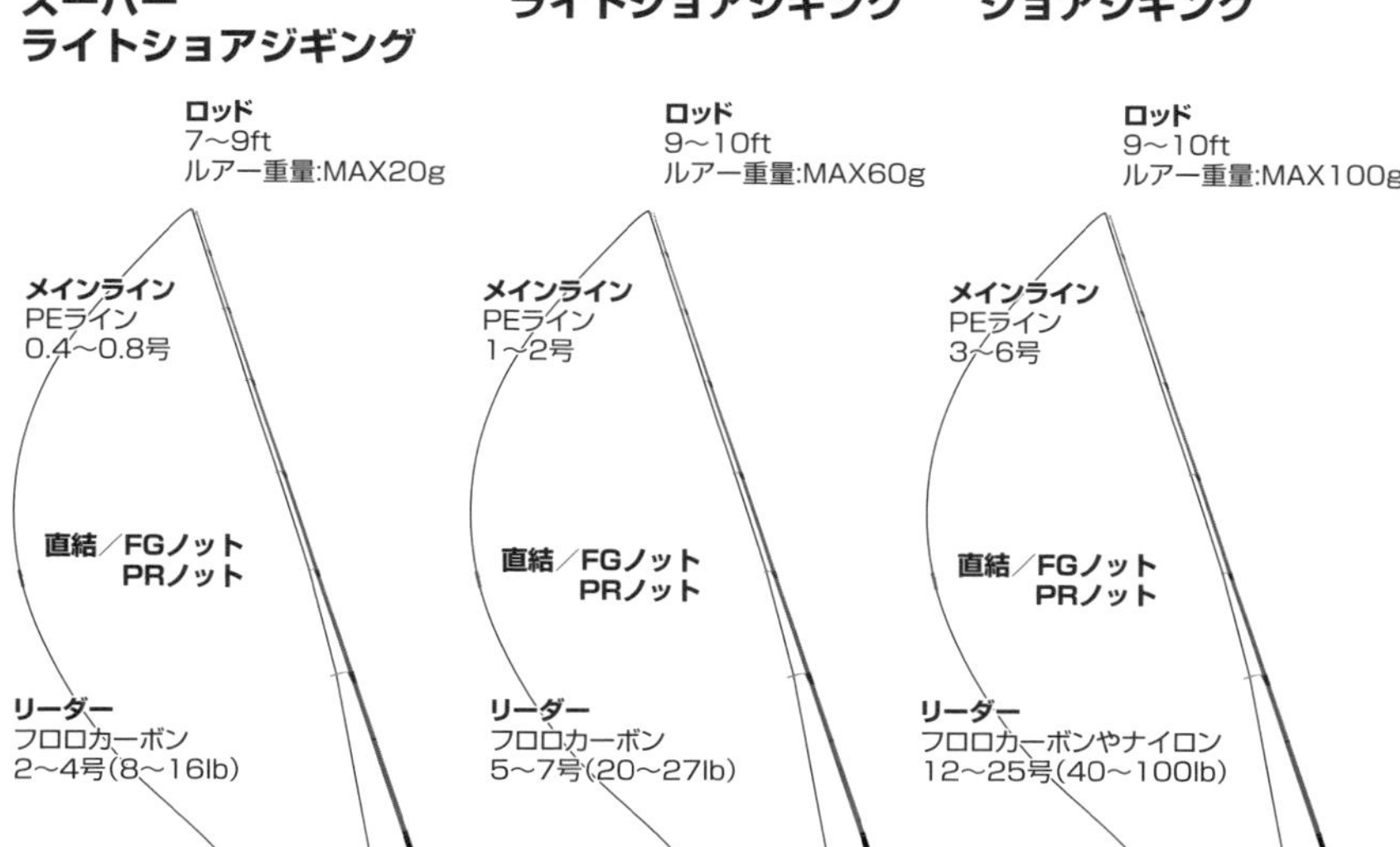

受けやすく沈みが遅い形状のメタルジグを使用し、フォールを大きく取ってターゲットへアピールする。このスロージギングをショアに用いたのが、ショアスロージギングである。アクションのスピードがゆっくりであることから活性の低い魚やヒラメ・マゴチなどの遊泳力が弱い魚を狙うのにも適している。

岸壁ジギング

メタルジグを使ったシーバスゲームに岸壁ジギングという釣り方がある。その名が示す通り堤防や港湾の岸壁がフィールド。岸壁沿いにメタルジグを落としてシャクるだけのシンプルなメソッドで、どちらかと言えばオフショアのバーチカルジギングに近い。ナイトゲームが主流のシーバスゲームにおいて、それを上回るほどの釣果を日中に上げることもある。

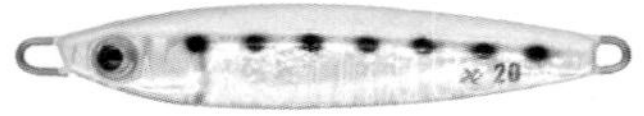

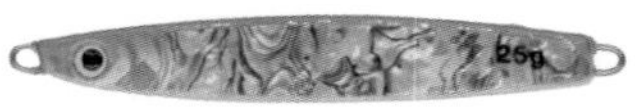

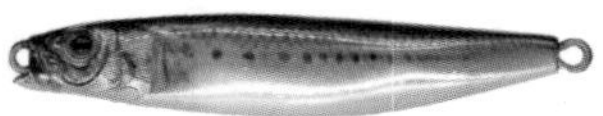

超やさしいルアーフィッシング

一番釣れる ショアジギング

オールカラー図解

ちょうやさしいるあーふぃっしんぐ いちばんつれる しょあじぎんぐ

■発行者
株式会社 ケイエス企画
〒803-0822
福岡県北九州市小倉北区青葉2-11-21
電話 093(561)9100
ファックス093(571)2255
http://www.kskikaku.co.jp/

■発売元
株式会社 主婦の友社
〒141-0021
東京都品川区上大崎3丁目1番1号
目黒セントラルスクエア
(販売)☎03-5280-7551

■印刷所
瞬報社写真印刷株式会社

■企画・制作
株式会社 ケイエス企画

ISBN978-4-07-342634-9

■乱丁本、落丁本はおとりかえします。
お買い求めの書店か、主婦の友社販売部(電話 03-5280-7551)にご連絡ください。
■記事内容に関する場合は、ケイエス企画(電話 093-561-9100)まで。
■主婦の友社発売の書籍・ムックのご注文はお近くの書店か、主婦の友社コールセンター(電話 0120-916-892)まで。
*お問い合わせ受付時間 月～金(祝日を除く)9:30～17:30
主婦の友社ホームページ https://shufunotomo.co.jp/